估值的力量

梁宇峰　顾倩　侯恬　著

中信出版集团｜北京

图书在版编目（CIP）数据

估值的力量 / 梁宇峰，顾倩，侯恬著 . -- 北京：
中信出版社，2023.9（2024.1重印）
ISBN 978-7-5217-5889-4

Ⅰ . ①估⋯　Ⅱ . ①梁⋯ ②顾⋯ ③侯⋯　Ⅲ . ①股票投资　Ⅳ . ① F830.91

中国国家版本馆 CIP 数据核字（2023）第 130380 号

估值的力量
著者：　　梁宇峰　顾倩　侯恬
出版发行：中信出版集团股份有限公司
　　　　　（北京市朝阳区东三环北路 27 号嘉铭中心　邮编　100020）
承印者：　北京通州皇家印刷厂

开本：787mm×1092mm　1/16　　印张：20.25　　　　字数：211 千字
版次：2023 年 9 月第 1 版　　　　印次：2024 年 1 月第 2 次印刷
书号：ISBN 978-7-5217-5889-4
定价：69.00 元

版权所有·侵权必究
如有印刷、装订问题，本公司负责调换。
服务热线：400-600-8099
投稿邮箱：author@citicpub.com

序

过去几年，我相继为梁宇峰所著的《长期的力量》和《常识的力量》写过序，这两本书都是讲价值投资的。而这次这本《估值的力量》，则进一步讲了价值投资的核心——估值，我也很高兴能够再为此书作序。

估值是投资中非常重要的一环，也是价值投资最终的落脚点。巴菲特曾经说，假如由他在商学院开设投资专业课程，他只会讲授两门课：一是如何面对股价波动，二是如何估算企业内在价值。要正确面对股价波动，前提也是要大致清楚企业的内在价值，所以说估值是投资的核心和最终落脚点，并不为过。

通过对企业的基本面进行分析，投资者可以大致估算企业的内在价值，并据此进行投资。估值的结果往往会影响投资者的投资决策，进而影响投资者的最终收益。然而，在历次市场泡沫中，投资者往往因为对估值问题缺乏足够的认知和重视，盲目跟风投资，最终遭受了巨大损失。

在 A 股的历史上，出现过两次比较明显的估值泡沫，一次发生在 2007—2008 年，另一次发生在 2015 年，这两次估值泡沫的破灭都令投资者损失惨重。2007 年，在国内经济高速发展的背景下，上证指数从年初的 2 675 点涨到最高 6 124 点，一年不到的时间里翻了两倍多。2007 年 10 月，上证指数的市盈率已经达到 53 倍，却依然有人鼓吹上证指数有望继续在 2008 年突破 8 000 点。在这样的背景下，很多投资者在高位买入股票，并因此而遭受了惨重的损失。有统计显示，2008 年当年亏损幅度超过 70% 的股民达到六成以上，而亏损幅度小于30%的股民仅占5%。甚至直到今天，很多股民手里的股票都还没有解套。

2015年下半年的那场股市异常波动，同样也酿成了悲剧。上半年，市场已经非常火热，短短大半年时间里，从2 000点左右涨到了4 000多点。但某些媒体称"4 000点是牛市起点"，所以很多股民特别是新股民跑步入场。这次牛市的特点之一是高杠杆，不管是机构还是散户，都在纷纷加杠杆；特点之二是创业板牛市，当时创业板的平均市盈率水平已经达到了135倍，但继续看涨的人依然不在少数。在这一年的股市大跌中，个人投资者的人均亏损幅度达到40%，甚至有人因为加杠杆而倾家荡产，我身边就有不少这样的案例。

为什么会发生这样的悲剧？其实就是因为不少投资者缺乏对估值的基本概念。例如，市盈率可以分为平均市盈率和中位数市盈率，前者反映市场总体的估值水平，后者反映市场的估值水平的扭曲程度。不少人或者完全不看估值，或者最多只看一下总体估值水平，便得出市场没有泡沫的结论。往往在这些资产的价格都到了前所未有的高度时，很多人依然跟风买入，并认为股价还会一直涨下去。如果大家能够充分了解、认识并合理应用估值，其实很大程度上就能够避免这些损失。

此外，还有一次让人印象深刻且影响面不小的估值偏离是在2021年，但这次应该属于"局部泡沫"，相对比较隐晦，因为不是全部资产的泡沫，而是所谓"核心资产"的泡沫。2017年以来，A股的投资风格转向白马蓝筹股，以贵州茅台为代表的消费医药股，在2017年年初到2020年年底这4年中走出了气势如虹的结构性行情。这时候，A股市场言必称"价值投资"，大家都认为"买入核心资产就可以躺赢"。但在2021年年初，A股市场的龙头白马股股价相继达到高点，随后进入下跌通道，至2023年6月30日，中国中免自高点下跌了72%，药明康德自高点下跌了64%，宁德时代自高点下跌了42%，贵州茅台自高点下跌了33%。以核心资产为主要成分的上证50下跌了39%，不少"价值投资者"在这次下跌中亏损惨重。而与之相对的是，以人工智能为代表的主题投资在市场盛行，很多人在这轮人工智能行情中赚得盆满钵满。在此背景下，市场开始出现这样的声音：价值投资失效了。

这种声音其实是源于一种误解，那就是很多人认为所谓的价值投资就是买优秀公司，却忽略了价值投资的本质其实应该是以合理的价格去买入优秀公司。当你以超过公司内在价值的价格去买入股票时，其实就已经违背价值投资的理念了。这就是我们要强调"估值"的原因，估值才是价值投资的核心，是让价值投资落到实处的一环，我们需要靠估值来帮助判断我们对于这个公司的出价是否合理。

而这本《估值的力量》出版的意义，就在于帮助投资者构建基本面分析的框架，并在此基础上提供一种有用且可行的估值方法。《估值的力量》从成长空间、竞争格局、护城河和经营绩效四个维度去分析公司的基本面，并针对每一个维度进行量化评级，以帮助投资者选出好公司，在此基础上，向投资者提供了一种根据基本面对公司进行估值的方法。

目前，我们所熟知的估值方法有两种：一种是相对估值法，另一种是绝对估值法。这两种方法各有利弊，相对估值法简单，但太容易受到市场情绪的影响；而绝对估值法比较专业，但较为复杂，实用性较差。这就导致我们在投资实践中，很难有办法对一个资产进行相对准确的估值。

这本《估值的力量》创造性地提出了绝对估值和相对估值之外的另一种估值方法，叫作"动态估值"。和相对估值相比，动态估值抓住了公司的本质，且其结果不受市场情绪的影响，相对客观；和绝对估值相比，动态估值要简单易学得多，具备实用性。动态估值综合了绝对估值的内核和相对估值的形式，同时在一定程度上规避了两者的缺陷，我相信对于广大投资者来说，这一定会是一个非常有用的估值和投资工具。

这本书对四维评级和动态估值的理论进行了详尽的介绍，并给出了一定的案例说明，通过阅读本书，相信普通投资者也能够通过自己的能力去量化公司基本面，并得出属于自己的估值判断，以帮助进行投资决策。而在阐述理论和应用方法的同时，书中也客观地指出了动态估值的一些缺陷，以及应用上的局限性，将给投资者带来有益的启示。

李迅雷

中国首席经济学家论坛副理事长

投资的核心和落脚点是估值

几年前,有一位相关部门的负责人来我们公司考察。这位负责人也是位资深股民,还没等寒暄几句,就给我抛出个问题:"梁博士啊,我投资股票这么多年,知道投资要买好公司,这不难做到,因为好公司容易寻找和识别。但对于好公司究竟值多少钱,我一直摸不着头脑,这也是我投资中最大的困惑。"这位负责人是贵州茅台的拥趸,当时茅台的股价在2 000元左右,所以直接问我:"2 000元一股的茅台,是贵了还是便宜了?"

这位资深股民所提的是一个普遍性的问题。估值一直是投资中的难点,方法论很多,所需要的信息储备量很大,要做一个靠谱的估值,即便是对专业投资者来说也不容易,对于普通投资者来说更是难上加难。正因为这样,"估值"两个字一直被披上了神秘的外衣。

大概在2003年之前,中国资本市场基本听不到"估值"这个词,散户买卖股票靠的是听消息、看趋势,这些与估值关系不大。人们只能从国外的财经教材或图书中看到"估值"这两个字,对于能做估值、会做估值的人,大家都心怀敬意。那时候,如果哪家公司的财务报告中有估值模型,特别是如果有DCF(自由现金流贴现法)估值,那么这家公司的财报格调就会上个大台阶。我们当时看高盛、瑞银(UBS)等外资行的报告就是这样的感觉:它们的财报里有估值模型和DCF估值,真专业!

2003年，以"五朵金花"①为代表的价值投资兴起，特别是QFII（合格境外机构投资者）开始进入A股市场，大家开始越来越重视"估值"。记得那时候，上海有家外资估值培训机构，每天都忙着给各大券商和基金公司培训如何做估值，生意好得很。我们自己也请他们做过3天的培训，我的老领导老同事，现在大名鼎鼎的价值投资大佬王国斌和陈光明等，也在班上学习，认认真真敲键盘，用Excel软件做模型、算估值，现在回想起这些画面仍让我忍俊不禁。

除了"难"之外，更要命的是，估值本身就是一个"模糊正确"的东西，模糊到什么程度，可能是几倍的差异。还是以茅台为例，对有些人来说，茅台的合理估值是1 500元，对另一些人则是3 000元。为什么会这样？因为估值取决于对公司未来经营情况的判断，以及每个人的风险偏好。对未来的预判越乐观（盈利预测越高），风险偏好越高（贴现率越低），估值的结果自然越高。茅台酒当前的出厂价只有969元，而市场零售价基本在2 500元以上，也就是说，单纯考虑市场因素，公司提升出厂价轻而易举，利润就有可能从现在的600亿元提升到1 000亿元以上。如果你认为茅台酒的出厂价还有巨大的涨价空间，那么其估值就是3 000元甚至更高。但也有人认为茅台酒的出厂价受制于非市场化因素，而且喝白酒的年轻人越来越少，这些也都是事实，如果基于这样的判断，茅台的合理估值可能是1 500元。

股票市场之所以有交易，就是因为人们对股票价格的合理性产生了分歧——卖的人认为股价已经贵了，买的人却认为股价还要继

---

① "五朵金花"指钢铁、汽车、石化、能源电力、金融这五大板块。——编者注

续涨。而这种对公司估值的分歧是非常正常的，甚至可以说这是股票二级市场存在的基础。

正因为估值难，且带有很强的主观意识，没有很"精确"的结论，所以很多投资者会忽略估值或者回避估值，不愿意花心思研究。但我还是要强调，估值在投资中极度重要，甚至可以说，投资的核心和最终落脚点就是估值。我们从成长空间、竞争格局、公司护城河、财务等各个角度详细分析一家企业，最终都会面临这个灵魂之问："这家公司股票值多少钱？什么价格可以买入？"

想取得长期稳健回报，必须重视估值。这是因为估值高了，哪怕是竞争力卓越的公司，也会降低投资回报甚至带来亏损。这样的案例，古今中外数不胜数，最著名的是美国股市在20世纪70年代初的"漂亮50"泡沫，而我们的A股市场最新的例子是2020年年底的核心资产泡沫和2021年的赛道股泡沫。

当然，关于估值和泡沫，资本市场存在很多认知，认知的视角不同，理解也不一样。我的好友周洛华就估值问题有过以下非常精彩的阐述：

> 估值是热带雨林中的激励机制和生存本能。假设你是一头流浪的公狮，你看见远处草原上有一群母狮，对你爱理不理，但又风情万种，你内心就会燃起激情，不顾一切地去和它们的现任配偶打一架，争夺与母狮们的交配权。整个过程与理性和逻辑无关。母狮们身上洋溢着的风情就是股票的估值，激励你去和现任狮王竞争，在这个过程中，草原上的优质基因得到了筛选和传承。某个高科技行业股票得到了很高的估值，在普通投资人看来高得离谱，但是，这么高的估值不是给普通投资者

看的，而是用来刺激和这个行业相关的年轻人和投资人投身于这个事业的。

周洛华对估值的理解是，高估值和泡沫是激励创新的有效手段。对于这个观点，我基本认同，但这激励的是私募股权投资者，奖励的是一级市场投资者，而且实际上是以二级市场投资者的低回报甚至亏损为代价的。对于我们普通投资者来说，我们投资股票的主要目的是稳健获利，而想要获得长期的稳健回报，就必须高度重视估值。

估值的方法论有很多，但总的来说分为两大流派——绝对估值和相对估值。对于传统的估值方法，我的好朋友、资深财务专家饶钢有一个精辟的评价："方法简单的结果不可靠，方法完美的太难不可用。"相对估值法虽然简单，但其结论受市场情绪影响太大，且没有办法对公司竞争力和成长潜力进行合理定价，所以结论非常不可靠。绝对估值法理论上最为完美，但实操过程中涉及太多参数估计，还需要复杂的财务建模技巧，连机构投资者都望而却步，更别说普通投资者了。

那么有没有普通投资者可学可用，同时又比较靠谱的估值方法呢？这就是本书要介绍的"四维评级"和"动态估值"法。

"四维评级"是益研究量化评估一家公司基本面的基本框架，从成长空间、竞争格局、护城河和经营绩效四个维度，对基本面进行定量打分。每一个维度，我们都有数十个需要打分的问题，研究员通过对这些问题进行打分，得出上述四个维度的得分（星级）。

"动态估值"以"四维评级"为基础，融合了相对估值和绝对估值的优点，采用相对估值的形式、绝对估值的内涵，能够做出相对靠谱的价值估计，同时又不是太复杂，普通投资者基本上也能够掌握并实际运用。

口说无凭，大家可以阅读本书进行验证。饶钢兄是动态估值的拥趸，他和很多估值专家讨论过动态估值，大家一致认为这是理论上能够形成闭环、实践中也可行的估值方法论。

四维评级和动态估值这套方法论，我们益研究内部已经研究了好多年，特别是我自己思考琢磨了好多年，但一直因为工作忙，所以没有将其完整系统地落地。在前几年，我们虽然有了初步的方法，但还没有形成系统的理论框架，特别是在细节上没有做好完整梳理。从2022年3月底开始，因新冠肺炎疫情加剧，上海全城封控两个多月，我和同事居家办公了70多天。在这70多天里，我们就想着把琢磨了好多年的想法落地，于是开始没日没夜地讨论四维评级和动态估值的细节，做了大量的模拟实践，还做了很多效果回测，最终确定了四维评级和动态估值的完整流程和所有细节。在这一过程中，我们开了无数次线上会议，没有工作日和休息日的区别，也没有白天和晚上的区别，大家觉得有会开、有事做，也是一件很有意义和动力的事情。所以，借着这段时间，我们把心心念念了好多年的东西写出来了，可以说是"因祸得福"。在这里要特别感谢益研究的各位伙伴，有幸与你们一起走过了这段非同寻常又很有意义的时期。

四维评级和动态估值从正式推出到现在，将近两年时间了，实话实说时间还不算长，但已经成为益研究的标准方法。在这段实践过程中，我们对它的认知越来越深刻，也越来越有心得。实践证明，用四维评级和动态估值选择投资标的、构建组合，能取得不错的回报。

益研究之前的公司定位是"把机构级投研带给普通投资者"，这也是我创立益研究的初衷，因为我觉得中国有过亿的普通投资者，他们为资本市场贡献良多，却一直是弱势群体，得不到专业机构的服务，投资亏损累累。这些年益研究一直专注于服务普通投资者，让普通投资者享受到专业的机构级投研服务，特别是价值投资服务，也算是为中国资本市场的健康发展做出了微薄的贡献。

最近一段时间，我们把这个定位做了一些调整，改为"传播价值投资，服务价值投资"。这是因为，经过这些年的实践，我们越来越觉得价值投资是"人烟稀少的康庄大道"。

为什么价值投资是"康庄大道"？因为价值投资已经一再被证明是可复制的稳健赢利方法，不管是在中国资本市场还是在海外资本市场。有人会举出各种案例来证明价值投资不适合中国资本市场，例如很多人在 2020 年年底买入海天味业等核心资产，然后在 2021 和 2022 年遭遇股价大跌，最后得出价值投资不适合中国市场的结论。但他们根本没想过，真正的价值投资者是非常注重安全边际的，压根就不会涉足过高市盈率的股票投资，这些人是把追逐泡沫导致的亏损归咎于价值投资。

为什么价值投资"人烟稀少"？因为价值投资长期有效的前提是经常短期无效，这就导致价值投资需要克服贪婪、恐惧、妒忌、冲动、存有侥幸心理等人性的弱点。做一个理性的人绝非易事，而长期做一个理性的人就更是难上加难了。

正因为"人烟稀少"，所以价值投资才是"康庄大道"。有些投资道路，看上去风光旖旎、美不胜收，实则凶险万分，却吸引了大部分投资者去冒险，其结果就是我们通常说的"七亏两平一赚"。中国资本市场需要更多投资者走上价值投资的康庄大道，因此，

"传播价值投资，服务价值投资"这个新定位更符合社会需要，也更符合益研究的愿景。

过去的几年，承蒙中信出版社的厚爱，相继出版了《长期的力量》和《常识的力量》。《长期的力量》介绍了价值投资的基本框架，《常识的力量》结合很多实战案例，讲述了价值投资的重要常识。而这本《估值的力量》，讲的是价值投资的核心和最终落脚点——估值。

这三本书的出版，也是我们践行"传播价值投资，服务价值投资"定位的体现。

前段时间，我把"动态估值"的方法论介绍给了前面提到的那位资深股民，我希望这个方法能解答他的困惑，并能够帮助他取得投资成功。同时，我更希望这个方法论能为广大普通投资者所接受、所使用。

梁宇峰

目录

第一章 好股票 = 好公司 + 好价格 / 1

估值是价值投资的核心 / 3

估值是价值投资的难点 / 31

传统估值方法的局限性 / 35

价值投资需要可靠易用的估值方法 / 52

第二章 四维评级选出好公司 / 57

四维评级定量评估公司基本面 / 59

四维评级实践案例 / 77

四维评级的优点和挑战 / 99

第三章 动态估值确定好价格 / 103

简单实用的估值方法——动态估值 / 105

动态估值与传统估值方法比较 / 122

动态估值实践案例 / 134

动态估值的优点和挑战 / 160

附录 3-1 影响动态估值的其他因素 / 165

附录 3-2 如何交叉验证估值结果的合理性 / 175

第四章 "四维评级＋动态估值"与传统卖方研究的比较 / 187

卖方研究和买方研究的现状 / 189

卖方研究的价值和现实问题 / 191

"四维评级＋动态估值"是对卖方研究的重要补充 / 211

第五章 基于"四维评级＋动态估值"的价值投资 / 221

基于动态估值做投资，能否战胜市场？ / 223

动态估值的实战问题 / 237

动态估值能和技术分析结合吗？ / 255

第六章 从讲故事到讲估值 / 265

投资中故事的重要性 / 268

常见的投资故事类型 / 277

故事必须落地为估值 / 287

如何把故事转化为估值 / 295

后　记 / 303

第一章 好股票＝好公司＋好价格

我们经常说，价值投资的核心理念是"好股票＝好公司＋好价格"，当然也有人把好公司进一步细化为"好行业＋好公司"，即"长坡厚雪"行业中的优秀公司。但很多投资者在做股票投资的时候时常面临一个问题：就算选到了心目中的好公司，也不知道现在是不是买入的好时机，拿到手上也不知道什么时候该卖掉，也就是我们常说的"心里没底"。而这种底气缺乏的根本原因就是缺少对"好价格"，也就是"估值"的认识和把握。

因此，我们有必要就"估值"这一课题进行专门讨论，这是价值投资的底气所在——价值投资的根本是利用定价错误赚取超额收益，而在价格不断波动的股票市场中，估值就是衡量股票价格的"秤"，有了"秤"，我们才能知道当前价格下应该买入还是卖出，才能最大限度地保证投资的安全边际和稳健赢利。

估值是价值投资的核心

经过这些年的投资者教育，价值投资的"三好"方法论已经深入人心，那就是好行业、好公司、好价格。如果要给这三个"好"做个排序，看看哪个"好"最重要，你的选择会是什么？

在回答这个问题之前，我先讲一个我自己亲身经历的投资案例。

2015年，新三板正式推出才3年时间，赶上了移动互联网大爆发，各种"颠覆式创新"如火如荼地展开。金融科技、大数据、3D打印、虚拟现实等诸多前景广阔的项目，成为各路资本争相投资的对象。而这些公司也都纷纷上了新三板，新三板一度被称为中国的"纳斯达克"，投资者对其寄予厚望。那时候专门投资新三板上市公司的基金扎堆成立，大家唯恐错过下一个阿里巴巴、腾讯的大机会。我也不能免俗，也觉得新三板是个大金矿，密切关注新三板的机会。

当时，我正好遇到一个新三板投资项目，是一家对日软件外包公司。这家公司规模中等，核心管理团队人员年龄基本上在50岁左右，公司经营稳健，但创新能力一般。当时它的业务规模在2亿元左右，承诺利润3 000万元，但实际上每年能实现的利润为4 000万~5 000万元，融资估值为2亿元。

我在《常识的力量》中分析过软件外包行业商业模式的本质，我把它归类为"人力成本密集型公司，通过人头价差赚钱"：

> 资本密集型公司赚的是资金息差，而人力成本密集型公司赚的则是"人头价差"。在人力成本密集型公司的成本结构中，人力成本占比较大的比重。典型的例子是软件定制开发公司。软件定制开发公司会根据客户的需求，量身定制一系列符合客户实际应用场景的软件。由于客户需求的独特性和多样性，很

难有标准化的产品满足大部分客户的需求，所以，随着业务的扩大，需要源源不断地补充开发人员。典型的软件定制开发公司的产品报价是这样的：一般根据客户的项目需求，评估出需要的开发工时，然后用估算的工时乘以每小时的价格。这种类型的公司的赚钱模式，实际上是在赚向客户收取的工时费与员工工资之间的差价。我国有大量软件定制开发企业，彼此之间的价格竞争非常厉害，大家实际上都是赚的辛苦钱。同样是软件公司，如果做的是标准化产品，如微软的操作系统和Office软件，完全是标准化的产品，其销售额的高低和软件开发人员的多少几乎没有任何关系，这样的企业一旦产品好、营销能力强，边界可以做得很大，也能取得惊人的利润。

可以说，软件外包行业的商业模式很一般。我面对的这家公司，在行业内也不算是规模和竞争力领先的企业，但可以算是大浪淘沙活下来的公司之一，利润率还算不错。这是因为，日本市场老龄化严重，从事软件开发的年轻人越来越少，所以对中国的软件外包需求是稳定的，而且日本的软件外包市场不像国内同行业这般激烈竞争，给的价钱很公道，能让外包商赚到合理利润。我们可以比较一下A股上市公司当中，从事国内软件外包的公司和从事日本软件外包的公司的净利率，前者一般不超过5%，后者则接近20%。

可以这样说，这是一个不好但也不差的行业，是一家很稳健但成长性也一般的公司。这样的公司，如果用"三好"来衡量，恐怕很难是价值投资的优选标的。但我最终投了这家公司，核心原因是它的估值足够便宜。四五千万元的利润，两亿元的估值，市盈率也就四五倍。而且这样的公司并不需要多少资本支出，赚来的利润很大一部分可用于分红,哪怕它不能上市,分红收益也还不错。这就是我当时的朴素决策过程。

投资之后,这个项目被很多人嘲笑,因为和当时的投资氛围格格不入——大家都在投各种前景广阔的颠覆性创新项目,而我却投了一个如此传统的软件外包公司。但几年之后,我们前面说的那些金融科技、大数据、3D打印、虚拟现实等项目基本上很多都是无疾而终,很多新三板基金亏损累累,有的甚至几乎全军覆没。

而我投的这家公司,经营一直中规中矩,每年收入和利润虽没啥惊喜,但也没啥意外,每年赚四五千万元,一半以上用来分红。6年下来,分红的钱超过了一半初始本金投入。后来这家公司磕磕绊绊,终于在北交所上市,我也趁机变了现。算上分红和变现,年化投资回报率为15%~20%。这虽是一个不算高的投资回报,但在当时约1万家新三板上市公司当中,能给投资者创造15%~20%的年化投资回报的公司寥寥无几。

这个案例让我不禁思考:投资最核心的要素是什么?"三好"当中什么最重要?如果让我选,我会选择"好价格"。这是因为,任何资产,哪怕是很平庸的资产,只要价格足够便宜,都有投资价值,都能给你创造不错的投资回报;反过来,哪怕是非常优质的资产,如果价格贵了,也没有投资价值,甚至可能给你造成投资亏损。所以,从这个意义上来说,"好行业"和"好公司"必须落脚到"好价格",或者说,价值投资最终的落脚点一定是估值。

当然,估值并不简单,不是简单地、静态地看市盈率。估值必须看未来,它是一个动态的过程,这也正是本书要和大家深入讨论的问题。

想要取得长期稳健回报，必须重视估值

1. 投资回报和估值密切相关

不同的投资体系，对盈利来源的认知是不一样的。对于短线博弈派来说，投资收益只取决于买卖价差，和估值没太大关系。持有这种观点的投资者，他们心目中的投资回报率公式可能是：

投资回报率 = 转手卖出的价格/买入价格 - 1

在这个公式中，"转手卖出的价格"是与"买入价格"正相关的函数，因为他们相信股价是有趋势、有惯性的。正因为如此，买入价格高没关系，只要卖出价格高于买入价格就可以，而且只要买入时股价处于上升趋势，卖出股价就一定会高于买入股价。所以在这种认知下，买入价格的高低不是关键，价格趋势才是关键。

正是基于"股价走势具有惯性"的认知，一旦股价开始上涨，投资者会认为涨势将持续，因而希望通过买入股票实现正的投资回报。同理，当股价下跌时，他们也希望通过卖出股票避免更大的损失，这就是"追涨杀跌"的由来，也是投资者紧盯市场、频繁操作却依然难逃亏损的原因。"追涨杀跌"看似能获得收益，但实际上缺乏底层的逻辑支撑，更多的是基于心理上的"博弈"行为。长期坚持这种投资策略，很容易成为股市里的"韭菜"。

那么有没有一种不靠"赌"来获得收益的方式呢？换个角度来看，如果我们把股票看作投资上市公司的载体，而不是博弈的筹码，那么我们的投资回报率公式就应该是：

投资回报率 = 企业未来自由现金流的贴现值/买入价格 – 1

在这个公式中，"企业未来自由现金流的贴现值"和"买入价格"没有任何关系，只取决于企业的经营情况。

当我们用上面的公式衡量投资回报的时候，思路就清晰了很多：投资就是在"企业未来自由现金流的贴现值"和"买入价格"之间做对比，只要后者低于前者，就能取得正的回报。在这种认知下，买入价格的高低就非常重要，因为它决定了投资回报率的高低。

而现实中，企业未来自由现金流是未知的，我们只能对其进行大致估计，这样一来，投资回报的公式就变成：

投资回报率 ≈ 对公司价值的估计/买入价格 – 1

同样道理，"对公司价值的估计"和"买入价格"没有任何关系，因为它取决于企业的经营情况。

总之，对价值投资者来说，投资回报和公司估值密切相关，尽可能准确地估计公司价值也成为价值投资的重点和难点。

2. 合理估值的好公司是合理回报的来源

既然估值对投资至关重要，那么我们要怎么利用好估值进行投资呢？答案是尽量选择估值在合理范围内甚至被低估的好公司。估值过高的时候，哪怕是优秀公司的股票，我们也要慎重买入。

（1）高估值会降低投资回报和决策容错能力

从前面的投资回报率公式可以看出，当买入价格偏高时，未来投资回报率必然低；当买入价格合理或很便宜时，未来投资回报率必然高，这就是高估值会降低投资回报的原理。

我们拿A股市场优秀的公司代表之一中国平安来举例说明。2007—2021年，中国平安归母净利润复合增速达15%，有着稳定的赢利能力。但就是这样一家"好公司"，如果你在2007年10月市盈率68倍左右的时候买入，虽然公司业绩持续稳定高增长，但它在2007年10月后估值和股价双双回落，2010年之后市盈率一直处在10~20倍，所以你要持有到2017年这笔投资才能扭亏为盈（见图1-1）。因此我们说，即便是最优秀的公司，如果买入时估值高，也会降低投资回报率。

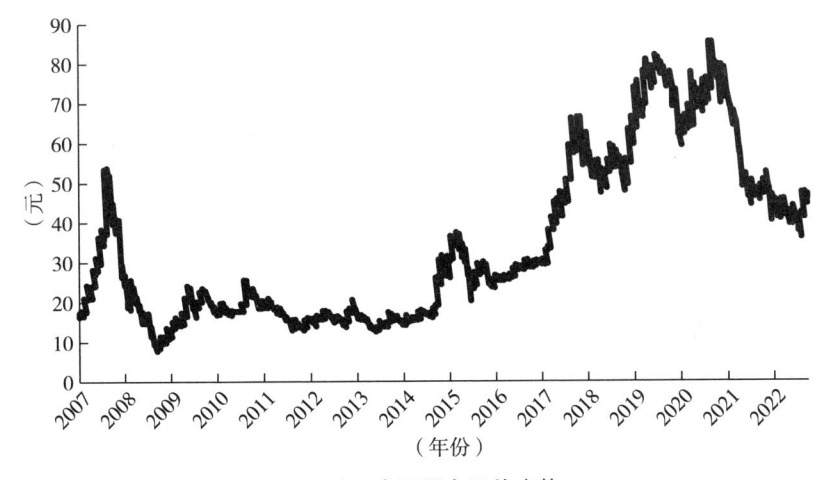

图1-1 中国平安股价走势

资料来源：市场公开信息。

好公司买贵了导致亏钱的案例，最典型的当数"漂亮50"估值泡沫。"漂亮50"产生于20世纪60年代末至70年代初，指当时纽约证券交易所最受投资者青睐的50只大盘蓝筹股，包括IBM（国际商业机器公司）、施乐、柯达、麦当劳、宝丽来、迪士尼等。

这50只股票多为龙头公司，大部分在20世纪70年代初便已经确立了在行业内的龙头地位。当时，华尔街专业人士立誓回归"理性的投资原则"，"漂亮50"公司受到投资者的青睐。他们认为大盘蓝筹股不会像60年代受青睐的投机性公司一样轰然倒塌。

20世纪70年代，在经济增长不确定的背景下，"漂亮50"公司由于盈利确定而享受到更高的估值溢价，估值得到大幅提升。当时很多投资人士认为，即使买入"漂亮50"公司的价格过高，高价也迟早会被证明是合理的。在蓝筹股的投机浪潮中，很多"漂亮50"公司的估值被推升至80多倍，甚至90多倍，而在70年代后期估值泡沫破灭后，很多公司的市盈率下降9～18倍。在《漫步华尔街》一书中，记录了美国"漂亮50"在1972年的市盈率水平，以及估值泡沫破灭之后1980年的市盈率水平，如表1-1所示。

表1-1　1972年和1980年美国"漂亮50"公司的市盈率水平

股票名称	1972年市盈率（倍）	1980年市盈率（倍）
索尼	92	17
宝丽来	90	16
麦当劳	83	9
国际香料	81	12
迪士尼	76	11
惠普	65	18

资料来源：伯顿·G. 马尔基尔. 漫步华尔街（第11版）[M]. 张伟, 译. 北京：机械工业出版社，2017.

《漫步华尔街》的作者马尔基尔分析道："机构投资经理全然漠视了一个事实：任何规模可观的公司都不可能保持足够的增长速度来支撑80倍或90倍的市盈率。"也就是说，当公司估值很高时，即使是好公司，也很难保持较高的盈利增速来支撑高市盈率，一旦公司业绩不及预期，股价将会迎来戴维斯双杀。因此，我们可以看到，虽然"漂亮50"里有很多优秀的公司，但是在20世纪70年代后期，"漂亮50"公司在很长一段时间内是跑输指数的，在高位买入"漂亮50"股票的投资者，在很长的时间里没有赚钱。

在A股市场，这样的故事也在重演。2020年年底以来，以茅台、海天味业、金龙鱼等为代表的基金抱团重仓的"核心资产"，估值也高达六七十倍。很快，它们就在2021—2022年重蹈"漂亮50"的覆辙，其中很多股价大跌，有些甚至跌幅高达70%以上。

除了降低投资回报，高估值还很容易带来戴维斯双杀。我们知道，股票价格＝市盈率×每股盈利，而戴维斯双杀就是指市盈率和每股盈利同时下滑，这时候股价往往会跌得非常厉害。通常情况下，高估值和高成长是密不可分的，如果市场认为这家公司未来成长性很高，那么就会给予它很高的估值水平。比如一家公司的市盈率有40倍，从价值投资的角度看是一家很贵的公司，但如果其每股盈利能保持30%以上的持续增长，那么这个估值看起来就是合适的。但如果哪天这家公司出了财报，证明其赢利能力没有大家想象的那么好，这时候就会迎来市盈率和每股盈利同时下降的戴维斯双杀了。在实际投资中，这样的案例经常发生。

长盈精密成立于2001年7月，是国内金属外观件龙头企业，主要为手机厂商供应金属后盖和金属中框，于2010年9月成功登陆A股创业板。2017年之前，长盈精密受益于手机金属后盖渗透率提升，公司营业收入和净利润均快速增长。自上市以来，长盈精密一直保持着较高的增长速度。2011—2016年，公司营业收入从7.8亿元增长至61.2亿元，年均复合增速51%；公司归母净利润从1.6亿元增长至6.84亿元，年均复合增速34%。2017年，市场对长盈精密寄予厚望，对其2017年的业绩给了很高的预期。在2017年上半年，市场对长盈精密2017年净利润的一致预期超10亿元，增速约46%，可见市场对长盈精密的业绩非常乐观。在这种背景下，资本市场也给长盈精密很高的估值，静态市盈率一度达到约50倍。

但2017年是手机产业变革非常重要的一年，手机外壳行业发生了翻天覆地的变化。由于金属外壳具有信号屏蔽等缺陷，金属材料逐渐被玻璃、塑料等非金属材料所替代。随着市场出现变局，长盈精密在2017年迎来了业绩拐点。因为在长盈精密的收入构成中，手机金属后盖和金属中框是公司的主要收入来源，2015年在公司的总收入占比中便已经超过了50%，2017年达到69%。此外，长盈精密还长期为OPPO、vivo、华为等主要大客户供应金属后盖和金属中框。公司2017年度报告显示，公司前五名客户的销售总额为65.5亿元，占公司年度销售总额的比例达77.7%。所以，当OPPO、vivo、华为等手机厂商不再使用金属后盖的时候，长盈精密的经营势必受到巨大冲击。

公司2017年三季报低于市场预期，股价下跌，市场开始调低对于公司的业绩预期，但是对于公司2017年全年的净利润预期仍超8亿元。2018年3月，公司发布2017年报，宣布公司2017年净利润仅为5.9亿元，同比下滑16%，显著低于市场预期。于是长盈精密的股价一路下跌，最高跌幅一度超过70%。

作为一只成长股，市场对长盈精密的业绩有很高预期，也给予很高的估值；而当业绩不及市场预期时，股价则遭遇戴维斯双杀（见图1-2和图1-3）。

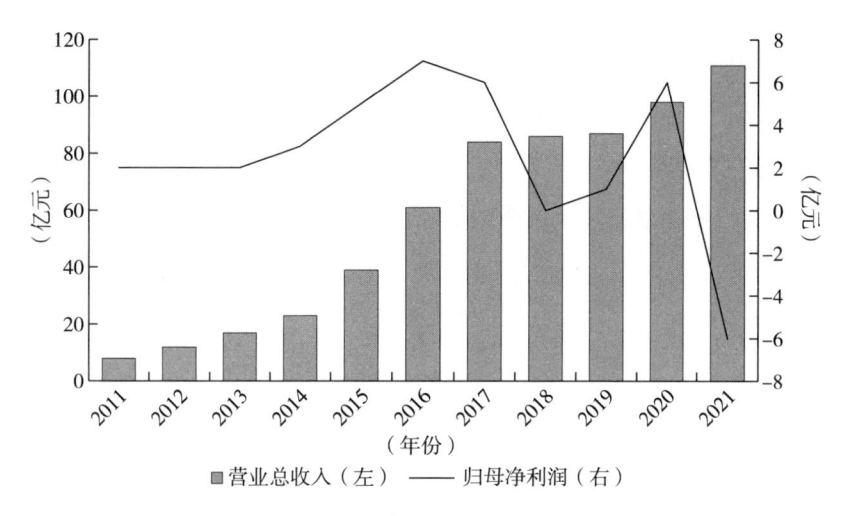

图 1-2　长盈精密营业收入和净利润

资料来源：市场公开信息。

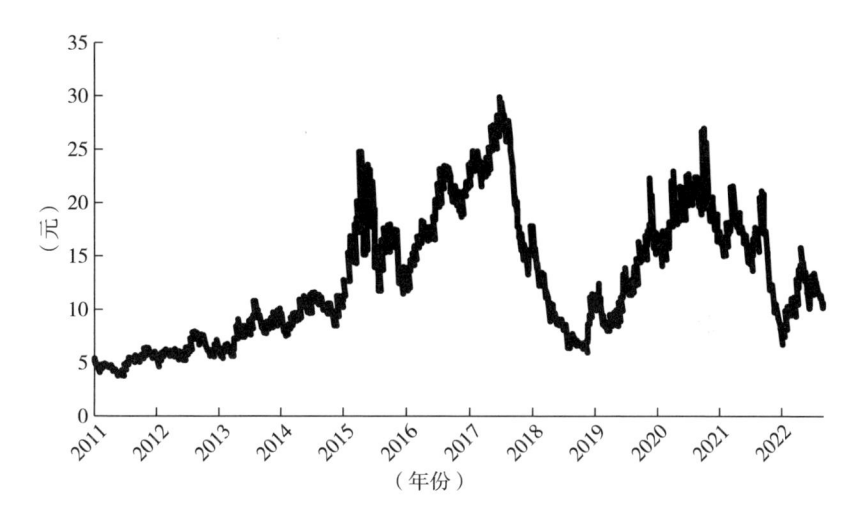

图 1-3　长盈精密股价走势

资料来源：市场公开信息。

格雷厄姆、巴菲特等投资大师都非常强调安全边际，巴菲特曾说："当你修建一座大桥时，你坚信它的承重量为 3 万磅，但你只会让重 1 万磅的卡车通过这座桥。这一原则也适用于投资。"这体现的就是安全边际的思想。安全边际的存在，可以在很大程度上对冲由于对公司未来预测不准确所导致的风险，虽然我们不一定可以完全避免损失。

（2）面对低估值要谨慎判断是否存在价值陷阱

高估值的风险很容易理解，那么是不是只要盯着市盈率低的股票买就可以呢？也不一定，因为这样做可能会遭遇价值陷阱。

相信很多投资者都对此有疑问，高估值的风险很好理解，可为什么低估值也不一定是好事呢？这是因为在市场中，很多股票被低估都是有原因的。比如银行股，市盈率只有七八倍。而银行股估值之所以这么低，是因为没有人知道它真实的坏账率到底有多少，虽然官方公布的数据在 1.5% 左右，但其潜在坏账率可能很高，因此很多人依然不敢买它。再比如宝钢，它的估值也一直很低，2011 年总市值只有 1 000 亿元左右，最低的时候跌到了六七百亿元。很多投资者认为它光是在上海的工厂和土地都不止 1 000 亿元，但为什么宝钢的股价一直起不来呢？原因就是它所在的钢铁行业处于产能过剩且难以去化的境况，虽然公司价值现在看起来不错，但可以判断未来它是走下坡路的，而这种走下坡路的公司自然会被市场给予低估值。

类似的例子还有房地产行业，近些年房地产行业市盈率一直在 10 左右，看起来不算高，但其内部公司股价表现不尽如人意。这是因为房地产行业本身已经处于衰退期，在我国人口出生率下降、城镇人均住宅面积上升、居民杠杆率不断升高的背景下，加上"房住不炒"的政策定调，房地产行业很难呈现强劲的势头。可以看到，从 2021 年下半年开始，政策持续出台以稳地产，但仍然难以扭转整体行业颓势（见图 1-4 和表 1-2）。像这样处于衰退期的行业，即便你遇到了较低的估值，那大概率也是"价值陷阱"。

图 1-4　商品房销售数据

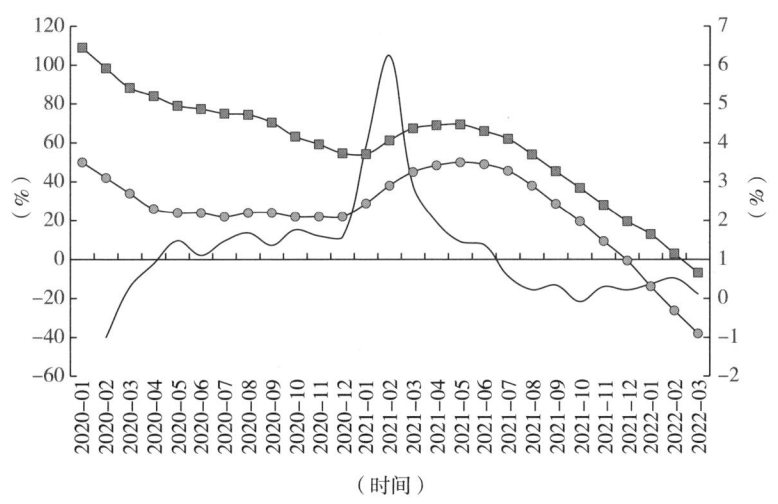

—— 商品住宅销售面积单月同比（左）
—■— 70个大中城市新建商品住宅价格指数：当月同比（右）
—●— 70个大中城市二手住宅价格指数：当月同比（右）

资料来源：市场公开信息。

表 1-2　房地产政策

时间	放松/收紧	政策概况
2021 年 7 月	放松	2021 年 7 月～2022 年 4 月，央行三次降准
2021 年 9 月	放松	央行提出维护房地产市场的健康发展，维护住房消费者的合法权益
2021 年 10 月	放松	央行提出部分金融机构对"三线四档"融资管理规则存在误解，须保持房地产信贷平稳有序投放
2021 年 11 月	放松	房地产合理贷款需求得到满足，10 月末银行业金融机构房地产贷款同比增长 8.2%，整体保持稳定
2022 年 1 月	放松	降息：1 年期 LPR（贷款市场报价利率）下降 10 个基点，5 年期 LPR 下降 5 个基点；地方性房地产政策开始松动
2022 年 3 月	放松	多部委发声防范化解房地产风险，以郑州为首的部分城市限购限贷政策放松
2022 年 4 月	放松	央行、外汇局提出因城施策实施好差别化住房信贷政策，更多城市"四限"政策松动

资料来源：市场公开信息。

所以当我们遇到低估值的时候，要谨慎判断是否存在价值陷阱，即不要简单地根据低估值买股票，而是结合公司未来成长空间、核心竞争力和护城河等因素综合分析，如果我们用看似很低的价格买入股票，但这家公司的基本面存在重大瑕疵或在不断恶化，那么我们就很可能陷入了低估值的价值陷阱。

在《常识的力量》一书中，我们提出判断价值馅饼和价值陷阱的方法：

如何区分"价值馅饼"和"价值陷阱"？

价值投资者最喜欢的是寻找好公司出现定价错误的机会，但在现实生活中，这往往又是很难的，尤其是区分"价值馅饼"和"价值陷阱"。在资本市场上，有时候好公司因为风格原因或标签原因被错杀，估值非常便宜，我们将这种股票称为"价值馅饼"。与之相对应的是"价值陷阱"，指的是公司虽然看上去估值很便宜，但其未来创造现金和利润的能力是不断下降的。如果你仅仅贪图便宜，买了看上去很便宜的公司，很有可能会落入"价值陷阱"。

该如何区分价值馅饼和价值陷阱呢？我们可将其分为重要的事和不重要的事（见图1-5）。

重要的事	不重要的事
1. 行业竞争格局好不好？	1. 公司业务是不是传统业务？
2. 公司壁垒深不深？	2. 公司标签是否紧追热点？
3. 公司抗风险能力强不强？	3. 资本市场喜欢不喜欢？
4. 公司是不是在为股东创造回报？	
4. 公司业务是否会被替代颠覆？	

图1-5 重要的事和不重要的事

重要的事主要有以下几个方面：

1. 行业竞争格局好不好？我们在第二章行业竞争格局分析时举了海螺水泥和宝钢股份的例子，这两家公司估值都很便宜，貌似都属于夕阳行业，但基于波特五力模型的分析，海螺水泥的行业竞争格局明显优于宝钢股份的行业竞争格局，两家公司的盈利趋势和股价走势也差异较大。

2. 公司壁垒深不深？这就是公司竞争力分析，识别公司是否拥有护城河。如果公司壁垒很深的话，那么公司持续获得超额利润的能力便能得到保障。

3. 公司抗风险能力强不强？在衡量公司抗风险能力时，我们通常需要仔细分析公司的财务报表数据，如果公司经营现金流非常充裕，负债率低，那么公司的抗风险能力就比较强。但因为财务数据的披露具有滞后性，所以我们还要结合其他方面进行分析。

4. 公司是不是在为股东创造回报？公司能否为股东创造价值的关键衡量指标是ROE（净资产收益率）、分红率等。能持续保持高ROE且高分红的公司，能给股东创造丰厚的回报。

5. 公司业务是否会被替代颠覆？如果一家公司的商业模式很难受到技术变革或商业模式变革的影响，那么公司很有可能获取长期的超额利润。历史上被技术变革颠覆的公司非常多，比如数码相机的出现消灭了胶卷行业，而智能手机的普及又基本上消灭了数码相机行业。

不重要的事主要有以下几个方面：

1. 公司业务是不是传统业务？就像前面说过的海螺水泥，显然其业务属于传统业务，但由于海螺水泥具有良好的竞争格局，充分享受行业集中度提升所带来的收益，所以其股价也走出了长牛的趋势。因此，公司是不是传统业务这个问题，对于区分公司是价值馅饼还是价值陷阱显然并不是那么重要。

2. 公司标签是否紧追热点？我们经常看到资本市场有这样的现象，当某个概念兴起的时候，只要贴上相关标签的公司股价短期内都可能迎来上涨。但事实上这纯属投机炒作，当炒作风潮退去，最终还是要回归价值。

3. 资本市场喜欢不喜欢？同样的道理，资本市场喜不喜欢不重要，价值投资最终还是要回归到基本面投资当中。

综上所述，我们不要戴着有色眼镜去评判一家公司，而是应该认真分析公司的行业竞争格局、护城河、未来赢利能力等基本面因素，从而评判这个机会到底是"价值馅饼"还是"价值陷阱"。

估值太高有风险，估值太低可能有价值陷阱，那么很多人就会困惑了：到底估值有没有用？其实这里本质的东西是如何衡量估值。对大多数人来说，衡量估值的方法是用市盈率这样的指标。这样的方法虽然简单实用，但最大的问题是这种估值是当下的、静态的，而企业的价值取决于未来的经营情况，而未来又是不确定的，所以企业估值是未来的、动态的。低估值肯定是好事情，但要看是什么样视角的低估值。如果仅仅是基于当下的、静态的低估值，就可能遭遇价值陷阱；如果是基于未来的、动态的，哪怕现在市盈率高一些，也可能是好的投资机会。

这就是本书所讲的"动态估值"的意义。我们要超越市盈率这样的估值指标，以未来的、动态的视角来判断企业估值的高低。

识别和利用定价错误，才能取得超额收益

A股市场中的不少散户看到"价值投资"四个字会不以为然，因为在他们眼里这样根本赚不到钱。但他们忘了一件事，就是价值投资赚的超额收益来自定价错误，因此一个市场存在越多的定价错误，就越意味着这个市场存在更多的投资机会，这也是A股市场中大部分主动基金能跑赢指数，而定价效率更高的美股主动基金收益却不及指数的原因。想要抓住投资机会，我们必须关心估值，找到定价错误的股票，从中赚取超额收益。

1. 超额收益源于定价错误

巴菲特曾经说过："如果市场总是有效的，那我只能沿街乞讨。"这虽然是巴菲特的玩笑话，但其实也从侧面反映了巴菲特持续获得超额收益的秘密——赚市场定价错误的钱。因为如果市场总是有效的，就代表股票价格总能正确反映公司的内在价值，市场中就不存在定价错误，也就不存在所谓的超额收益。

股票市场的"定价错误"最常见的有两种：一种是"好公司被低估"，另一种是"差公司被高估"。

好公司被低估，是价值投资者梦寐以求的机会。在内在价值既定的前提下，买入价格越低越划算，投资回报率也就越高。因为定价错误，你能够以大幅度低于内在价值的价格买入优秀公司的股票，那么你赚的不仅仅是企业成长的钱，还能赚到定价错误被修复的钱。如果投资者能够抓住这种定价错误的机会，尤其是好公司定价错误的机会，等待价值回归，就可以获取可观的超额利润。定价错误被修复是超额利润的重要来源，巴菲特之所以成为"股神"，就是不断找到这样被低估的优秀公司，买入并长期持有，获得了巨大的超额收益。

拿A股造纸行业龙头公司太阳纸业来说，由于投资者对公司所处赛道的偏见，因此其估值长期偏低，2018年年底市盈率仅7倍左右，甚至低于造纸行业平均水平。但近些年在造纸行业减速重质的发展态势下，大型纸企凭借资金、规模、成本、渠道等全方位优势，在逐渐存量化的市场竞争中不断挤压中小企业的生存空间，行业集中度得以提升。因此尽管行业空间不高，但太阳纸业业绩和抗周期能力表现优秀，其股价也在渐渐抬升，一度从不足6元涨到20多元。像这样本身优质却被低估的公司就是难得的价值馅饼（见图1-6和1-7）。

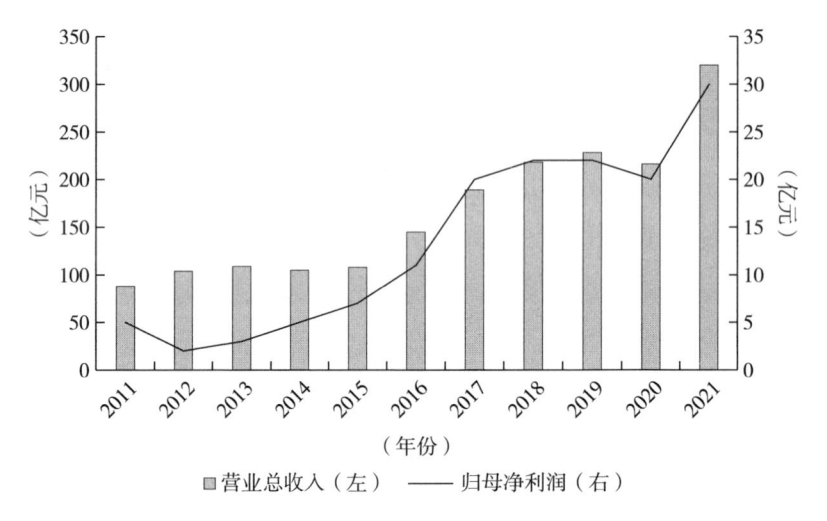

图1-6 太阳纸业营业收入和净利润
资料来源：市场公开信息。

差公司被高估，是做空机构的"肥肉"。像浑水、香橼这样的"嗜血机构"最喜欢通过做空被高估的股票赚大钱。当然，过度做

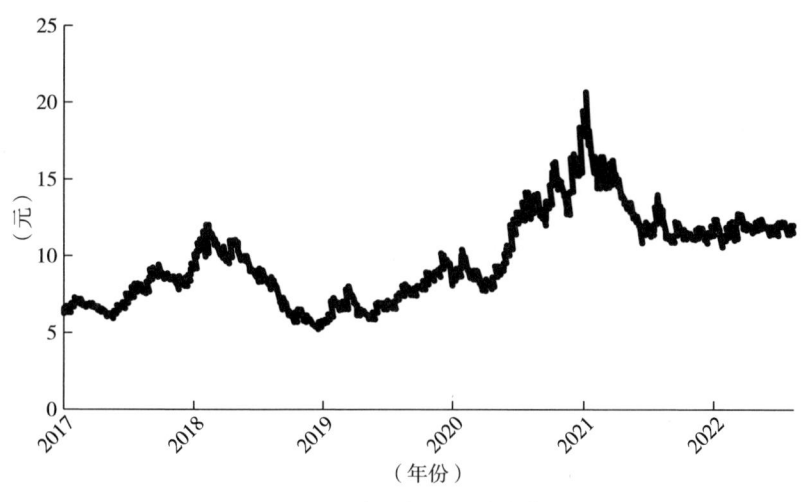

图 1-7　太阳纸业股价走势

资料来源：市场公开信息。

空也有可能被逼空，进而遭受巨大损失。发生在 2021 年年初的游戏驿站事件，就是散户联手逼空做空机构的经典案例，让很多做空机构巨亏，给了他们巨大的教训。

2. 定价错误始终存在于市场中

公司的内在价值取决于公司未来的经营情况，不是一个确定的值，而是一个相对模糊的区间。所以在很多时候，我们无从判断公司的股价是高估、低估还是合理。但股价经常显著偏离合理估值，这时候，我们可以很有把握地判断其存在定价错误，知道股价是高了还是低了（见图 1-8）。

美国投资大师霍华德·马克斯提出了"钟摆理论"：钟摆往左摆，摆到摆不上去时就会开始往右摆。在投资时，我们面对的股价就像钟摆一样，不断在高和低之间来回摆动，而支撑这些摆动的动能就是人的非理性。只要人不是绝对理性的，依靠人的买卖决定的

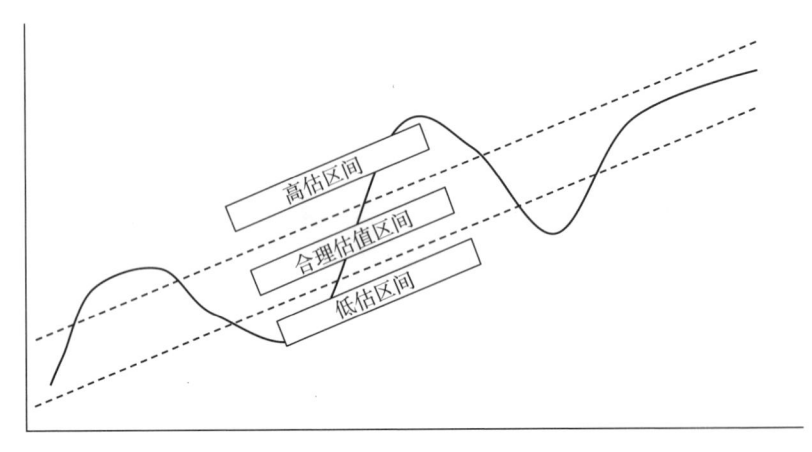

图1-8 上市公司股价相对合理估值波动

股价就一定会有定价错误的时刻，而这些错误在市场的运行过程中又不断被修正，向价值中枢回归，之后又产生新的错误……总之，定价错误始终存在于市场中，我们总能在市场中找到超额收益的机会。

（1）定价错误产生的原因

"观点最终是由情绪，而不是由理智来决定的。"这是英国著名教育家赫伯特·斯宾塞对观点的看法。这句话尽管有些极端，但也反映出人的决策很难做到绝对理性的事实，其中情绪是一部分原因，认知不足则是另一部分原因。在情绪和认知的偏差下，定价错误就产生了。

具体而言，好公司定价错误大致有以下几类原因。

首先是大众忽略。近年来，IPO（首次公开募股）公司数量越来越多，甚至很多是细分行业里的龙头公司，但经常会被市场所忽略，没有得到市场的充分研究。在A股市场上，我们将很多小而美的细分行业的龙头公司称为"隐形冠军"，这些公司竞争格局良好，竞争力突出，估值合理，但还不被大众所了解。如果你能寻找到这样的隐形冠军公司，那么是极有可能获得长期的超额回报的。

例如安井食品，速冻食品行业的龙头企业，2017年年末业绩预告时其净利润是行业第二、三、四名的总和，估值只有20倍左右，其赢利能力、估值水平都具有明显优势。但在当时，市场对它的关注度很低，这就是大众忽略的典型案例。不过这种忽略总有被修正的时候，2019年以来，安井食品不断被主流资金认可，迎来了戴维斯双击，业绩从2亿多元涨到接近6亿元，估值从20多倍提升到80倍以上，市值从不到100亿元提高到500多亿元。回头看，当年市值只有几十亿元、估值只有20多倍的安井食品，是多么好的投资标的（见图1-9和图1-10）。

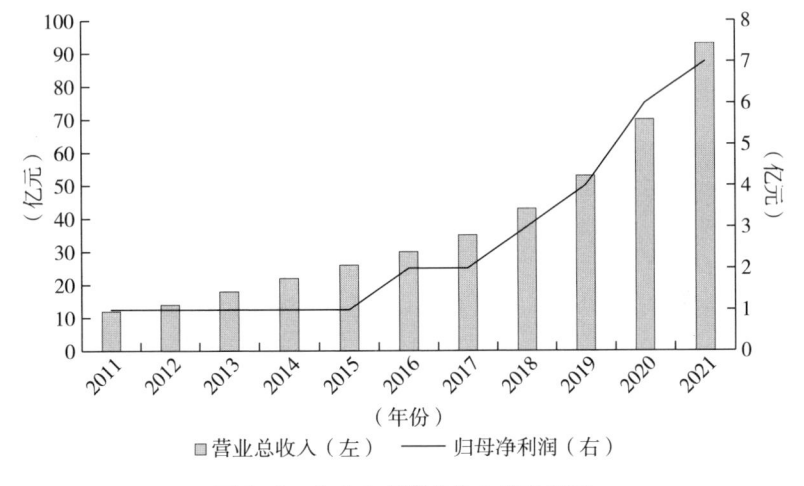

图1-9　安井食品营业收入和净利润

资料来源：市场公开信息。

其次是大众误解。有些好公司会长时间被投资大众所误解——低估了公司的成长空间，或者放大了某些负面因素的影响。例如，海螺水泥就属于被大众误解的好公司。水泥行业被大部分人认为是

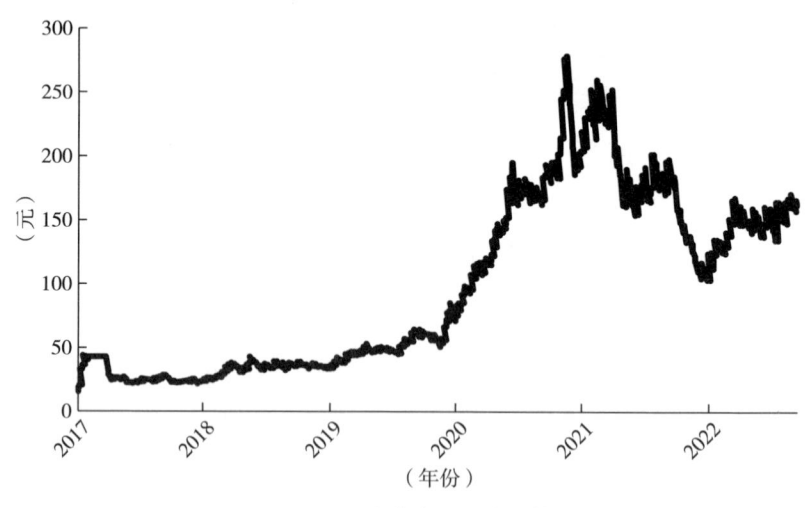

图 1-10　安井食品股价走势

资料来源：市场公开信息。

夕阳行业，但其实水泥行业的竞争格局非常好，行业集中度不断提升。作为龙头公司的海螺水泥，盈利稳定增长，从长期来看，海螺水泥的股价也一直表现非常优秀，给投资者创造了非常高的回报。A股市场上还存在很多类似于海螺水泥这种被大众误解的公司。

最后是大众恐慌。大众恐慌和大众狂热是市场情绪的对立面，是人性的恐惧和贪婪的表现。当市场情绪非常低时，表现出来的就是大众恐慌；当市场情绪非常高时，表现出来的就是大众狂热。

大众恐慌通常伴随着市场系统性风险的发生，以A股为例，2008年的亚洲金融危机、2015年的股市大跌、2018年的中美贸易冲突，都导致股民出现恐慌情绪，最近的一次是2022年的俄乌冲突和新冠肺炎疫情。2018年由于中美贸易冲突的影响，A股市场行情低迷，指数一路下跌，不管好公司还是差公司，股价均大幅下跌。这时整个市场被恐惧所笼罩，很多人甚至预测指数将跌破

2 000 点。但从价值投资的角度来看，我们会发现很多好公司的价格已经远远低于其内在价值，被严重低估，具有很大的安全边际，此时，我们应该忽视市场的悲观情绪，买入低估值的好公司。

大众忽略、大众误解和大众恐慌，导致好公司被错误定价。我们如果能把握这些定价错误的机会，买入这些被低估的好公司，可以获得可观的超额收益。

(2) 市场总是处于不断"消除老定价错误、产生新定价错误"的动态过程

2017 年之前的定价错误，主要是"好公司被低估"与"坏公司被高估"并存。那时候的一批好公司，像茅台、平安、美的等，估值都非常便宜。与此同时，一堆小企业，没有业绩支撑，估值却高得吓人。

以 2012 年为例，当时沪深两市 18 家资不抵债、无正常经营活动、账面净资产均值为 -3.9 亿元的企业，平均市值高达 18.8 亿元，最低市值也达 9.24 亿元。很显然这些上市公司的估值既不来源于清算价值，也不来源于持续经营价值，仅仅是当时特有的 IPO 审批制产生的"壳价值"使这些公司受到资本的青睐。近些年，随着 IPO 越来越顺畅，特别是注册制获得推广，垃圾股价格不断下跌，垃圾股溢价现象大幅改善，估值也最终回落。

除了垃圾股溢价，当时 A 股市场由于新股溢价产生的高估值也数不胜数。比如暴风集团在 2015 年 3 月 24 日登陆创业板，从 7.14 元的发行价，收获 30 多个涨停，股价一路飙升至 327 元的历史高位，最高峰时市值突破 408 亿元。完成这样 4 480% 的上涨，暴风集团仅用了两个月时间。但看它的财务报表会发现，2015 年暴风集团的归母净利润只有 1.7 亿元，显然难以支撑其 400 亿元的市值。而在 2016 年，虽然营业收入上升，但是净利润亏损了 2 亿多元，在之后的几年，暴风集团的净利润也一直没有实现扭亏为盈，显然终将难逃价值回归的宿命。2020 年 9 月 21 日，暴风集团发布公告称公司将进入退市整理期，其股票简称更改为"暴风退"，而那些在高位接盘的投资者，恐将永远无法解套。

2017 年之后，注册制改革、金融对外开放相辅相成，市场制度愈发规范，A 股市场开始发生变化。其中最明显的改变是小盘股、垃圾股估值高的现象明显缓解，市场开始偏好"大白马"，好公司的估值得到快速提升。从总体上来说，A 股估值谬误不断被修正，正在朝着成熟市场方向快速迭代进化。

但 2020 年四季度以来，市场资金越来越集中于极少数"抱团股"，其中包括贵州茅台、五粮液、中国平安、美的集团、宁德时代等大家耳熟能详的股票。2021 年 2 月，公募基金持股市值最大的 50 只 A 股股票 PE（市盈率）中位数达到 72 倍，很多股票处于非常高的历史分位，与此同时，许多中小市值公司的成长性被忽略，市场给予了它们过低的估值。这个时候新的定价错误就产生了：市场给予了好公司过高的估值，而中小市值公司的估值可能过低了。正如我们所看到的，这个错误也正在被市场缓慢纠正。2021 年一季度后，沪深 300 相对中证 1 000 的强度达到了最近 10 年的最大值，此后慢慢回落（见图 1-11）。

回到股票市场的本质，市场永远在"不断消除老的定价错误、不断产生新的定价错误"的过程中动态发展，尽管 A 股很多错误的定价已经不断在被修正，但我们依然可以在这个市场中找到许多不合理的定价。比如题材或概念炒作依然十分明显，2011 年是互联网+、2012 年是金融科技，后来又是国企改革、PPP（政府和社

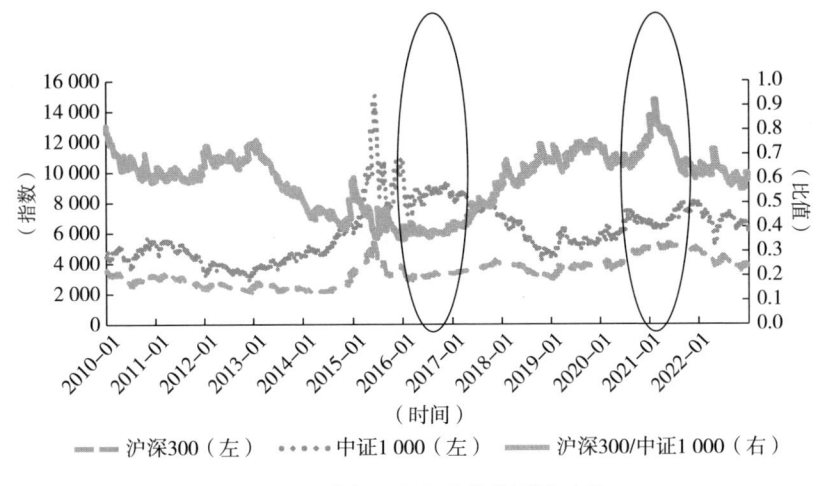

图 1-11　中证 1 000 和沪深 300 走势

资料来源：市场公开信息。

会资本合作模式)、"一带一路"、半导体等。这些领域的股票都曾因为概念炒作导致估值大幅偏离基本面，而如今的元宇宙、人工智能等可能也面临类似情况。等未来这些不合理的定价被修正后，类似的炒作可能又会转移到别的领域。而我们能做的就是要在极端的市场情绪和变化中保持清醒，避免高位接盘，同时发现市场中的定价错误，找到获取超额收益的机会。

A 股市场常见的估值谬误

A 股市场常见的估值谬误包括标签溢价、垃圾股溢价、小盘股溢价、新股溢价等，导致相关公司的估值水平经常严重偏离内在价值。但 2017 年以后，这一状况开始发生变化，我国资本市场改革稳步推进，海外机构对 A 股配置比例不断增加，推动着整个市场发生深刻变革，优质股的估值水平逐渐提升，绩差股的估值不断下降，估值谬误正处于被纠正的过程中。

1. 标签溢价

A股市场一直以来存在这样的现象，只要某只股票被贴上某个标签，或者属于某个概念，当该概念被炒作时，被贴上该标签的股票短期内均能获得较高的估值溢价，这就是所谓的标签溢价。

长期以来，A股市场存在多种题材的概念炒作，比如互联网+、人工智能、区块链、疫苗等，与这些概念相关的公司在经过短期资金炒作之后，估值大幅偏离基本面，标签溢价非常高，买入这种股票，风险非常大。

标签溢价一般发生在互联网行业、科技行业、新能源行业、生物医药行业等。这些公司往往没有业绩支撑，短期内它们的股价表现可能会很强势，甚至超过业绩持续增长的白马股，可一旦业绩被证伪，炒作过后将会留下"一地鸡毛"。很多投资者买入这些股票的目的也不是长期持有、获取长期的投资回报，更多的是短期投机行为，但最终获利的只是那些初期投机的投资者，而后期高位接盘的投资者基本上都会面临被"割韭菜"的命运。

2. 垃圾股溢价

长期以来，A股市场中有不少垃圾股的估值反而高过绩优股，究其原因，总有一些投资者喜欢炒作垃圾股。当然，不仅是新兴资本市场，成熟的资本市场有时候也会炒作垃圾股，美国在20世纪80年代就曾出现过垃圾股炒作的投机浪潮。最近的案例，就是美国散户在游戏驿站这家公司的股价上大战做空机构，以及对类似游戏驿站这样的垃圾股的疯狂炒作。

垃圾股炒作为何长盛不衰？这是因为很多人认为垃圾股虽然业

绩差，但也并非一文不值，至少还具有"壳价值"。也就是说，投资者在进行垃圾股炒作的时候，往往看重的是垃圾股有没有被资产重组的可能。垃圾股一旦被贴上资产重组的标签，就能获得资金关照，股价往往一飞冲天。

这些年，随着 IPO 越来越顺畅，特别是注册制获得推广，垃圾股价格不断下跌，垃圾股溢价现象得到大幅改善。

3. 小盘股溢价

A 股市场有这样一个现象，小盘股的估值往往高于大盘股。为什么小盘股能够获得一定溢价呢？有两方面原因：

第一，很多小公司由于业务体量小，所以成长相对更容易、成长性相对更好，这个原因有一定合理性。

第二，小盘股更容易被炒作。有些游资喜欢进行题材热点炒作，游资的资金量虽然相比散户来说较大，但还是显著小于机构投资者。如果游资选择大盘股进行炒作，由于大盘股市值大，其资金很难影响股价，所以游资会更倾向于选择小盘股炒作，同样的资金可以拉动小盘股更高的涨幅，从而吸引市场的关注，最终实现高位出货。

但对小盘股的炒作纯属投机行为，很多小盘股的基本面具有较高的不确定性和风险。在牛市期间，很多小盘股的股价经常会被炒到很高的位置，估值严重偏离基本面，可如果业绩无法稳步提升，对高估值就难以形成支撑，在牛市结束后，小盘股的股价往往会持续暴跌。

4. 新股溢价

长期以来，A 股市场一直有"打新"的传统，打新被认为是稳赚不赔的生意，市场由此涌现出众多"打新族"。新股溢价指的是市场给予刚上市的股票远高于同行业内"老股票"的估值水平。而绝大多数新股公司，并不能通过盈利的持续高增长来支撑高估值，所以经过一段时间之后新股溢价会逐渐消失，走上漫长的价值回归之路。

5. 2017年发生的变化及背后逻辑

2017年，市场开始发生变化。之前我们可以看到，小盘股、垃圾股等股票的估值很贵，而很多好公司的估值反而很便宜。但在2017年以后，市场开始偏好"大白马"，好公司的估值得到快速提升，同时我们也看到，垃圾股、小盘股的估值逐步下降。究其原因，我们认为有以下两点：

第一，以注册制为代表的资本市场制度变革。注册制改革一直以来受到各界人士的高度关注，经过科创板、创业板两个板块的试点，A股正在全面推行注册制。与核准制相比，它对上市企业的"硬条件"更为放松，同时搭配更加严格的信息披露制度。注册制其实就是把价格发现机制让渡给市场，使得市场更加有效，同时消灭"壳公司"的价值。在注册制下，市场将会有更多的新股供给，资金将逐渐向优质龙头股集中，这就令以往的炒作方式在以后越来越难获利。

第二，外资持续涌入A股市场。2017年以来，外资通过陆港通、沪伦通和债券通逐步进入中国资本市场，加快中国资本市场与国际市场的接轨。随着外资占比的不断提升，中国资本市场的国际化特征越来越明显，外资对A股市场的影响也越来越大。而外资偏好拥有核心竞争力的龙头公司，对标韩国和中国台湾资本市场的国际化进程，外资持股均集中于龙头企业，从而助推核心资产从估值折价走向估值溢价。

我国的资本市场改革与金融对外开放相辅相成，市场制度越发规范，越有利于海外机构配置A股。正是基于以上两个原因，我们看到2017年以来，A股的估值谬误不断得到修正。

估值是价值投资的难点

前面的讨论希望让大家认识到，股票投资中估值非常重要，忽视估值很难取得好的投资回报。但估值是价值投资中的难点，这里先举两个小案例。

案例一：如何给美图估值？

美图公司成立于2008年，并于2016年12月在港交所上市，它围绕着"美"创造了美图秀秀、美颜相机、潮自拍、美妆相机、美拍等一系列美颜软件。公开数据显示，截至2016年6月30日，美图应用月活跃用户总数约为4.46亿。

正因为美图坐拥4亿多活跃用户，所以当年资本市场给了它很高的期望和估值。以下是2016年年底的一篇分析文章的节选：

> 美图的MAU（月活跃用户人数）有4.3亿，这个数字放在全球互联网界都是排得上号的，而对这么多用户的变现工作目前开发的非常少，比如对比新浪微博，微博的月活用户约为2.8亿，但是上半年微博的广告收入高达14.38亿元，而美图的广告收入仅仅只有2 590万元。再逛逛美图旗下主要的几款

App，几乎没有广告，可见美图并没有在广告业务上花很多心思，更多的是在完善产品体验。凭借美图的用户量级，怎么卖都不至于卖出这么点广告。所以美图只要在广告业务上花点力气就能赚很多钱，要知道广告的价值和有多少人看是直接相关的，也就是月活数，更别说未来社交生态的构建、美妆电商的推出等趋势了。

因此，在美图公司上市初期，很被市场看好，市场根据美图公司的用户流量进行了估值。

2017年，我的一位朋友就提出，根据App的活跃用户数，再参考其他App的单用户估值，就可以得出它的估值结果。当时其他App的单用户估值约为1 000元，那么美图4亿多活跃用户，就价值4 000亿元。当时腾讯微信的活跃用户超过10亿，所以资本市场认为单微信的估值就超过万亿元。很多人甚至认为，美图有"小微信"的潜力，所以千亿元级别的估值是合理的。

但我认为，这样的观点忽略了美图用户流量的变现路径。大家使用美图软件主要就是利用美颜相机拍照片，但是这些流量如何变现呢？事实上，美图公司曾经尝试了各种变现路径，如做手机卖手机、进入电商领域、进军医美市场等，但最终仍然无法找到能持续赢利的商业模式。

根据美图公司的财报数据，2013—2019年，美图公司的净利润均为负数，2016年净利润甚至亏损62.61亿元，而当年的营收只有15.79亿元。所以美图在上市后虽然市值曾经达到千亿元，但之后股价几经腰斩，一度跌得只剩零头（见图1-12）。

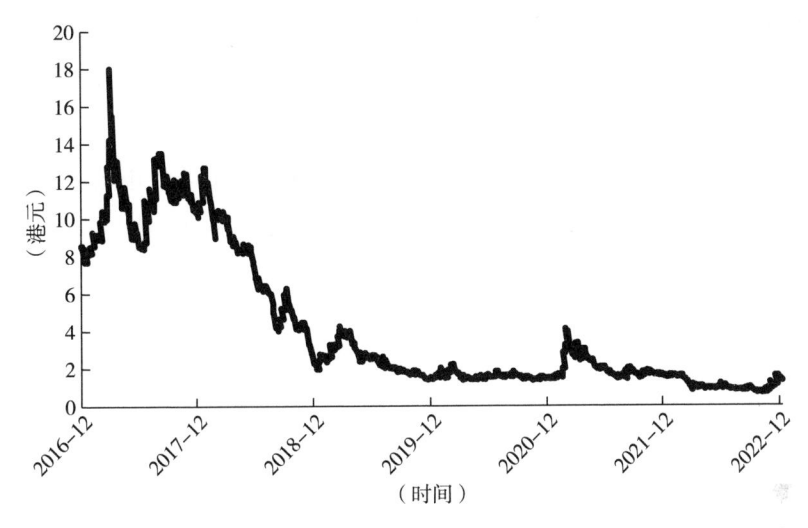

图1-12　美图公司自2016年12月上市以来的股价走势
资料来源：市场公开信息。

所以，在2017年，在美图风头最劲的时刻，对美图估值是很困难的，因为这样的公司在商业模式、营收和创利能力上具有巨大的不确定性，既可能做成比肩腾讯的伟大公司，也有可能昙花一现迅速陨落。

对美图进行正确的估值很难，是因为公司的未来发展面临巨大的不确定性。那么对成熟行业的公司估值是不是容易些呢？也未必。

案例二：如何给格力估值？

2014年，投资圈对格力电器的估值也产生了分歧。那时候的格力，已经是空调行业的龙头老大，应该说行业是成熟行业，竞争格局也很稳定，格力在行业中的竞争力也最强，护城河很深。

2014年，格力的股价10元左右（复权价格），对应总市值不到600亿元。而2013年格力电器的净利润水平已经达到109亿元，也就是说格力电器的市盈率才5倍左右。

但就是这样一家成熟行业的优秀公司,市场对其估值却是有分歧的。

那时候不看好格力的投资者的逻辑是,格力电器的市盈率虽然很低,但股价并没有多大上涨空间,因为中国房地产市场发展已经到顶,空调行业马上碰到"天花板",所以看上去很便宜,但实际上估值合理。

但格力之后几年的发展让不看好它的人大跌眼镜。格力的营收从2013年的1 200亿元增长到2018年的1 981亿元,年复合增长率10%;净利润从2013年的109亿元增长到2018年的262亿元,年复合增长率接近20%!股价更是从不足10元,涨到最高接近60元,涨幅接近500%(见图1-13)!

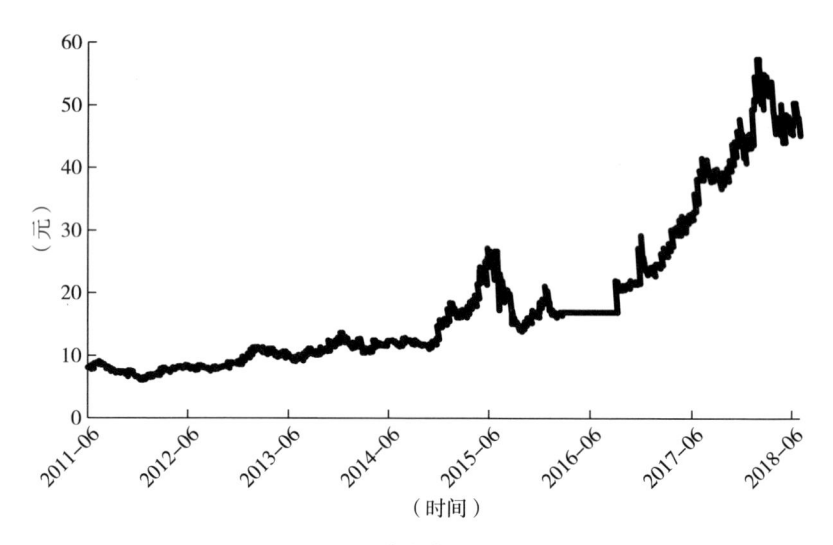

图1-13 格力电器股价走势

资料来源:市场公开信息。

所以，不管是美图这样高度不确定的公司，还是格力电器这样高度成熟的公司，对其估值都是不容易的。难点在于：

第一，估值不是基于过去和现在的财务状况，而是基于对未来企业经营情况和盈利的预测，而对于未来的预测，就非常容易产生分歧。

第二，在给公司进行估值的时候，人很容易被股价所锚定。格雷厄姆对"市场先生"有过精彩的描述："设想你在与一个叫市场先生的人进行股票交易，每天市场先生一定会给出一个价格进行买卖。但是市场先生本身又像一个极端的精神病人，在有些日子里，市场先生很高兴，于是他就只看到了眼前美好的日子，这时市场先生就会报出很高的价格；在其他日子里，市场先生情绪就很低落，只看到了眼前的困难，所以报出的价格很低。"尽管大家对情绪高度不稳定的"市场先生"有一定认知，但大部分人在给公司估值的时候，会被"市场先生"所锚定。如果"市场先生"出价10元，很少有人敢预测公司只值5元或值20元，大多数人会认为，既然这么多人在做交易，别人对公司的真实情况比我清楚，所以股价贵有贵的道理，便宜也有便宜的理由，会把合理估值定在10元上下。随大流、回避与众不同的观点，这是普通人的本性。

正因为这样，虽然我们都知道"好价格"在投资当中极为重要，但对于判断是否是"好价格"，却是左右为难，这正是价值投资的难点。

传统估值方法的局限性

投资中经常用到的传统估值方法从原理上来说可分为两类：一

类是绝对估值法，即自由现金流贴现法，简写为 DCF，得到的是公司的内在价值；另一类是相对估值法，用可比公司的价格来衡量目标公司的价值，得到的是以可比公司价格为基准的相对价值，而非公司的内在价值。

绝对估值法的原理和优缺点

绝对估值法，也叫"地老天荒"的现金流贴现法，是把某只股票未来能产生并分配给投资者的现金流贴现到今天的价值。公司每年都会产生利润，然后给投资人分红，因此我们从投资者的角度来看一家公司的价值，就是未来所有的红利经过贴现加在一起的值。我们在做估值的时候，会假设这家公司将永续经营下去，所以这种方法叫"地老天荒"的现金流贴现法。现金流贴现法是最接近经济学和金融学原理，以及公司本质的估值方法，是一切估值的基础。

1. 绝对估值法的基本步骤

在实际运用绝对估值法时，大致分为以下四个步骤。[①]

第一步，通过财务建模，预测公司未来的自由现金流。这一步是绝对估值的核心，也是最难的部分，它涉及公司未来的营业收入预测、公司未来的毛利率预测、公司未来的期间费用率预测，以及公司未来的资本支出预测等。

通常的预测做法是：

---

① 提示：此部分内容稍显抽象，如果理解上觉得费力，可以略过，基本不影响整体阅读。

- 预测公司未来的营业收入增长率，这是所有预测的起点。预测收入增长率有很多方法，比如从渗透率和市占率角度预测、从公司产能扩张角度去预测。
- 预测公司的毛利率。同样，预测毛利率也有很多方法，比如线性外推法、回归行业均值法等方法。
- 预测公司的期间费用率。这里涉及对管理费用、销售费用、研发费用、财务费用的预测，一般也采用线性外推法、回归行业均值法等方法。
- 预测公司的资本支出。公司收入要增长，相应的固定资产、运营资本等也会增加，必然要增加投入，所以需要预测对固定资产、运营资本等的增量投入。
- 有了上述预测，公司未来每年的自由现金流有多少就可以预测出来了。所谓自由现金，就是企业经营产生的富余的、可以返还给投资人的现金。自由现金的简单计算公式如下：

自由现金＝公司经营性现金流入－公司经营性现金流出－
　　　　公司必要的资本支出

第二步，设置一个合理的贴现率，一般会根据CAPM（资本资产定价模型），用无风险利率加上股票的风险溢价来确定一家公司的贴现率。贴现率的确定同样不是一件容易的事情，这在后面讨论绝对估值法的利弊时再仔细分析。

第三步，把未来能够分配给投资者的现金流，用确定好的贴现率贴现到今天加总，就得出公司的估值（如果计算权益价值，还要减去债务价值）。

为什么红利要先贴现再加总？这涉及货币的时间价值。今天得到 5 万元，或者 1 年后得到 5 万元，哪个更有价值？当然是今天就得到 5 万元。因为今天得到 5 万元后，可以用来买债券、买银行理财产品，或者存入银行，1 年后就不止 5 万元了，这就是货币的时间价值。今天的 1 元钱比未来的 1 元钱更值钱。假设银行存款利率是 5%，那么 2 年后的 1 万元，相当于今天的约 9 070 元。

$$\frac{10\ 000\ 元}{(1+5\%)^2} \approx 9\ 070\ 元$$

在这个式子中，分子是未来的现金流，分母是 1 + 贴现率（也叫折现率），几年就是几次方。第 1 年的红利除以（1 + 贴现率）的 1 次方，第 2 年的红利除以（1 + 贴现率）的 2 次方，这样一直算下去，加总结果就是这只股票的价值。

第四步，在做完盈利预测之后，还要对估值过程及计算出来的结果进行交叉验证，以判断对未来的预测是否合理。看看根据这样的假设，是否符合行业竞争格局、公司护城河的现状和发展趋势。我认为这一步是绝对估值最重要又最容易被忽略的地方。交叉验证主要包括以下三个方面。

第一，基本平衡关系检查。要看模型是否反映了基本的平衡关系，即资产负债表保持平衡吗？现金流量表保持平衡吗？

第二，检验关键财务指标和公司商业模式是否相一致。比如，一家重资产运营的公司当前的固定资产周转率是 2，而根据你的假设最终得出 10 年之后公司的固定资产周转率是 4，那你就要思考你的假设的合理性。公司营业收入要增长，如果公司的业务模式没有显著变化，那么公司的固定资产也要相应增加，固定资产周转率应该保持基本稳定。但如果根据你的假设，未来 10 年固定资产周转率显著提高，那就意味着你可能低估了未来的资本支出，根据前面的公式也就意味着你可能高估了自由现金流，进而高估了估值结果。

第三，也是最重要的检验，就是估值结果是否符合行业竞争格局和护城河。良好的竞争格局和强大的护城河，能使企业获得持久的超额利润；反之，即便现在利润很高，最终也一定会因为竞争而回归正常利润。

这里关键的检测性指标是 ROIC（投入资本回报率）。ROIC 在长期来看应该回归合理区间范围内，逐步趋向 WACC（加权平均资本成本）。其背后的经济学逻辑是，经过充分竞争之后，最终超额利润会消失，公司只能获得平均利润率，即 ROIC 等于 WACC。如果根据你的假设，在很多年以后计算出来的 ROIC 仍然显著大于 WACC，意味着经过多年竞争之后，公司还能取得超额利润。此时，你就要思考：公司的竞争格局和护城河是否能支持它经过多年竞争之后依然获得超额利润？如果不能的话，那你的假设和估值结果很可能是有问题的。

在采用上述三个步骤对估值进行交叉验证之后，如果所有假设都是合理的，显然可以提高未来预测和估值结果的可信度。当然，还可以进行乐观、中性、悲观三种不同情境假设下的盈利预测和估值，然后再分别运用上述方法对估值过程进行交叉验证，最后得出绝对估值的合理区间（见图 1-14）。

以上，我们只是对绝对估值的基本原理和方法做了一个简单介绍，但实际上，绝对估值是商学院 MBA（工商管理硕士）教育的必备课程，通常需要学习整整一个学期。市面上也有很多关于绝对估值的书，每一本都是厚厚几百页，可见绝对估值之复杂。其中我最推荐的是美国纽约大学斯特恩商学院阿斯沃斯·达摩达兰

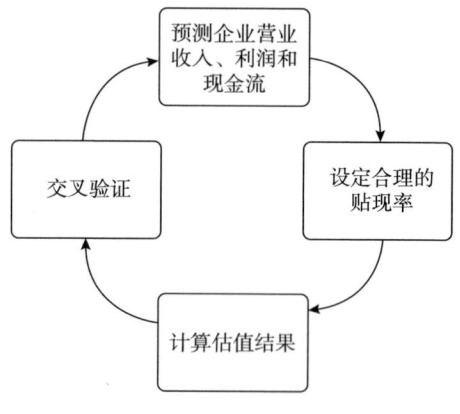

```
         预测企业营业
         收入、利润和
            现金流
    交叉验证      设定合理的
                 贴现率
          计算估值结果
```

图 1-14　绝对估值法步骤

（Aswath Damodaran）教授的估值书，他是全世界公认的估值教学的顶级教授。

此外，绝对估值的每一步都非常复杂，绝对不是上述几千字能讲清楚的，需要使用者有非常专业的财务知识和深刻的产业理解，否则即便在流程上依样画葫芦，结果也是谬以千里的。

2. 绝对估值法并不完美

绝对估值法从公司本质出发，不受市场情绪、市场波动的影响，是逻辑上最严谨的估值方法，也是其他估值方法的基础。很多其他的估值方法都是在绝对估值法的基础上发展起来的。这一点在讲完相对估值后，大家就能理解。

但绝对估值法并不是完美的，它很复杂，学习门槛高，结果差异也挺大。机构投资者使用起来尚有难度，对于普通投资者来说更是难上加难。更为关键的是，A股市场经常处于高估的状态，如果完全按照绝对估值法去衡量股票，会发现绝大部分股票的价格都比算出来的绝对估值要高，很难找到可以买入的"被低估"的股票。

在实际进行绝对估值时，面临的挑战主要有两个：一是对股票的未来现金流预测很难；二是贴现率的确定也不容易，贴现率差一点儿，结果就会差很多。

在预测现金流的过程中，需要进行大量假设，而估值结果对这些假设很敏感，往往稍微调整一下假设值，估值结果差异就会很大。对于同一家公司来说，"一千个人心中有一千个哈姆雷特"，由于大家的方法论、假设前提不一致，得出的估值结果可能完全不一样。特别是对一些高速发展但又充满变数的公司来说，做绝对估值的假设和预测时可靠性很低。

与现金流预测相关的假设带有很多主观判断，其实，贴现率的大小往往也是见仁见智。而公司估值结果对贴现率非常敏感，贴现率稍微变化一点儿，估值结果的差异也会非常大。

根据CAPM资本资产定价模型，贴现率等于用无风险利率加上股票的风险溢价。其中无风险利率一般就是长期国债的到期收益率。利率水平会影响绝对估值的结果，利率上升时，持有股票的机会成本（买国债、做理财的收益率）上升，意味着贴现率上升；贴现率上升，未来同样的现金流放到今天就相对更不值钱，估值就会下降。反过来，利率下降，股票估值就会上升。

此外，风险溢价估算一直是个难题。根据经验，美国股市的风险溢价一般用"标普500的收益率－10年期国债收益率"来计算。美股在过去70多年的历史平均风险溢价为5%～7%，但近20年来，隐含的风险溢价为4.5%～5.5%。2000年互联网泡沫时期的著名预测"道指30 000点"，其核心内容就是风险溢价将显著降低。

由于中国A股市场高波动性的存在，A股的风险溢价很难估算。在估值水平最低的2005年，A股隐含的风险溢价超过7%。但随着2006—2007年股市上涨，风险溢价大幅度下降。一般情况下，A股隐含的风险溢价合理水平为4%~5%，但在极端情况下，市场隐含的风险溢价可能会远远偏离。当市场极度疯狂的时候，市场隐含的风险溢价可能会降低至1%~2%，此时贴现率下降，估值抬升；当市场极度悲观的时候，市场隐含的风险溢价可能会上升至7%~8%，此时贴现率上升，估值下降。所以，风险溢价本身具有均值回归动能，尤其当风险溢价处于极值时，其均值回归动能更加强烈。

A股合理的贴现率到底应该是多少呢？我个人的经验数据是：10年期国债收益率+（4%~5%）。这里的"4%~5%"就是"风险溢价"。风险溢价的存在，是因为投资股票有风险，所以投资者必须取得比国债收益率更高的收益率，才愿意冒风险投资股票。

对价值投资来说，绝对估值比相对估值的结果更重要，因为绝对估值解决的是安全边际问题。但绝对估值涉及太多估值假设和预测，而估值结果对参数设置又非常敏感，普通投资者很难操作。这些假设和预测还受到投资者情绪影响，当投资者过于乐观或过于悲观时，所得出的估值结果可能会相差甚多，导致结果"不可靠"。这正是我强烈建议在应用绝对估值法时，做完盈利预测之后，要对估值过程及结果进行交叉验证的原因。

相对估值法的原理和优缺点

正因为绝对估值法涉及很多假设，而且在现实投研中难度较大，所以最为广泛使用的估值方法是相对估值法，也称"价格乘数法"。

相对估值法背后的原理是"一价定律"，就是说一样的东西应该有一样的价格,用金融语言来表述就是:具有相同风险和收益特征的金融资产应该有相同的价格。

例如在美国市场有一种现象,新发行的国库券比老国库券价格高,例如新发行的 10 年期国库券,与已经发行存续了 10 年的 20 年期国库券,在风险收益特征上一致,但是不知为什么市场喜欢新券,所以买家多流动性好,价格就高,而价格高投资收益就低。老券无人问津,流动性差,价格低,反而收益高。此时,如果有人可以买入老券,同时做空新券,在到期日,两者价格必然收敛,可以从中做无风险套利。

理解了一价定律再来理解相对估值法就简单了。在相对估值中,我们最常用的是市盈率指标,PE = 市价/每股盈利 = 总市值/净利润。如果市场上有一个 A 公司股票在交易,股票价格可以观察到,同时 A 公司的财务指标利润也可以观察到,那么它的市盈率就很容易计算出来,假设算出来是 20 倍;如果市场上有另外一家与 A 公司类似的 B 公司,我们知道它的利润,就可以用 A 公司的 20 倍 PE 指标来估计 B 公司的合理估值。债券特征比较单一,比较起来就容易。股票背后是企业,企业之间不是完全一样,需要进行特征调整,不过底层逻辑相同,就是一样的东西应该有一样的价格。

虽然相对估值法似乎是金融市场的专利,但其实在日常生活中,我们都会不自觉地做相对估值。举个例子,我们很多人都交易过二手房,或者给自己的房子估算过价值,在给房子估算价值时,我们通常将同一区域或同一小区最近一段时间的平均成交单价,作为这套房子估价的依据。如果同一区域或同一小区的平均成交单价是 2 万元/平方米,你的房子是 100 平方米,那么你的房子大致值 200 万元——这就是相对估值!

在进行股票估值时，我们用可比公司的平均市盈率倍数作为参照物。这个平均市盈率倍数，就是房子交易中的平均成交单价。

绝对估值法和相对估值法的区别，可参见表1-3。

表1-3 绝对估值法和相对估值法的区别

	绝对估值法	相对估值法
估值逻辑	未来的现金流收益	类似资产的市场价格
隐含假设	不需要考虑整体市场的估值合理性	有一个重要隐含假设：整体市场的估值水平是合理的

1. 相对估值法简单易用

股票投资中相对估值法可以分为三个步骤：一是选取可比公司，二是选取并计算比较指标，三是根据公司质地调整差异。

第一步，选取可比公司。选取可比公司有两个标准：第一，要有可比性；第二，要有足够的代表性。例如对茅台进行估值，茅台在上市公司大行业分类里属于食品饮料行业，这被称为一级行业，二级行业是酒类，酒类又分为白酒、红酒、啤酒等，这被称为三级行业。跟茅台最具可比性的，当然是同属于三级行业的白酒公司。所以要对茅台进行估值，就要选择白酒公司，而不能选择整个食品饮料的股票作为参照系；用酒类的所有股票来对茅台进行对标估值也不合理，因为白酒、红酒、啤酒的竞争格局与发展前景完全不一样，没有太多的可比性。最合理的方法是把可比白酒公司（甚至是高端白酒公司）的平均估值算出来，然后对茅台进行比较估值。可比公司要有足够的代表性，就是样本要多一些，最好不要只有一两个样本。

第二步，选取并计算比较指标。买房子时，一般用的指标是单位面积的均价，在对股票进行相对估值时，可以选取的指标主要包括市盈率、市销率、市净率三种。

市盈率（市值/净利润）是最根本的估值指标，因为收益最能代表创造价值的现金流。投资者最常使用市盈率的原因还在于计算市盈率的数据非常容易取得，而且市盈率把价格和收益联系起来，直观地反映投入和产出的关系。市盈率模型适用于连续赢利的企业，如果收益是0或负值，市盈率就失去了意义。当使用市盈率指标对目标公司进行估值时，目标公司的每股价值等于可比公司市盈率乘以目标公司每股收益，很容易就可以算出来。

市盈率模型：目标公司每股价值＝
可比公司市盈率×目标公司每股收益

市销率（市值/营业收入）也是很常用的估值指标。市销率的优点在于营业收入不会出现负值，每个公司都有营业收入，对于因某种原因而暂时亏损的企业或资不抵债的企业，也可以计算出一个有意义的市销率。电商平台，像淘宝、京东等，在高速发展期往往都还没有盈利，这时候没法用平均市盈率的方法来对它们进行估值，于是对这些电商平台经常用的一个估值指标就是市销率。当使用市销率指标对目标公司进行估值时，用可比公司的市销率乘以目标公司的每股营业收入就得出了目标公司的每股价值。

市销率模型：目标公司每股价值＝
可比公司市销率×目标公司每股营业收入

市净率（市值/净资产）适用于需要拥有大量资产、净资产为正值的企业，在对银行股和地产股估值时经常会用到。地产股有一个特点，如果项目不结算就没有利润，所以地产股也不能只看利润。如果地产商手里存了很多优质土地，而且看好市场，就是不结算，土地和房子只囤在手里不卖，这时候利润就很少了，但是如果算它的净资产，尤其是算它调整后的净资产（RNAV）会很高。在这种情况下，用市盈率去估值是不合理的，所以像地产这类公司，比较适合用市净率估值法。具体做法与前类似，用可比公司的市净率乘以目标公司的每股净资产（如果可比公司的平均市净率用RNAV 口径，那么这家公司的净资产也要用 RNAV 口径）就得到目标公司的每股价值。

市净率模型：目标公司每股价值 =
可比公司市净率 × 目标公司每股净资产

第三步，根据公司质地调整差异。行业内各公司的竞争力、发展前景、盈利稳定性的差异是很大的，因此要根据公司的竞争力、发展前景、盈利稳定性等情况，对已经计算出的估值进行适当调整，这非常重要。

2. 相对估值法也存在缺点

相对估值法的优点很明显，简单易学，在实践中应用广泛，普通投资者以及大部分机构投资者都喜欢用相对估值法。我们可以看一下券商研究报告中与相对估值有关的表述，以及所给出的目标公司投资建议。

我们预计 2020/2021/2022 年公司归母净利润分别为 24.34/31.56/36.09 亿元，对应 EPS（每股收益）1.25/1.63/

1.86元，PE为27/20/18倍。根据可比公司2020年PE调整后均值34倍，给予公司目标价：42.50元，首次覆盖，给予"买入"评级。

业绩超预期，维持2020—2022年EPS预测为1.95/2.28/2.66元，参考可比公司给予公司2021年98倍PE，目标价上调至223.4元（前次109.48元），维持"增持"评级。

看过以上券商的投资建议，我们会发现相对估值法是不够严谨的。大致有以下三个问题：第一，可比公司的估值是合理的吗？第二，根据可比公司所得出的估值倍数就是对的吗？第三，公司业绩虽超预期，但为何根据可比公司估值得出来的估值倍数是98，而不是108或88呢？

从这三个问题出发，我们详细分析一下相对估值法的困境。

首先，相对估值法的最大缺点是，它有一个重要的隐含假设，即假设"市场总体估值永远是合理的"。但市场情绪变幻莫测，推动着估值水平起起落落。市场情绪高涨的时候，所有可比公司估值都很高，平均估值也就很高；市场情绪低迷的时候，所有可比公司估值都很低，平均估值也就很低。表1-4反映了白酒行业各公司的估值情况，2021年2月白酒行业水涨船高，估值普遍偏高，到了2022年4月，市场极度悲观的情况下，白酒行业的估值也大打折扣。因此，可比公司的整体估值容易受到市场情绪波动的影响，一旦市场整体被严重高估或者被严重低估，可比公司的平均估值偏高或偏低，某家公司的相对估值结果也会跟着被高估或者低估。

表1-4 白酒行业各公司的估值情况

证券名称	市盈率（2021年2月10日）	市盈率（2022年4月27日）
*ST皇台	34.4	-192.6
山西汾酒	143.8	60.1
顺鑫农业	81.9	144.9
贵州茅台	73.3	40.4
五粮液	68.5	27.6
金种子酒	-34.6	557.9
水井坊	66.9	30.4
泸州老窖	81.2	37.8
金徽酒	59.0	39.8
伊力特	28.7	29.3
酒鬼酒	135.6	53.3
舍得酒业	55.3	31.8
迎驾贡酒	31.1	29.3
口子窖	30.0	18.2
洋河股份	46.5	28.0
老白干酒	61.9	52.9
今世缘	52.2	27.0
古井贡酒	67.2	44.5
天佑德酒	-100.5	79.2
剔除异常值的平均值	55.9	39.3
中位数	59.0	37.8

资料来源：市场公开信息。

其次，相对估值法从原理上看是不严谨的，容易陷入无限循环。2021年年初快手在港股上市时，业内流传的一个故事很形象地反映了这一点。"快手的流量比哔哩哔哩大，所以快手相较于哔哩哔哩被低估了，因此快手必须大涨；哔哩哔哩和快手都大涨之后，持有它们大量股票的腾讯也必须大涨；腾讯大涨之后，市值显著高于阿里巴巴，这不合理，所以阿里巴巴也得大涨；阿里巴巴涨了之后，拼多多和阿里巴巴的市值差距又被拉开了，所以拼多多也得大涨；拼多多涨了这么多，市值是京东好几倍，这不合理，所以京东也得涨；依此类推，百度、网易、小米、金山、阅文这些公司也都得涨。等它们都涨完，快手和哔哩哔哩的估值又显得便宜了……"如果相对估值法一直是合理的，那有朝一日估值就会"摆脱地心引力"了，这是违背规律的。当然，我们也看到，快手的市值已经从上市初期的最高市值1.7万亿港元，回落到现在的3 000亿港元，短短不到两年时间，跌了80%以上（见图1-15）。

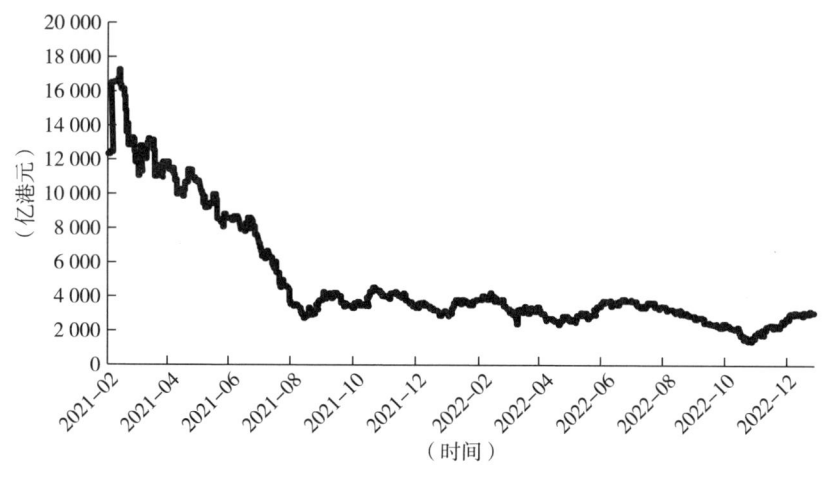

图1-15　快手市值走势

资料来源：市场公开信息。

正因为如此，估值大师阿斯沃斯·达摩达兰教授认为，相对估值法并不是给企业"估值"，而是给企业"定价"。注意，在达摩达兰教授眼里，"估值"和"定价"是不一样的，这是一个很有意思的观点，有一定道理。我对达摩达兰教授这个观点的理解是："估值"是判断长期来看企业值多少钱（内在价值），而"定价"

是在特定市场环境下,市场先生愿意给企业出的价格。做价值投资,我们的核心理念是,价格会偏离内在价值,但长期来看两者终究会趋同,所以我们坚持长期视角,研究的是如何给企业"估值",而非"定价"。

达摩达兰教授不无尖锐地指出:"定价过程会产生与价值评估过程截然不同的数字。至于你准备采用哪个数字,取决于你是投资者还是交易者。投资者关注价值,对价格将向价值靠拢具有投资信心。交易者关注价格,他们关注自己是否准确地把握了价格的变化走向……公开市场上的绝大多数人,包括那些自诩为'价值投资者'的人,实际上都是交易者。他们不愿意接受这个标签,因为他们认为这代表了他们采用是一种肤浅的分析方法,并且他们害怕被称为'投机者'。"

最后,除了上述缺陷,相对估值法的另一大缺点是,无法对公司的成长能力、竞争力等进行准确估值,根据可比公司所得出的估值倍数很可能是不合理的。举个例子,现在假设 X 公司未来 3 年的复合增长率是 30%,行业里现在有 6 家可比公司,行业的平均复合增长率是 11%(见表 1-5)。

表 1-5　可比公司情况

可比公司	净利润 (亿元)	市值 (亿元)	滚动市盈率	未来 3 年复合增长率 (%)
A	3.2	38	12	15
B	4.6	69	15	10
C	15	120	8	3
D	2.0	36	18	20
E	29	203	7	5
F	13	143	11	15

我们先算一算可比公司的平均市盈率是多少。按照算术平均计算是 11.8 倍，按照整体法计算是 9.1 倍，按照中位数计算是 11.5 倍。看了这几个数字，我们大概就有结论了，这个行业的平均市盈率为 9~12 倍。

行业的平均复合增长率是 11%，可比公司里最高的是 20%，而 X 公司未来 3 年的复合增长率是 30%，所以它的成长能力很好，可以享受比 12 倍更高的市盈率，但高到什么程度合理，20 倍还是 30 倍？这个相对估值没法回答，更多依赖投资者自己的判断。

因此，仅仅使用相对估值做投资，经常是靠不住的。静态地比较市盈率大小对于评估股票估值偏高还是偏低其实意义不大，注意力还要放在公司的护城河、成长性上。

绝对估值法和相对估值法存在的优缺点，可参见表 1-6。结合多年的投研经验，我认为目前市场上还没有合理又好用的估值方法，这正是我们在持续探索的事情，也是本书创作的初衷。

表 1-6　绝对估值和相对估值的优缺点

	绝对估值法	相对估值法
优点	• 最严谨的估值方法 • 不受市场情绪、市场波动影响	• 简单易学 • 实践中应用广泛
缺点	• 太多假设和预测 • 复杂难用	• 假设"市场总体估值永远是合理的" • 容易受市场情绪影响 • 没法对公司成长性等进行准确估值

对于价值投资来说，因为要根据企业的内在价值来做决策，所以绝对估值法是最严谨、最科学的估值方法，不受市场情绪、市场波动的影响。但绝对估值涉及大量的预测和假设，非常复杂，普通人只能望洋兴叹。相对估值法简单易学，在实践中应用广泛，券商

报告里呈现的大多是相对估值。但相对估值法假设市场总体估值永远是合理的，估值结果容易受市场情绪影响，并不能给价值投资提供一个有效的"锚"，其估值结果往往具有误导性。

总之，两类传统估值方法各有局限性，要么有用却复杂，要么简单却无用，估值似乎变成一件颇为困难的事情，让不少普通投资者敬而远之。

价值投资需要可靠易用的估值方法

如何让普通的价值投资者拥有一个可靠且容易使用的估值方法呢？投资大师格雷厄姆做过一些尝试。

格雷厄姆是公认的价值投资开山鼻祖，也是股神巴菲特的老师。在其所作的《聪明的投资者》一书中，格雷厄姆提出了成长股的估值公式：

公司价值 = 公司当期利润 ×（8.5 + 两倍的预期年增长率）

或者：

每股合理价值 = 每股盈利 ×（8.5 + 两倍的预期年增长率）

其中的"预期年增长率"是去掉百分号的数值。

在以上的公式中，有几个核心要点需要解释一下：

第一，常数参数 8.5 的设定。格雷厄姆认为，一个成熟且稳定的企业，假设利润不再增长，合理市盈率在 8.5 倍左右。

第二，关于预期年增长率，格雷厄姆认为投资者需要预估企业未来 7~10 年的净利润增长率。通过拉长时间跨度，可以避免短期利润波动给估值带来的干扰。

第三，格雷厄姆认为，这个公式适合预期年增长率在 5% ~ 15% 的企业。

举个例子，假设茅台 2022 年净利润在 620 亿元左右，未来 7 ~ 10 年的利润年化增长率为 12%。12% 是参考过去 20 年的数据略打折得出，基于这个假设，10 年后（2032 年）茅台的净利润在 2 000 亿元左右，那么按照格雷厄姆的公式，茅台的合理市盈率为：

$$8.5 + 2 \times 12 = 32.5 \text{ 倍}$$

而茅台的合理价值就是：620 亿元 × 32.5 = 20 150 亿元（这与我写下此段内容时，即 2023 年 3 月的茅台市值非常接近）。

这个公式是一个偏绝对估值的方法论，因为我们在这个公式中没有看到任何可比公司市盈率的影子。很神奇的是，这个简单的公式在茅台身上似乎很有效。当然，得出这个结论的隐含前提是——当前市场先生是很理性的，出价基本接近于公司内在价值。但格雷厄姆的估值公式有一个最大的挑战：我们要预测一家企业未来 7 ~ 10 年的年增长率，这个对于普通投资者来说绝非易事。而且，这个公式的适用范围是有限的，对于超高增长的公司、周期型的公司，这个公式就很难给出可靠的结论。

但不管怎么说，格雷厄姆的尝试是非常有价值的。也正因为如此，我们希望为普通投资者创建一个可靠且可实践的估值方法，这就是本书的核心内容——动态估值法。

≫ 本章小结

1. 估值在投资中极为重要。

2. 投资回报率＝企业未来自由现金流的贴现值/买入价格－1。显然，在"企业未来自由现金流的贴现值"不变的前提下，"买入价格"越低，投资回报率越高，这是一个再浅显不过的道理。但为什么在现实投资中，同样一家公司，在股价低迷、估值很便宜的时候无人问津，但在股价涨起来、估值变得很贵后，却被市场趋之若鹜？这是因为，在现实投资中，很多人脑中的投资回报率公式是：投资回报率＝转手卖出的价格/买入的价格－1。

3. 高估值还会降低我们决策的容错能力，一旦判断失误，股价将会迎来戴维斯双杀。

4. 股票市场的"定价错误"最常见的有两种：一种是"好公司被低估"，另一种是"坏公司被高估"。好公司被低估，是价值投资者梦寐以求的机会；差公司被高估，是做空机构的"肉"。

5. 回到股票市场本质，市场永远在"不断消除老的定价错误，不断产生新的定价错误"的过程中动态发展。每次定价错误，都蕴含着新的投资机会。

6. 好公司定价错误（被低估）的原因：大众忽略、大众误解、大众恐慌。

7. 如何区分价值馅饼和价值陷阱呢？重要的事：行业竞争格局好不好？公司壁垒深不深？公司抗风险能力强不强？公司是不是为股东创造回报？公司业务是否会被替代颠覆？

不重要的事：公司是不是传统业务？公司标签是否紧追热点？资本市场喜不喜欢？

8. A股常见的估值谬误包括标签溢价、垃圾股溢价、小盘股溢价、新股溢价等，导致相关公司的估值水平经常严重偏离内在价值。

9. 由于估值是基于未来预测，而且人很容易被市场价格所锚定，所以要做出相对准确的估值并不容易。

10. 绝对估值法是最本质的估值方法，因为企业的存在目的以及回报投资者的方式，就是创造现金并把现金分配给股东。但绝对估值的复杂性超越了绝大部分投资者的能力圈。

11. 相对估值法是实践中最常用的方法，但其最大缺点是，假设"市场总体估值永远是合理的"。如果市场整体被严重高估或者被严重低估，公司的估值结果也就会跟着被高估或者被低估。

第二章 四维评级 选出好公司

对于价值投资的基本框架,大家耳熟能详:好公司+好价格。或者说以合理的价格买入好公司,等待公司盈利增长推动股价的上涨。但具体到实际操作中,如何判断一家公司是不是好公司、好到什么程度,如何判断多少才是合理的价格、现在的股价是否有吸引力,并不是一件容易的事情。而且每个人的理解和实践差异巨大,这就造成研究随意性大,大家视角不同难免会陷入"盲人摸象"的困境。我们在实践过程中,希望就这两件事情(评判公司基本面与给公司估值)建立起一套具有一定普适性的研究框架,解决研究过于随意、盲人摸象的问题。

本章我们主要介绍益研究定量评估公司基本面的框架——四维评级。

四维评级定量评估公司基本面

目前市场上对一家公司的基本面评价大多是定性的描述,如"优秀""向好""稳健""偏弱"等。这种定性的描述很难让人信任,更难让人据此做出投资决策。好与不好背后的判断逻辑是什么?好到什么程度?与其他公司相比哪个更好?定性评估往往无法解决这些问题,也很难有说服力。

上市公司主营业务千变万化、差异巨大,能否通过一套普适的指标体系,定量评估其基本面呢?我们认为理论上是可行的。公司的内在价值是公司未来产生的利润或现金流的现值,而决定公司未来利润或现金流的核心因素有行业成长空间、行业竞争格局和公司护城河。

行业成长空间、行业竞争格局和公司护城河,最终结果落在公司经营绩效上,经营绩效综合反映了公司业务发展情况和经营管理能力。

因此,在定量评估一家公司的基本面时,益研究开创了"四维评级"方法,从成长空间、竞争格局、护城河和经营绩效四大维度对公司基本面进行全方位评价。其中,成长空间和竞争格局是偏行业层面的维度,护城河和经营绩效是偏公司层面的维度。在每一个维度下,又进一步细化为数十个量化指标,计算各维度分项得分和公司基本面总得分,将结果用清晰明了的星级符号表示出来(最高5星级),从而创造性地实现用定量的方法客观评价一家公司的基本面。具体的指标设计颇为复杂,所以本书以讨论四维评级的核心思想和基本方法为主。

成长空间

1. 成长空间的重要性

行业成长空间决定公司的发展空间,形象地说就是"天花板"。

行业"天花板"越高，公司的发展空间越广阔。如果一个行业规模很小，那么公司基本上也很难做大。巴菲特广为人知的一句话"投资就像滚雪球，首先你要找到一条又湿又长的雪道"，说的就是这个道理。

在《长期的力量》一书中我们讲过一个小故事。虽然作为圆珠笔的制造大国，我国每年的圆珠笔产量高达 380 多亿支，占世界生产总量的 80%，但是这 380 多亿支圆珠笔的笔尖的小钢珠从设备到原材料，都是从国外进口的。"钢铁制造大国却造不出笔尖钢"，这件事引发了媒体的热议。2017 年年初，太钢不锈高调宣布自己具备批量生产圆珠笔尖钢的能力，股价随即涨停。

但我们如果从投资视角去评判这件事情，首先要问这个行业真的具有成长空间吗？一测算这个行业的空间大小就会发现，随着无纸化办公的发展，现在用圆珠笔的人越来越少，即使全世界圆珠笔的笔头加在一起，大概也就 2 亿元的市场。从这个角度出发，虽然太钢不锈造出了笔尖钢，但因为笔尖钢的成长空间非常有限，太钢不锈的这块业务并不能带领公司实现跨越式发展，所以股价的涨停更多是一种概念性炒作。

钢铁行业的现状也能充分说明行业成长空间的重要性。宝钢是中国钢铁行业的龙头公司，技术、效率能比肩全球一流的钢铁企业，但宝钢一直以来的估值都很低。2011 年总市值只有 1 000 亿元左右，而它仅在上海的工厂、土地的价值就不止 1 000 亿元。2022 年宝钢股份的总市值仍然只有 1 200 亿元左右，如果在 2011 年低点买入，那最近这十多年的投资回报会很一般。宝钢的估值为什么这么低呢？这和它的行业空间、发展前景有关。在过去的很长一段时间里，整个钢铁行业产能过剩，即使宝钢的估值已经很低了，其股价也很难上涨。

所以，资本市场没有无缘无故的低估值，低估值的背后往往是有复杂原因的，而行业成长空间就是其中至关重要的一点，看公司的基本面必须关注行业成长空间。

2. 如何客观量化地评价成长空间

评价成长空间首先是要获取行业成长空间的相关信息，如果你不是某个行业的从业人员，对这个行业的信息往往知之甚少。信息技术和互联网的发展给获取信息提供了便利，我们可以很方便地去收集行业信息。相关的信息来源有很多，使用价值比较高的，一是招股说明书，二是券商的分析报告，三是一些专业研究分析机构，四是行业内的专业人士，这些渠道都可以帮助我们获得更多的行业信息。

招股说明书是最好的判断行业空间的工具。招股说明书的特点是，券商和中介机构要对其严格审核，所以里面的数据都是有来源和依据的，相对来说可信度比较高，尤其是最新的招股说明书使用价值更大，因为更符合当下的情况。招股说明书里有很多东西可以不看，但是业务和技术的部分价值量很大。这个部分一般会提到这家公司所在行业的基本情况、行业前景如何、行业规模有多大等。

券商报告、专业研究分析机构及行业专家是不错的辅助工具。券商研究报告中会有很多行业信息的收集，对于了解整个行业非常有用。专业研究分析机构如一些产业研究院，以及TMT（数字新媒体）行业的IDC（国际数据公司）、Gartner（高德纳咨询公司）、TrendForce（集邦咨询）等类似研究机构，会进行大量的市场调研，然后出具行业分析预测报告，这些其实也是招股说明书和券商报告的重要数据来源之一。

找行业专家了解行业的情况是难度最大、成本最高的一个途径,但效果最好。益研究经常邀请各行业的专家进行分享,给研究员带来行业前沿信息和专业判断,这可以加深研究员对行业的认知,帮助研究员做出更加准确的预测。

有了以上这些信息来源,我们就可以对行业空间进行量化评价。

为了量化评价成长空间,需要考虑的因素有很多,既要考虑现有市场容量,又要考虑增长速度;既要立足过去和现在,又要展望和预测未来;既要做预测,又要定期进行跟踪和修正。益研究在评价成长空间时,将以上各方面细化为若干指标,每个指标又划分为不同的区间层级并赋予不同的分数,最终达到客观量化评价成长空间的目的。具体如下所述。

第一,增速与空间。首先,关注短期视角(未来3年)的行业空间年化复合增速,从负增长(<0%)到超高增长(>50%)划分为若干层级并赋予不同的分数。其次,关注中期视角(未来6~8年)的行业空间年化复合增速,同样从负增长(<0%)到超高增长(>50%)划分为若干层级并赋予不同的分数。最后,关注成熟期、稳态期的行业空间相对于现在的倍数,从下滑、几乎持平到5倍以上划分为若干层级并赋予不同的分数。

第二,边际变化。比较未来3年行业增速相对于过去3年行业增速的边际变化,将边际变化幅度划分为不同的层级并赋予不同的分数,提升幅度越大则得分越高。

第三,确定性。不同行业的行业空间和行业增速可预测性是不一样的,比如生活必需品行业的预测确定性很高,一些初创的科技行业的预测确定性很低。没有人能够绝对准确地预测未来，所以要基于行业特点对短期（3年）、中长期（6~8年）到成熟期成长增速的确定性（可预测性）进行评估。

第四，预期差。行业最近一期的增速表现最能代表行业现在的情况，立足现在才能更好地把握未来，所以要将行业最近一期的增速与预期相比较，并将预期差幅度划分为不同的层级，越超预期则得分相应越高。

我们从以上几个角度，对成长空间进行定量打分，加权得出分数和星级。

有的上市公司不止从事一个行业，这时候应该怎么处理呢？如果一家上市公司从事多个行业的业务，这时候就分别量化每个行业的上述指标，综合各行业业务在公司总体业务中的占比，算出公司整体的行业成长空间分数。

竞争格局

1. 竞争格局的重要性

大部分投资者都知道成长空间很重要，都喜欢投资成长空间大的行业，但很少有投资者能意识到，行业竞争格局和行业成长空间同等重要，甚至更为重要。这个要从经济学原理中的"竞争法则"说起。

法则1：竞争会使一个行业里的大多数企业获得平均利润率

经济规律告诉我们，资本会从利润率低的部门转移到利润率高的部门，从而在不同部门之间进行再分配，最终使得各部门之间的利润率趋于平均。也就是说，竞争会使一个行业里的大多数企业获得平均利润率。

如果一个行业没有进入壁垒，或者进入壁垒很低，同时行业内存在超额利润的话，那么这个行业肯定会吸引新进入者，加剧市场竞争，此时行业的超额利润一定会因为竞争而逐步消失。在我国尤其如此，由于资本过剩，企业最擅长打价格战，竞争使领域内的超额利润消失得无比迅速。

所以，在一个充分竞争的行业里，企业只能获得平均利润，无法获得超额利润。从投资的角度来看，也就是ROIC等于WACC，或者是ROE等于投资者所要求的股权回报率。在过度竞争的市场结构中，企业可能连这两点都做不到。

法则2：良好的竞争格局和宽阔的护城河，能长时间保护优秀企业获得超额利润

竞争会使一个行业里的大多数企业只能获得平均利润率，但如果企业所处的行业具有良好的竞争格局，企业本身拥有宽阔的护城河，就可以帮助优秀企业在长时间内获得超额利润。

行业成长空间大是好事，但在经济规律的作用下，如果一个行业成长性高且想象空间很大，那么想要进入这个行业的人肯定非常多，竞争一定会非常激烈，最终使得超额利润消失。就像现在的新能源车行业，各种新势力很多，老玩家也在涌入这个赛道，整车厂商基本不赚钱。

当行业触及天花板，是否代表其就不具有投资价值了呢？答案是否定的。白酒行业规模以上企业销售额在2016年就已见顶，近几年呈下滑趋势，但是茅台和五粮液的收入一直处于稳步增长态势，股价在2016年之后更是节节攀升。

其背后的逻辑就在于，良好的竞争格局使龙头企业可以凭借品牌和渠道的优势，挤压竞争对手的市场份额，享受行业集中度提升所带来的收益。也就是说，成长空间固然重要，但对竞争格局的分析更为重要。竞争格局良好且稳定的行业，投资的确定性更高。

如果一个行业竞争格局很稳定，同时成长性高、想象空间大，那这个行业就是投资的首选。当然，要同时选到行业竞争格局稳定且成长性高的行业并非易事，这样的行业本身也不是很多，可能只有少数的垄断性行业才是。而当竞争格局和成长空间两个条件相互矛盾的时候，不同投资风格的人会有不同选择。成长风格的投资者会更看重成长空间，而价值风格的投资者会优先选择竞争格局稳定的行业。至于成长空间小且竞争格局差的行业，一般很难出现好的投资机会。

2. 如何客观量化评价竞争格局

行业竞争格局至关重要，有的行业竞争格局很好，行业经过充分竞争之后大浪淘沙，存活的公司竞争优势明显、护城河深，能获得很稳定的利润；有的行业则是竞争异常惨烈，价格战此起彼伏，行业内的公司都很难赚到钱。

应该如何分析行业竞争格局的好坏呢？常见的分析框架是管理学中的波特五力模型。

波特五力模型是由迈克尔·波特于20世纪80年代初提出的。他认为行业中存在着决定竞争程度的五种力量，共同影响行业的吸引力和企业的战略决策，可以用来分析行业的基本竞争态势。这五种力量分别为行业内现有竞争者的竞争能力、供应商的讨价还价能力、购买者的讨价还价能力、潜在进入者的进入威胁以及替代品的替代威胁。我们经常将五力模型运用于行业竞争格局分析，通过这五个角度的分析，基本上就能够判断出这个行业的竞争格局好不好，一个公司在这个行业所处的地位是否能够保持下去。

在客观量化评价行业竞争格局时，我们同样从以下五个维度出发：

第一，本行业竞争情况。我们把当前的行业集中度作为核心量化指标，并预测未来3年行业集中度的变动情况。行业集中度是指该行业内前几家大公司所占市场份额的总和，集中度越高，竞争格局越好。此外，经济学原理中的"竞争法则"告诉我们行业竞争情况会影响行业的赢利能力，所以我们还将行业过去3年平均赢利能力（行业平均净资产收益率和净利率）以及行业赢利能力在未来3~5年的变化情况作为辅助量化指标。

第二，对上游议价能力。我们将产品同质化程度、关键原材料在产品中的占比情况、关键原材料供应商数量、本行业公司对于关键原材料的转换成本高低程度、本行业产品的采购量在供应商供货中的占比情况、关键原材料价格的可议价范围作为量化指标。

第三，对下游议价能力。我们将产品同质化程度、本行业产品占客户成本的比例情况、购买者分散程度、下游购买者的转换成本高低程度、本行业产品价格的可议价范围作为量化指标。

第四，新进入者威胁。即使在一个已经实现了寡头垄断的行业，也要关注新进入者的挑战。新进入者希望在已被现有企业瓜分完毕的市场中赢得一席之地，往往会采取激烈的竞争手段，会导致行业中的现有企业赢利水平下降，严重的话还有可能威胁现有企业的生存。比如原来电商快递行业基本上形成"三通一达"（申通快递、圆通速递、中通快递、韵达快递）比较稳定的竞争格局，而且随着电商渗透率的不断提升，行业增长率也能保持在20%左右，不管是竞争格局还是成长性，看起来都不错，所以电商快递公司的股票一度是资本市场的宠儿。但这种情况在2020年左右被打破，原因在于原来并不做电商快递件的顺丰，开始杀入这个行业，而另外一家极兔快递，更是挟资本的威力，靠低价策略来抢夺市场。随着这两个新玩家的加入，快递行业掀起一场价格战，大家都损失了利润，"三通一达"的股价也出现大幅度下跌。因此，在关注行业竞争状况时，我们不能忽视新进入者的挑战和冲击。一个行业进入壁垒越高，新进入者越难进入，相应的威胁就越小。在将当前或未来有无确切的进入者作为指标之一的同时，我们量化影响行业进入壁垒的各项因素，如规模经济、经营特色、用户忠诚、投资要求、资源供应（资源供应充足就容易被进入）、销售渠道（销售渠道越强势越不容易被进入）、经验曲线、政府政策、原有企业的报复反应（主要是"价格战"）等。

第五，替代品风险。当两种产品功能相似，能满足消费者的同一种需求时，两种产品就互为替代品。此部分，我们关注当前是否已有替代品或者有潜在替代品，客户购买替代品的可能性、替代品的替代周期（替代品停止快速增长的时间）等。

我们从上面五个角度，对竞争格局进行定量打分，加权得出分数和星级。

在评价行业竞争格局时，同样面临一家上市公司从事不止一个行业的情况，此时我们根据公司从事业务的不同，分别量化每个行业的上述指标，进而综合得出该公司整体的竞争格局分数。

护城河

1. 护城河的重要性

在古代，城市或城堡周围往往会有人工挖凿的围绕城墙的护城河，可以用来抵御外敌侵犯。巴菲特将企业抵御竞争对手冲击的可持续竞争优势形象地称为企业护城河。有一本书《巴菲特的护城河》，将巴菲特的投资理论用"护城河"来概括，使得护城河这个概念被投资界广泛接受。

投资看的是未来，一家公司现在能获得超额利润很重要，但未来能否持续稳定地获得超额利润更重要，核心在于要寻找拥有护城河的公司。复盘中外股市，长期牛股往往是那些拥有很深护城河的公司。只有拥有足够深的护城河，公司才能够持续不断地产生稳定的超额利润。一个公司如果没有强大的护城河，那么它的超额利润（超越正常水平的 ROE 和 ROIC）一定会因为竞争而逐步消失，因为一个赚钱的行业势必会吸引更多竞争对手。因此，护城河是决定企业未来利润或现金流的一个非常重要的因素。

品牌、渠道、成本优势、高客户转换成本、无形资产（专利、法定许可/垄断性牌照等）都是很强大的护城河，网络效应（双边平台效应）则是最强大的护城河，而单一的技术领先不是很深的护城河。因为技术本身会被模仿甚至替代，一般说来，两三年以上的技术，基本上已经没有优势了。竞争对手可以专门学习、模仿技术，甚至高薪挖走核心技术人员，这些都是很难防范的。

品牌和渠道是消费品公司最重要的护城河。好产品在经过消费者反复消费之后形成好的口碑，就会形成良好的社会信用，也就是产品的品牌力。而品牌反过来则会帮助公司以更高的效率将产品推向消费者。我们也可以将品牌理解为产品经过反复验证之后的质量承诺。消费品公司普遍将品牌营销作为核心工作，它们通过大量的广告投放等提高品牌知名度，占据消费者心智。一旦品牌成长为某一产品品类的代表，与品类画上等号，就像可口可乐是可乐的代表、王老吉是凉茶的代表一样，那么消费者的心智将很难被改变，竞争对手也很难撼动品牌的地位。

除了品牌，渠道也是消费品公司非常重要的护城河。我们经常听人说"渠道为王"。消费品需要借助渠道的力量将产品送到消费者手中，渠道决定了消费者购买商品是否便捷。拥有更多的渠道，意味着公司能抢占到更多与消费者接触的机会，从而占据更大的市场份额。尤其是对于大众消费品来说，渠道建设显得更为重要。在乳制品行业，伊利股份就是重视渠道建设的代表。从2006年开始，伊利实施"五年三步走"战略，稳健织网，深耕渠道，2011年伊利的营收和蒙牛持平，2012年实现反超，之后一直领先于蒙牛。由于渠道的优势，伊利虽在高端白奶和常温酸奶的推出时间上晚于蒙牛，但销售额实现了反超。同样，在调味品领域，海天通过建立起深度的渠道销售网络而成就其龙头地位；在空调领域，格力电器自建渠道销售网络，渠道力一直是格力电器的核心竞争优势之一。当消费品公司通过建立强大的销售渠道网络形成自己的竞争优势时，竞争对手想要复制类似渠道会变得困难重重，渠道优势就成为公司很深的护城河。

规模效应带来的成本优势，是制造业公司的重要护城河。对于很多工业品来说，买家更多考虑的是性价比，所以成本控制能力决定了制造业公司能否形成自己的护城河。企业的成本分为固定成本和可变成本，固定成本主要包括固定资产折旧、厂房租金等，可变成本主要包括原材料、水电费、制造费用等。对于固定成本较高的制造业公司来说，公司往往具有重资产属性，规模越大，产品单位成本越低，就越能将竞争对手阻挡在外。因为对于中小厂商或者新进入者来说，前期投入较大，成本较高，通常要忍受长时间的亏损才能将投资收回。公司的生产成本越低，行业的进入壁垒将会越高，所以规模效应所带来的成本优势是制造业公司非常重要的护城河。玻璃行业是典型的重资产制造业，福耀玻璃作为汽车玻璃制造的龙头公司，在全球的市占率为25%，在国内的市占率为65%，具有明显的规模效应。尽管福耀玻璃的产品售价低于竞争对手——主要是海外汽车玻璃厂商如旭硝子、板硝子和圣戈班，但是赢利能力却远远比它们强，旭硝子、板硝子和圣戈班的汽车玻璃业务的营业利润率均低于10%，而福耀玻璃的营业利润率在15%以上。在福耀玻璃的绝对规模优势之下，能够将固定成本摊销到更多的产品上，降低单位成本。这就是福耀玻璃将规模优势转化为成本优势的最好印证，正是基于这一点，福耀玻璃拥有宽阔的护城河。

高客户转换成本可以增强用户黏性，是任何一个企业都梦寐以求的护城河。巴菲特说："赖着不走的客户不是麻烦，是你的黄金客户。懂得利用高昂的转换成本，去牢牢锁定客户，它一定是一家优秀的企业。"说的就是客户转换成本。客户转换成本既包括金钱，也包括学习成本等隐性成本。如果消费者学习使用新产品和新服务需要大量的时间投入，那么就会降低消费者转用竞争对手的产品和服务的概率。比如，消费者想要换一种白酒品牌，这很容易，只需品尝一下就可以，但如果用户已经习惯使用某一种软件，转换就没那么简单，因为需要重新花费大量时间去熟悉新软件。

专利是科技和医药公司的核心护城河。拥有专利的公司能够提供竞争对手无法模仿的产品或服务，相当于一个微型垄断企业，从而获取该产品的超额利润。专利权形式的护城河在科技和医药公司当中较为常见。但是由专利权所带来的竞争优势往往没有想象中的那么持久。首先，专利权是有期限的，一旦到期，竞争的加剧将很快使企业的超额利润消失；其次，如果企业依靠某一个专利权获取很大的超额利润，那么就会有很多竞争者想要进入这个行业，从而对企业的专利权发起攻击；最后，在知识产权意识比较薄弱的国家，专利权很容易受到侵犯。所以，在股票投资中，我们需要警惕依靠单一或少数专利权赚钱的企业，只有拥有多种多样的专利权和能够进行持续创新能力的企业，才会有宽阔的护城河。

垄断性牌照（法定许可）对于各种类型的公司来说都是很深的护城河。垄断性牌照就是公司开展业务的"尚方宝剑"，其他公司没有获得许可根本无法进入开展业务。拥有垄断性牌照的公司被投资界形象地称为"躺着就能赚钱的公司"，有些业务只有它们才有资格经营。A股的牌照垄断型公司很容易称为长牛股，比如拥有免税牌照的我国免税店龙头中国中免、拥有稀土牌照的北方稀土等。

双边网络效应是互联网公司的核心护城河，也是所有护城河中最为强大的护城河。因为双边网络效应一旦形成，供需两端的迁移成本都是巨大的，并且不怕类似商业模式、类似竞争对手的挑战。双边网络效应正是互联网"巨无霸"的可怕之处，所以它们的股票很容易成为长牛股。微信、淘宝、滴滴等就是典型的具有双边网络效应的互联网平台。以淘宝为例，一边连接着亿万用户，另一边连接着海量商家，这就是阿里巴巴的实力。在淘宝，用户几乎能买到任何想买的东西，商家能面对数以亿计的消费者。2022年，淘宝天猫平台月度活跃用户接近10亿，有超过1亿名活跃消费者在淘宝天猫平台年度消费超过1万元。

当然，这种双边网络效应如此强大，会令互联网巨头看起来像无边界的企业，它们可以携流量优势，在非常多的领域取得竞争优势。也正因为如此，很多国家会对互联网巨头进行反垄断监管，中国也不例外。最近几年，由于反垄断政策，互联网巨头的扩张步伐放慢了很多。

2. 如何客观量化评价护城河

不同行业的公司所形成的护城河类型不一样，很少有公司能形成包括品牌、渠道、无形资产、成本优势、客户转换成本、双边网络效应、技术在内的全部护城河。在客观量化评价护城河时，我们一般依据公司自身情况量化评价若干个最契合该公司的护城河类型，在每种类型的护城河下设置若干关注指标，从而计算得出该类型护城河分数。

不同的护城河价值不一样，比如双边网络效应是最强大的护城河、技术是不太深的护城河。当公司存在多种类型的护城河时，根据护城河的重要性加权计算公司护城河总分，得出公司护城河星级。

品牌护城河。关注品牌在潜在消费群体中的知名度、品牌与用户对产品质量感知的关联度、品牌与产品定价的关联度、品牌给消费者带来的心理满足感、品牌对购买决策的影响、消费者对品牌的忠诚度等指标。

渠道护城河。关注公司线下渠道数量或广度、公司线下渠道布局深度（下沉到哪一层级市场）、公司线上渠道布局程度（如与各大平台合作紧密度）、公司渠道的定价权/话语权/把控能力（如预付高代表公司较强势，经销商集中度低则代表公司把控力强等）、公司渠道的效率（如坪效、退货率等）等指标。

无形资产护城河。关注公司拥有的核心专利权到期期限、公司拥有重要专利的产品对利润的影响程度、公司拥有重要专利的产品数量、公司的研发投入水平、法定许可/牌照对公司经营的重要程度、法定许可/牌照获取的难度、未来 10 年行业管制放松的可能性、政府/监管部门是否有权影响定价等指标。

成本优势护城河。关注公司的规模优势、公司的资源优势（如原材料/能源成本优势）、公司的产业链一体化优势、公司的技术优势、公司销售成本优势（如多基地布局可节约运输成本）、公司融资成本优势、公司管理成本优势等指标。

客户转换成本护城河。关注公司与客户业务结合的紧密度、客户转换面临的财务和时间等成本、转换后客户面临的未知风险、客户的转换收益与转换成本差、客户获得转换收益的不确定性等指标。

双边网络效应护城河。关注随着用户人数的增加公司产品或服务的价值提高幅度、公司所建立的平台规模、公司所建立的平台的封闭性、构建类似双边网络平台的难度等指标。

技术护城河。关注公司拥有的核心技术对于营收/利润的影响、公司拥有的核心技术所处的周期阶段、公司拥有的核心技术水平相较于同行业的领先程度、未来 5 年内竞争对手掌握类似技术的可能性、未来 10 年内技术变革的可能性等指标。

经营绩效

1. 经营绩效的重要性

经营绩效是上市公司交出的"成绩单"，可以最直接、最真实、最客观地反映上市公司经营情况。普通投资者对公司的了解程度显然比不上公司大股东和公司管理者，要想了解公司的真实情况，除了实地调研以外，一个很重要的途径就是通过财务数据来分析公司的经营绩效。

整个市场都很关注上市公司的经营绩效,每当公司年报、半年报、季报公布之际,常常看到有些公司的股价会坐上"过山车"。业绩超出预期的公司,股价可能大涨;业绩低于预期的公司,股价可能大跌。

为什么投资者这么关注公司的经营绩效呢?因为经营绩效里面蕴含了太多的信息。我们做完行业成长空间、行业竞争格局、公司护城河分析之后,还要做详细的经营绩效分析。通过细致的财务指标分析,可以验证公司的业务模式、经营战略以及公司的竞争力(护城河)等。也就是说,行业分析、公司分析最终都要落脚到公司的财务数据上,我们要用财务指标来验证公司到底经营得怎么样,洞悉公司未来发展情况,还可以起到"排雷"的作用,避开有经营风险的公司。

巴菲特曾说:"别人喜欢看《花花公子》杂志,而我喜欢看公司财务报告。"财报就是巴菲特的寻宝图,其重要性不言而喻。不过,上市公司的财报动辄数百页,其中最有价值的是三张表——资产负债表、利润表和现金流量表。

资产负债表,是"一张照片",它反映的是某个特定时点公司的状态。在我们A股市场,季报是反映季度末这个时点公司的状态,年报反映的是年末这个时点公司的状态。通过资产负债表,我们能清晰了解某个特定时点,公司有什么资产,公司欠了多少债,以及公司股东拥有多少权益。

利润表,是"一段录像",它反映的是某段时间公司的经营情况。比如2021年的利润表,就是2021年1月1日到2021年12月31日这段时间的录像。这段录像,反映了公司在这个时间段里,收入怎么样，支出怎么样，利润怎么样——有没有赚钱，赚了多少钱。

现金流量表，也是"一段录像"，是从资产负债表和利润表衍生出来的，它反映的是某段时间公司的现金流入和流出情况。对所有公司来说，现金是非常重要的。业内常说"没有利润的公司尚可存活，没有现金的公司随时倒闭"，公司现金流量表至少与利润表的分析同等重要。

公司经营绩效蕴含在三张表中，通过分析三张表内的财务指标，我们可以获得大量关于公司成长能力、赢利能力、财务健康状况（经营效率和经营风险）的信息，有助于我们发现好赛道里真正的好公司，从而获得超额回报。

2. 如何客观量化评价经营绩效

我们从三个维度来评价公司的经营绩效：成长能力、赢利能力、财务健康状况（经营效率和经营风险）。首先分别量化三个维度的分数，然后取三个维度分数的平均值作为该公司的经营绩效分数。

成长能力。用来评估公司成长能力的指标，主要有主营业务收入增长率、营业利润增长率、归母净利润增长率和扣非净利润增长率等。

赢利能力。用来评估公司赢利能力的指标，主要有营业利润率、净利润率、净资产收益率等。

财务健康状况（经营效率和经营风险）。用来评估财务健康状况的指标，主要有扣非净利润占净利润比、收现比、净现比、应收账款周转率、存货周转率、资产负债率、流动比率、速动比率、现金比率、股权质押情况、虚资产情况等。

不同行业的公司，财务指标表现存在差异，所以在量化公司的成长能力、赢利能力、财务健康状况（经营效率和经营风险）时，我们设置了与同行业中位数做具体比较的算法，这样得出的结果更加客观有效，更能筛选出各行业中绩效表现最佳的公司。

有了以上成长空间、竞争格局、护城河、经营绩效四个维度的量化评价之后，经过一定的加权处理，可以得出一家公司的综合得分和综合星级。

四维评级实践案例

前面我们讲了四维评级的方法论，下面我们举几个案例。在益研究内部，研究员定期基于前面讲的四维评级各维度的指标量化得出评级结果，由于量化指标细分项较多，难以一一列出，下面的例子中主要呈现2023年4月末公司年报和一季报公告完毕后相关公司的评级结果和评级逻辑。

案例一：中国移动

中国移动属于传统通信服务行业，是用户规模和网络规模均居全球第一的电信运营商，2022年1月在A股上市。截至2022年年末，公司拥有移动网络用户9.75亿户，其中5G套餐用户6.14亿，固网宽带用户2.72亿；已开通基站数超过600万个（占全球1/3、国内六成），其中5G基站超过120万个（占全国超过50%）。

中国移动积极推动传统通信服务运营商向数智化转型，2022年首次提出"创建世界一流信息服务科技创新公司"的新定位。积极推动业务发展从通信服务向信息服务拓展延伸，业务市场从C端为主向CHBN（C端个人市场、H端家庭市场、B端政企市场、N

端新兴市场）全向发力、融合发展，发展方式从资源要素驱动向创新驱动转型升级（见图2-1）。

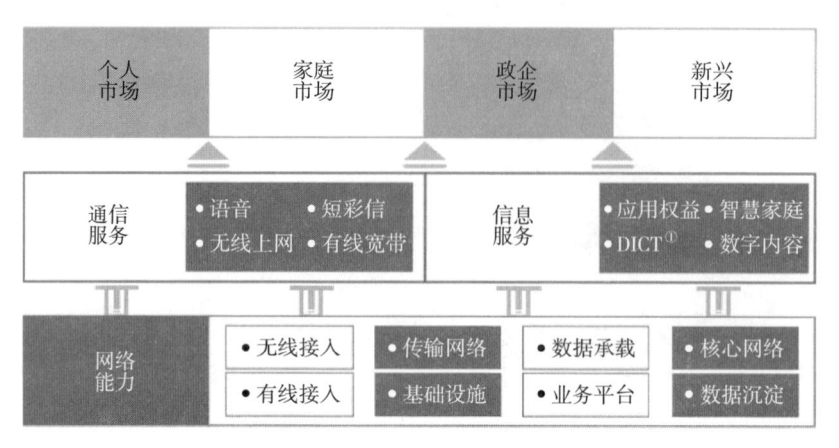

图2-1 中国移动业务布局
资料来源：中国移动招股说明书。

自成立以来，中国移动先是经历了2000—2008年独霸国内移动通信市场，叠加移动互联网的黄金时代，营收和净利润CAGR（复合年均增长率）达25%以上；2008年后，三大运营商格局形成，在国内移动互联网时代红利退去、行业"价格战"、政策要求"提速降费"等不利因素压制下，2009—2021年，国内移动电话普及率虽翻倍有余，公司收入也跟着翻倍，但净利润没有变化，呈现行业共性的"增收不增利"情况；近年来，随着5G红利逐步释放、行业竞争和发展趋于良性，公司2020年净利润重回正增长，在2021年、2022年实现营收和净利润的双较快增长，增速分别在

---

① DICT是指大数据时代，DT（数字技术）与IT（信息技术）、CT（通信技术）的深度融合。

10%、8%左右，呈现缓慢增长态势。

1. 成长空间：3星

公司业务分为传统业务和创新业务，传统业务的成长空间低，创新业务的成长空间高。

传统业务方面，主要包括移动电话和固定宽带，目前国内渗透率已经较高，总体天花板较低，成长空间有限（以移动电话为例，2021年国内达到116.3部/百人，见图2-2）。该块业务已进入成熟期，预计行业未来3年年复合增速为5%~10%、未来6~8年年复合增速为0%~5%，处低速增长态势，确定性强。

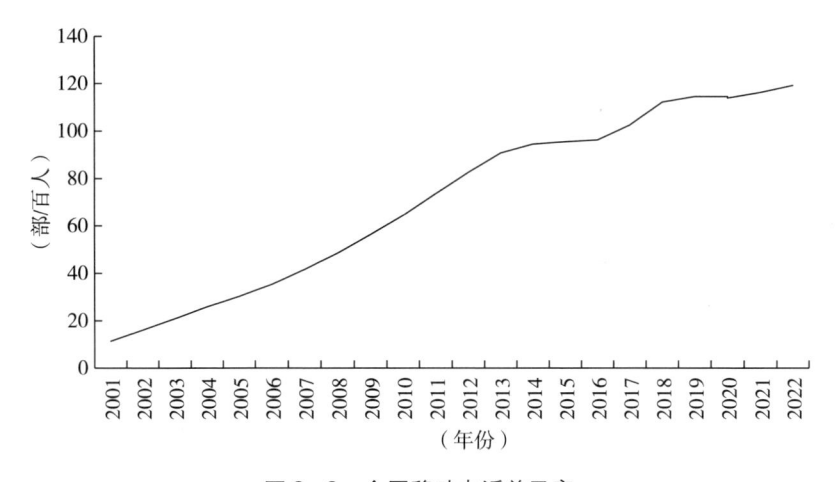

图2-2 全国移动电话普及率

资料来源：国家统计局。

在国内人口红利效应逐步减弱（2022年出现60年来首次人口负增长）、互联网应用对运营商通信业务的冲击（如QQ、微信等）、行业竞争激烈（运营商之间的"价格战"）、政策要求"提速降费"等背景下，传统通信服务业务增长乏力，以中国移动近年来移动用户数和ARPU值（每用户平均收入）为例，用户数在经历移动互联网黄金时段的大幅增长后目前年净增微小，用户ARPU值在经历行业竞争和政策压制背景下的连续下降后目前保持稳定（见图2-3）。

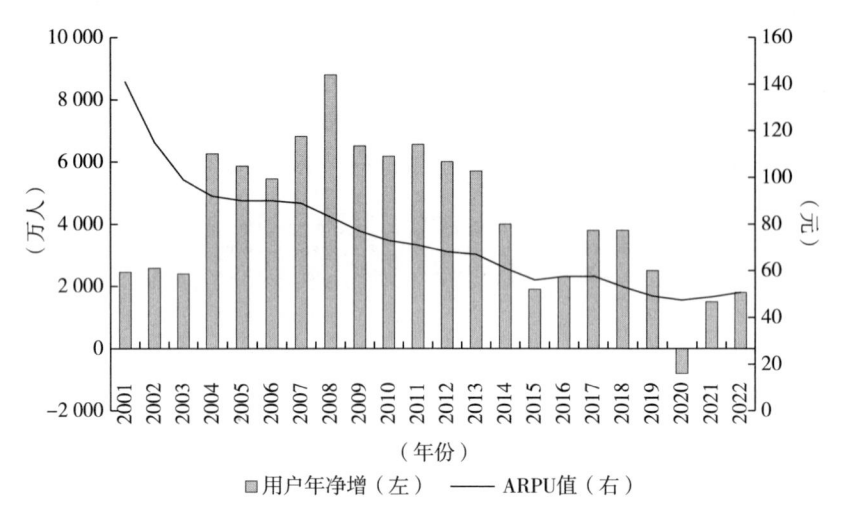

图2-3 中国移动用户数净增和ARPU值情况

资料来源：中国移动公告。

创新业务方面，主要包括云计算、IDC（互联网数据中心）、大数据等信息服务业务，受益于国内大力发展数字经济，政企加快数字化转型，成长空间较大。该块业务仍处于成长期，预计行业空间未来3年年复合增速为20%~30%、未来6~8年年复合增速为15%~20%，处较快增长态势，确定性较强。

中国信通院预测，2025年国内数字经济市场规模将突破65万亿元（见图2-4），"十四五"期间年复合增速为10.6%；相应地，中国移动创新业务收入年复合增速预计达到20%，增速较快，以云业务为例，移动云近两年收入增速分别为114%、108%。

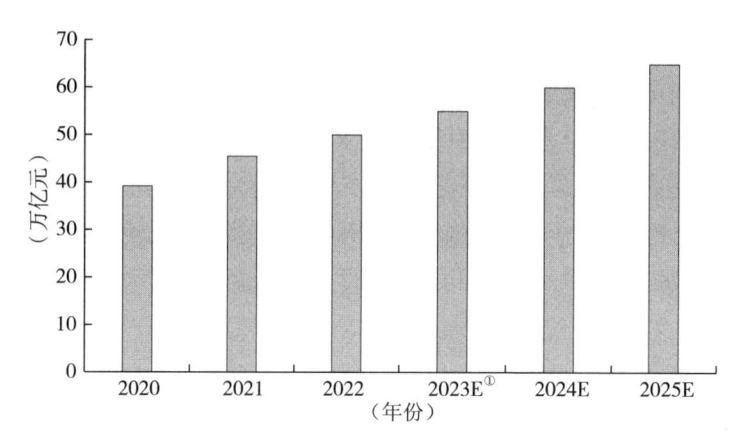

图 2-4　中国数字经济规模及预测

资料来源：中国信通院。

2. 竞争格局：3.5 星

我国的基础电信业务具体交由电信运营商运营，尽管运营商相互之间有一定竞争，但参与者有限；同时，新拓展的创新业务须同互联网巨头竞争，但合作已越来越常态化，总体竞争格局较好。

传统业务方面，主要是三大运营商（中国移动、中国电信、中国联通）之间的竞争，参与者少，竞争格局清晰。国内通信服务业务具备极高的经营资质壁垒，对合格经营者颁发《基础电信业务经营许可证》，其中 4G 经营牌照仅颁发给三大运营商，5G 牌照颁发给了四家运营商（多了中国广电）。此外，近年来三大电信运营商直接"价格战"竞争趋缓，更加注重高质量发展和开拓数字化的新业务曲线。

创新业务方面，除了三大运营商之间，还有众多企业参与，包括 BAT（百度、阿里巴巴、腾讯）互联网巨头、信息化业务的公司

---

① E 为英文单词"Estimated"的首字母，表示"预计"。

等，竞争格局较激烈。从层次上看，三大运营商主要与互联网巨头之间存在竞争，而随着政企数字化转型越来越看重安全性，两者的合作将成为常态，运营商提供国资背书和底层网络支持，互联网企业则具备更好的技术和运营能力。

3. 护城河：5星

公司具备明显的经营资质壁垒、网络规模和用户规模壁垒。相较行业外来者而言，三大电信运营商地位不可撼动，国内获得4G牌照的只有中国移动、中国电信、中国联通三家，获得5G牌照的也只有中国移动、中国电信、中国联通、中国广电四家。相较电信运营商友商而言，中国移动用户规模和网络规模遥遥领先，移动客户数和移动基站数多于其他两家之和［公司4G网络行政村覆盖率达99%，5G SA（独立接入）网络已实现在全国地市以上城区、部分县城及重点区域提供5G服务；移动业务用户近10亿］，为其提供了无可媲美的优势。三大运营商移动业务客户总数如图2-5所示，其中中国联通在2022年后不再每月披露此项数据。

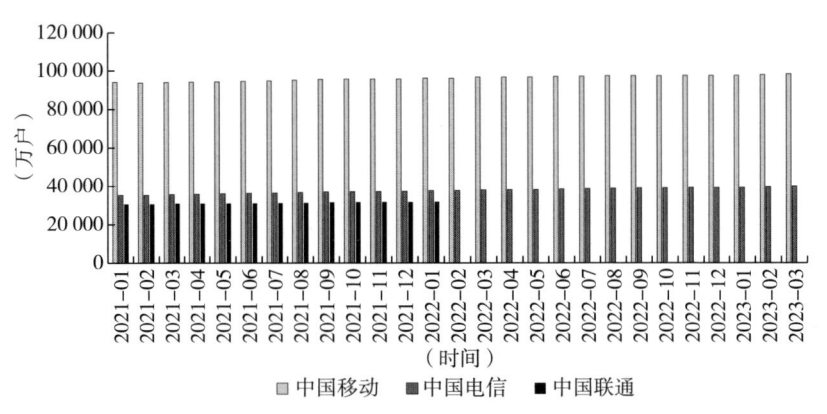

图2-5 三大运营商移动业务客户总数

资料来源：市场公开信息。

4. 经营绩效：3 星

中国移动业绩总体较优秀。近年来，随着行业"价格战"和政策要求"提速降费"边际影响趋缓、创新业务发力，公司业绩呈现良好增长势头，2021 年、2022 年两年收入增速均在 10% 以上，净利润增速均在 8% 左右，呈现稳健的低速增长态势。公司 ROE 常年在 10% 左右，净利率和毛利率表现较好，优于行业平均水平（见图 2-6 和图 2-7）。

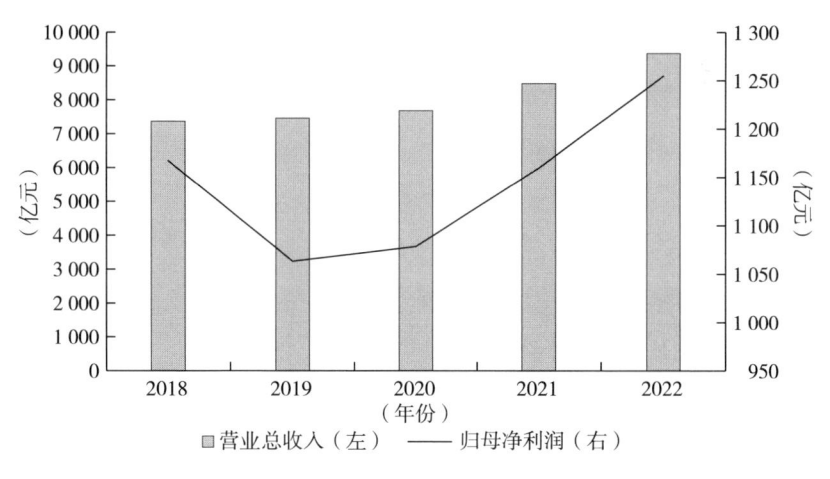

图 2-6 中国移动营业收入和净利润
资料来源：市场公开信息。

此外，公司经营稳健，资产负债率仅 33.37%，各项现金流指标常年表现优秀，销售商品或提供劳务收到的现金/营业收入大于 1，经营性现金流净额是净利润的两倍，现金流指标优于行业中位数。

图 2-7 中国移动赢利能力

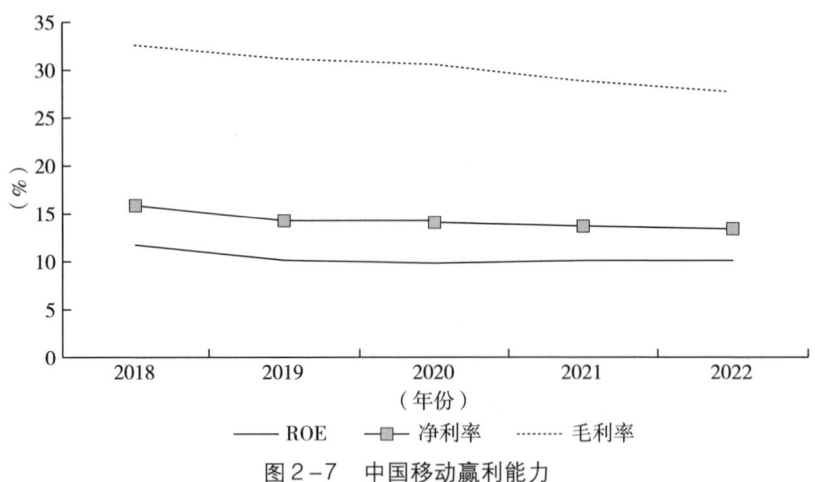

资料来源：市场公开信息。

5. 中国移动"四维评级"小结

中国移动传统通信服务业务增长乏力，但创新业务成长空间较大，所处行业竞争格局较好，公司用户规模和网络规模遥遥领先，经营业绩在行业内表现较好，总评级为 3.5 星（见图 2-8）。

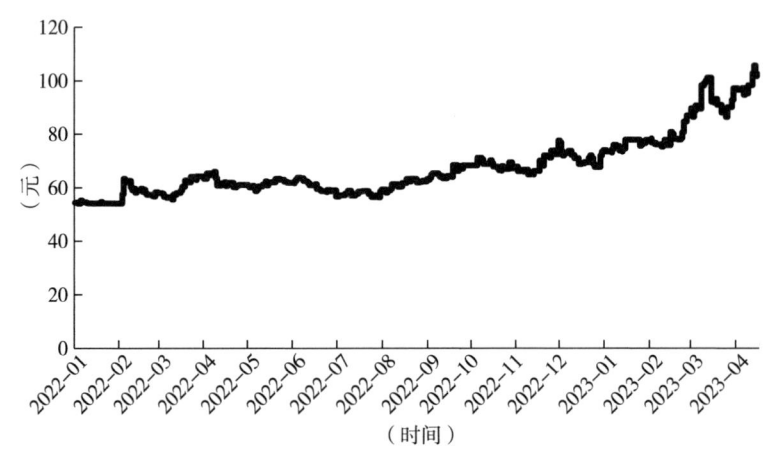

图 2-8 中国移动股价走势

资料来源：市场公开信息。

84 / 估值的力量

案例二：桐昆股份

桐昆股份是全球最大的涤纶长丝生产企业，2001—2022年连续22年销量稳居行业第一，且市场份额逐年提升，截至2021年年底，在国内的市占率为20%，国际市场占有率超13%。公司的主要产品为各类民用涤纶长丝，包括涤纶POY（预取白丝）、涤纶FDY（全拉伸丝）、涤纶DTY（拉伸变形丝）、涤纶复合丝四大系列一千多个品种，覆盖了涤纶长丝产品的全系列，在行业中有"涤纶长丝企业中的沃尔玛"之称。公司产品主要用于服装面料、家纺产品的制造，以及小部分用于产业制造（如缆绳、汽车用篷布、箱包布等）。

涤纶长丝行业因上游原料及所生产的产品均为石油炼化产品的衍生品，受到国际原油价格波动的影响，叠加行业中企业之间竞争策略的不同，再加上下游需求受宏观经济、消费升级、出口政策等因素的影响，行业运行具有较强的周期性。

单一涤纶长丝环节，企业盈利波动性较大，行业巨头纷纷依托自身所在产业链环节，向上或向下延伸产业链，做大做强产业链，以抵抗行业波动的风险，打造一体化产业链的趋势愈发明显，因此，除涤纶长丝外，公司还生产涤纶长丝主要原料之一的PTA（精对苯二甲酸），并向上游延伸参股投资浙石化20%股权，形成"炼化–PTA–聚酯–纺丝–加弹–纺织"全产业链布局（见图2–9）。

1. 成长空间：3星

聚酯涤纶行业在国内经过40年的迅猛发展，已进入技术工艺成熟、运用领域广泛的稳定阶段。涤纶长丝下游主要是纺织服装，包括国内消费需求及出口需求。进入成熟期后，中长期需求增速趋近于全球主要经济体GDP增速,为3%~5%,并且随着经济增长周期呈现周期性波动(见图2-10)。

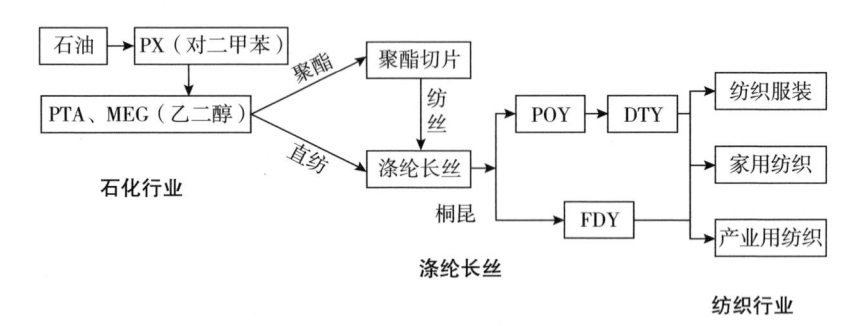

图2-9 涤纶长丝产业链结构

资料来源:市场公开信息。

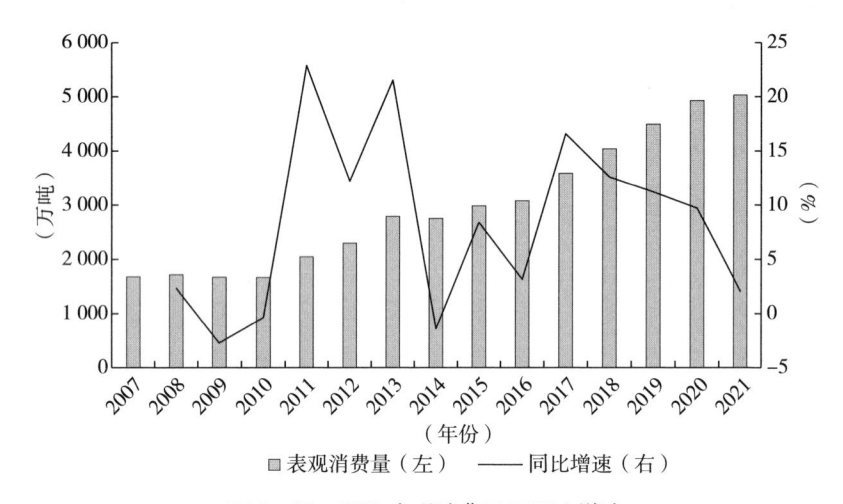

图2-10 PTA表观消费量及同比增速

资料来源:市场公开信息。

短期来看,受2020年以来疫情的反复冲击,纺服需求承压,尤其是2022年8月以来,我国服装纺织品类零售值及出口金额增速再次呈断崖式下滑(见图2-11、图2-12)。

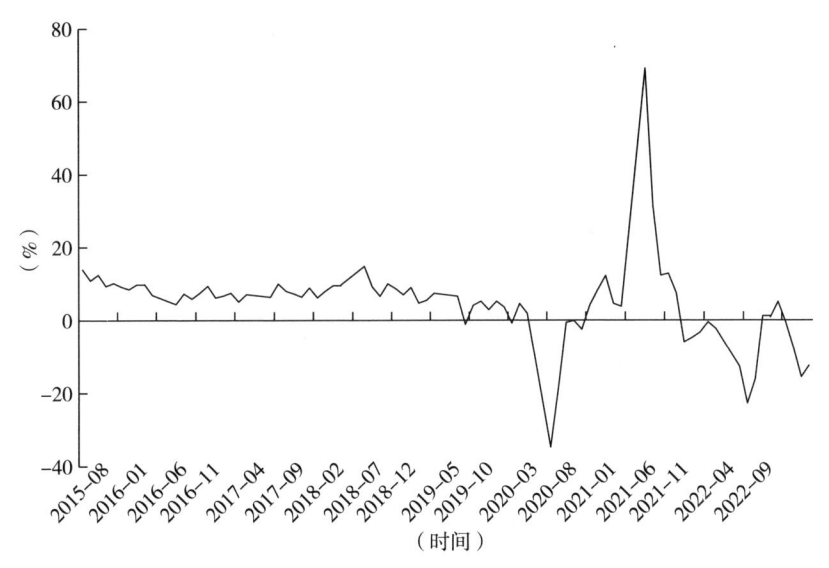

图 2-11　服装鞋帽、针纺织品类限额以上企业（单位）
商品零售类值当月同比变化

资料来源：市场公开信息。

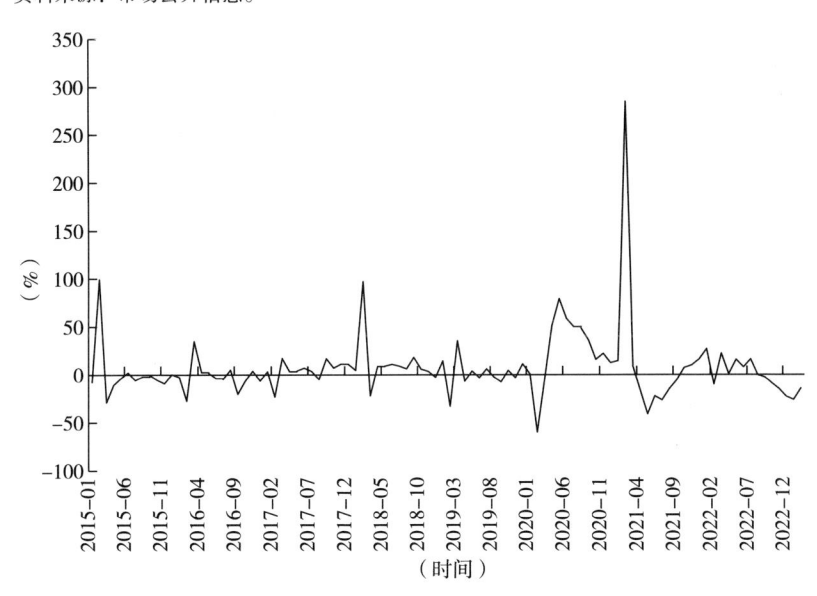

图 2-12　纺织纱线、织物及制品出口金额当月同比变化

资料来源：市场公开信息。

2022年三季度开始,在原油成本的高压下,加上需求暴跌,国内聚酯产业链多家龙头均出现罕见的亏损,亏损幅度达历史之最,似乎说明虽然近几年行业集中度显著提高,但行业本身的周期属性难以消灭(见图2-13)。

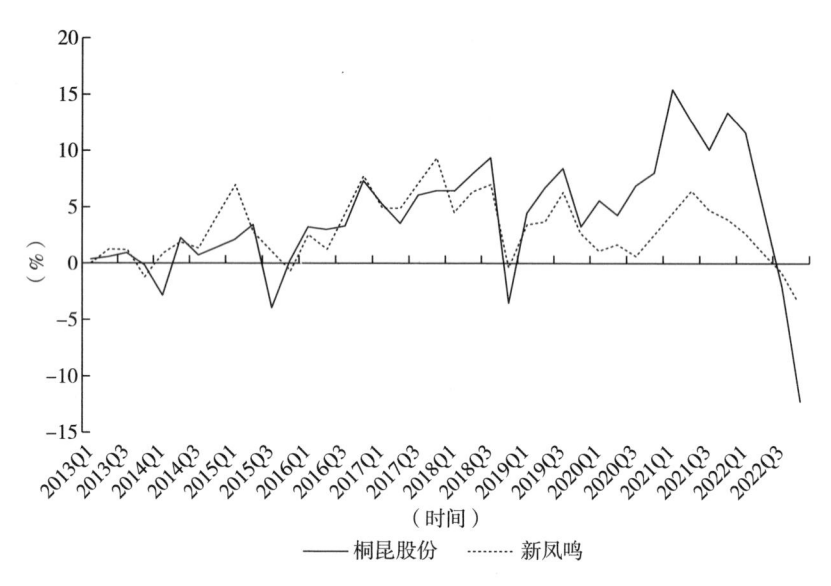

图2-13 涤纶长丝龙头桐昆股份和新凤鸣单季度销售净利率
资料来源:市场公开信息。

总体来看,行业成长空间长期偏刚性稳定,但中短期周期性明显,总体成长空间给予3星。

2. 竞争格局:2.5星

涤纶长丝行业,龙头集中度在持续提升,2010年,行业前六家涤纶长丝企业市占率合计仅32%,而到了2020年,行业前六家涤纶长丝企业合计产能占全国总产能的比例达56%,相比2016年增长11%,相比2010年前六家市占率增长24%。其中,桐昆股份和恒逸石化产能占比最大,分别占总产能的17%和14%(2021年桐昆公告称国内市占率已提升为20%,见图2-14和图2-15)。

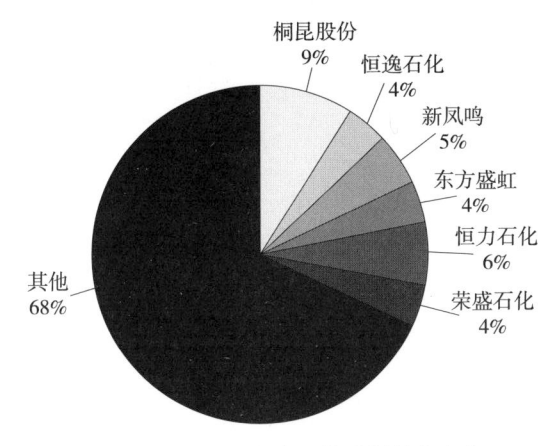

图2-14　2010年中国涤纶长丝市占率

资料来源:市场公开信息。

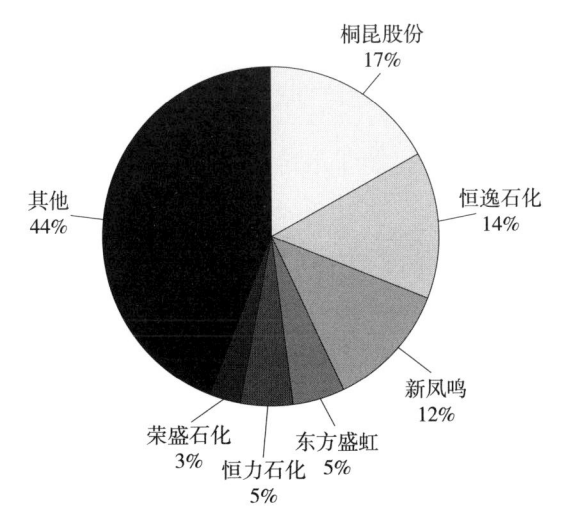

图2-15　2020年中国涤纶长丝市占率

资料来源:市场公开信息。

且2016年来，行业龙头垄断了进口设备，使得一半以上的扩产都集中在龙头企业，这也是集中度大幅提升背后的原因。行业竞争格局从充分竞争的态势，逐步演变成以行业龙头企业之间的全方位竞争格局为主（见图2-16）。

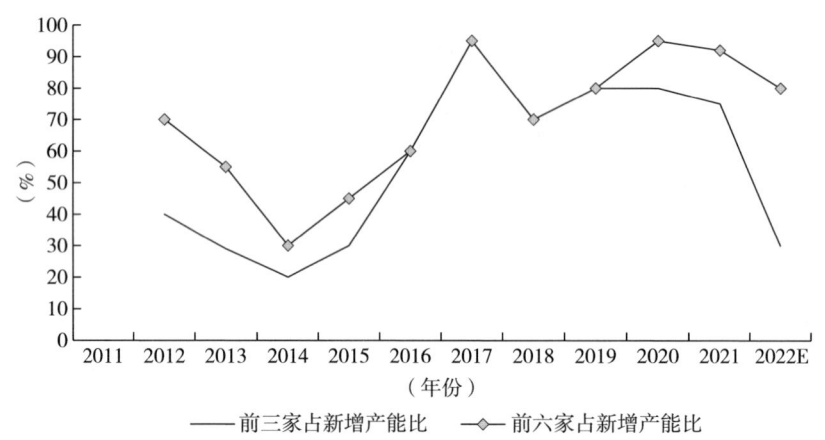

图2-16 中国涤纶长丝新增产能情况

资料来源：市场公开信息。

不过，若相较于产业链上下游行业而言，格局较好。涤纶长丝具有差异化属性，龙头企业积累的生产经验与行业比例，要优于上游PTA、PX环节及下游织造环节。且涤纶长丝行业集中度仍在不断提高，桐昆稳坐龙头，不管是资源，还是产业链一体化程度，抑或规模都有领先的优势，并在可见的将来预计可以稳固此优势。

仅从产业链的角度来看，涤纶长丝仍是最值得长期投资的对象（见图2-17）。

综合来看，行业集中度虽在提升，但供给端龙头企业仍在扩产且需求端短期承压，供需格局一般；作为同质化的大宗产品，行业内部竞争仍激烈，集中度虽高，但目前尚未转化成对上下游的议价

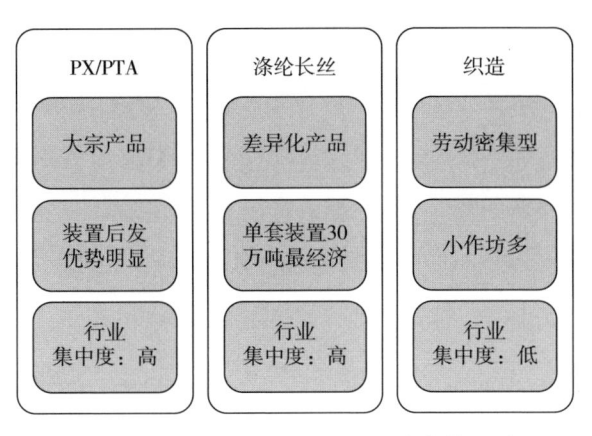

PX/PTA	涤纶长丝	织造
大宗产品	差异化产品	劳动密集型
装置后发优势明显	单套装置30万吨最经济	小作坊多
行业集中度：高	行业集中度：高	行业集中度：低

图 2-17　涤纶长丝产业链上下游竞争格局对比

能力，总体竞争格局给予 2.5 星。

3. 护城河：3 星

公司护城河主要来源于产业链一体化构筑的成本优势。

近年来，涤纶长丝行业和 PTA 行业的扩产，主要体现在行业龙头企业间的扩产和增量，且各企业纷纷向其现有产业的上游产业进行延伸，做大做强产业链，以抵抗行业波动的风险，打造一体化产业链的趋势愈发明显。

其中，桐昆股份除了 860 万吨涤纶长丝产能，还具有 420 万吨 PTA 产能，且参股浙江石化大炼化项目 20% 的股权，在巨头中的产业链一体化布局均居前列，具备一定的成本优势，但基于产业链一体化的成本优势也不能抵消行业周期性带来的盈利周期性波动。综合来看，护城河给予 3 星。

4. 经营绩效：2 星

2019 年年底浙石化逐步投产，2020 年开始为桐昆股份贡献不菲的投资收益。

不过，扣除投资收益后，公司主业——涤纶长丝的周期性明显，尤其是在2020年受全球疫情影响、2022年一季度受国内上海等地区疫情反复冲击，2022年下半年开始全行业出现亏损，公司主业承压，但仍好于同行（见图2-18和图2-19）。

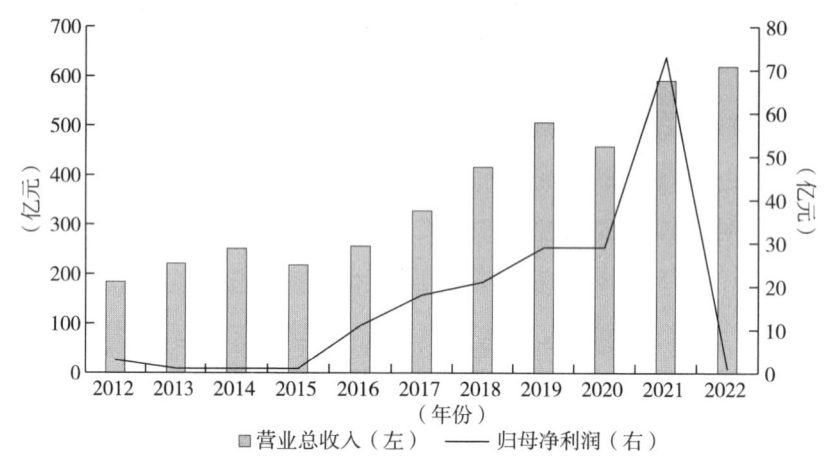

图2-18　桐昆股份营业收入和净利润

资料来源：市场公开信息。

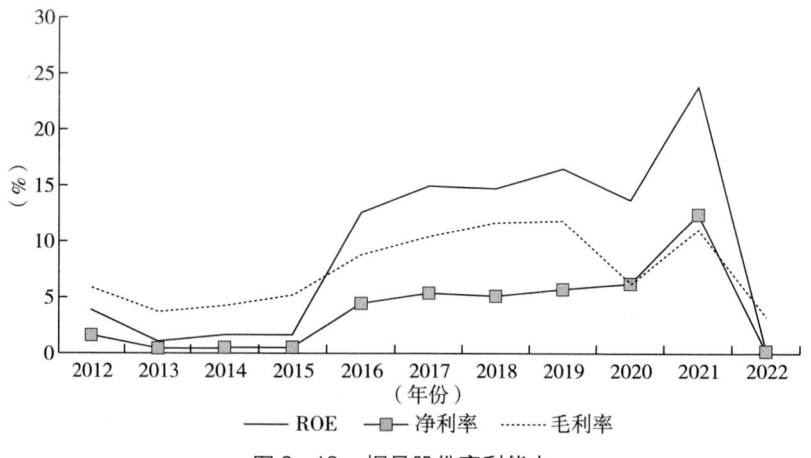

图2-19　桐昆股份赢利能力

资料来源：市场公开信息。

随着2022年三四连续两个季度的亏损，结合历史判断，基本面已触底，随后续疫情封控影响消除，内需复苏下公司业绩弹性较大，经营业绩预期向好。综合来看，经营绩效给予2星。

5. 桐昆股份"四维评级"小结

公司所属的涤纶长丝行业处于成熟期，与纺服终端的消费需求密切相关，且因为产品为石油化工衍生品，受油价和经济增速影响呈周期性波动。涤纶长丝行业竞争格局相对历史和上下游行业较优，经过前期激烈竞争后目前行业集中度已提升至较高水平，未来行业话语权提升是大概率事件。公司深耕行业几十余年，积累了丰富的学习经验，加上产业链一体化布局，导致具备一定的成本优势。2022年经历了疫情反复的冲击和俄乌冲突导致的油价高企，在成本和需求的双重压力下行业景气度触底，导致经营绩效一般，但后市景气度修复，向行业均值水平回归，业绩弹性较大。四维评级总评级为2星（见图2-20）。

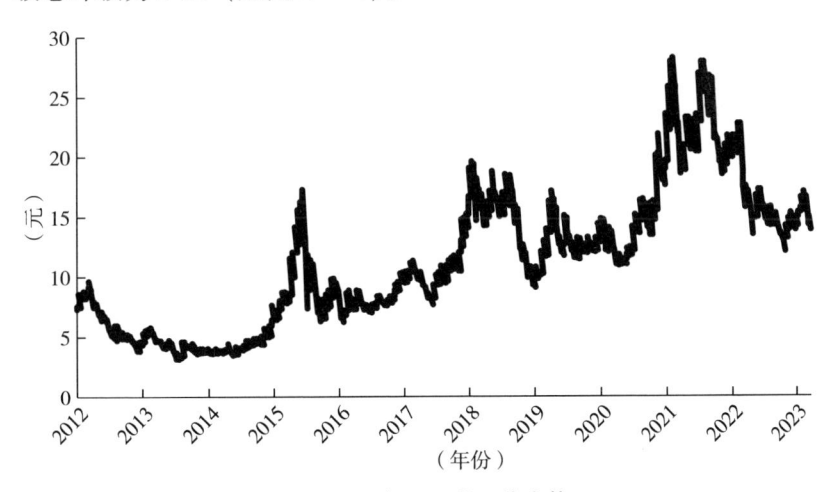

图2-20 桐昆股份股价走势

资料来源：市场公开信息。

其他公司案例

在益研究的股票池内还有许多公司，都是各行各业的龙头公司，碍于篇幅所限，这里不具体一一展开，只挑选部分大家比较熟悉的公司，以表格的形式展示一些公司的四维评级结果及简评（见表 2-1）。

表 2-1　部分公司四维评级结果及简评（截至 2022 年报数据）

公司名称	四维	星级	简要评述
三七互娱	成长空间	2.5	游戏行业国内市场基本进入成熟期，增长缓慢。出海市场规模持续稳定增长，增量主要来自美、日、韩等成熟市场，以及非洲、中东、东南亚等市场
	竞争格局	4.5	游戏行业竞争格局好，中小厂家持续出清，版号常态化下头部厂商获取版号能力更强，后续 AI（人工智能）合作有望进一步提高游戏生产效率；有完整研运（研发、发行、运营）体系、自有数据积累多的头部厂商受益更多
	护城河	4.5	公司是发行主导的研运一体厂商，核心护城河是基于强发行能力积累的行业经验，打造了高效的发行体系和数据中台，使得产品生命周期长于市场平均水平，且研运经验有延续性，游戏成功率更高，进一步使公司盈利水平更稳定，能够有更多的试错和投资机会，快速抓住市场趋势
	经营绩效	3	从财务指标定量来看，过去 3 年成长性一般，但赢利能力很强，财务健康状况优秀
	综合	3.5	三七互娱是我国手游出海前 5 位的厂商之一，核心产品生命周期长，在海外整体市场规模下滑的情况下维持稳中有增，公司发行驱动的海外产品体系壁垒加强，核心新品将在 2023 年逐步落地，业绩有望保持较快增长

（续表）

公司名称	四维	星级	简要评述
贵州茅台	成长空间	3.5	高端白酒的行业增速为15%~20%，属于稳健增长的好赛道
	竞争格局	5	高端白酒行业前三名的公司所占的市场份额超过60%，有强大的定价权
	护城河	5	公司具有超强的品牌力，构建了公司深厚的护城河
	经营绩效	4	从财务指标定量来看，过去3年成长性较高，但赢利能力非常强，财务健康状况优秀
	综合	5	高端白酒龙头，公司品牌力强劲，业绩增长的确定性强
海康威视	成长空间	2.5	安防行业本身空间有限，创新业务为公司提供了成长性。美国存在潜在制裁可能，成长空间受到打压，增长空间预期减小、风险增大
	竞争格局	4	行业格局好，龙头集中，且有上升趋势，但近两年有面临美国制裁的可能
	护城河	4.5	公司是安防行业当之无愧的龙头，收入、利润等遥遥领先，具有较强的品牌、渠道、技术护城河
	经营绩效	2.5	从财务指标定量来看，过去3年成长性一般，但赢利能力很强，财务健康状况一般
	综合	3	公司是全球安防龙头，实力强劲，但宏观经济、美国潜在制裁威胁等带来的压力，影响到对成长空间、竞争格局的预期
分众传媒	成长空间	3	疫情过后经济修复，广告主在品牌广告上的预算比例回升；新能源汽车、新消费等相关行业的竞争加剧，推动梯媒广告市场需求增长；同时海外业务持续扩张，公司较当地企业有较强的竞争优势，预计海外年营收增长在30%以上
	竞争格局	5	梯媒及影媒龙头，市场份额遥遥领先于2~5位竞争对手之和的1.8倍

（续表）

公司名称	四维	星级	简要评述
分众传媒	护城河	4.5	公司预计恢复点位扩张，每年扩张5%~10%，预计集中度将进一步提升，点位资源壁垒进一步加强
	经营绩效	3	从财务指标定量来看，过去3年成长性较差（主要受疫情影响），但赢利能力很强，财务健康状况优秀
	综合	4	海外市场空间逐步打开，公司点位不断优化且有序扩张，壁垒有望进一步增强，短期业绩受经济弱复苏预期影响，长期业绩预计稳定增长
玲珑轮胎	成长空间	3.5	虽然全球轮胎行业增长趋于稳定，但国产轮胎在全球市场的市占率较低，近几年国内轮胎质量及口碑均有显著提升，未来有望抢占更多的全球市场份额，且依托于国产汽车品牌的崛起、新能源车的弯道超车，国产轮胎配套业务也有较大的增长空间
	竞争格局	3.5	国内轮胎行业处于淘汰落后产能的过程中，只有玲珑轮胎、赛轮轮胎这样的龙头还在扩张，未来集中度有明显提升的预期，且轮胎无替代品威胁，总体竞争格局尚可
	护城河	3	轮胎行业同质化现象较为严重，且原材料占比高，短期成本端压力难以快速传导，仍具有较强周期性，不过龙头有能力围绕下游终端需求布局多基地产能，所构筑的成本护城河在日益加深
	经营绩效	2	从财务指标定量来看，由于受疫情影响，过去3年成长性较弱，赢利能力较弱，财务健康状况较差
	综合	2	国产轮胎行业仍有较高的成长性，依托于国内庞大的汽车消费市场以及向新能源车转型的契机，国内轮胎龙头持续扩张，有望获取更高的全球市场份额。当前处于基本面底部，随着新增产能释放、成本压力缓解，未来边际改善可期，具备绝地反击的可能

（续表）

公司名称	四维	星级	简要评述
丽珠集团	成长空间	3	中国医药市场将从2020年的14 000亿元增长到2025年的22 000亿元，复合年增长率接近10%
	竞争格局	2	行业集中度一般，原料药、诊断试剂和中药的竞争格局较为分散，化学制剂主要与国际巨头的不同品类产品竞争
	护城河	3.5	复杂制剂和高端原料药有较深的技术、资金和客户壁垒
	经营绩效	2.5	从财务指标定量来看，过去3年成长性一般，但赢利能力较强，财务健康状况较好
	综合	2.5	公司处于医药长坡厚雪赛道，多业务发展保证未来成长空间，同时基于研发和商业能力，公司护城河较深，但是公司面临较大竞争压力，短期绩效表现不佳
立讯精密	成长空间	3.5	消费电子业务多数产品已经进入成熟期，未来在耳机、VR（虚拟现实）等领域还有较大成长空间
	竞争格局	4	苹果产业链对下游客户议价能力弱，但本行业格局好，几个赛道都是龙头集中，且立讯有抢夺其他公司订单的能力
	护城河	3.5	公司体量大、管理好，与下游客户关系紧密，规模成本护城河、技术护城河都不错，但客户转换成本护城河一般
	经营绩效	3.5	从财务指标定量来看，过去3年成长性较强，赢利能力很强，不过财务健康状况一般
	综合	4	公司是消费电子龙头，受行业整体不景气影响，业绩增长受限，但公司具备很强的实力，在苹果端份额持续提升
海螺水泥	成长空间	2	长三角与珠三角地区虽地处核心城市圈，但城镇化率提升已基本到顶，未来行业空间大概率萎缩下滑，不过确定性较高
	竞争格局	5	行业集中度非常高，未来保持稳定

第二章　四维评级选出好公司 ／ 97

(续表)

公司名称	四维	星级	简要评述
海螺水泥	护城河	4	从单线规模、熟料配套比例、余热发电、运输、费用等来看，成本护城河遥遥领先
	经营绩效	2.5	受地产下行周期影响，从财务指标定量来看，过去3年成长性较差，但赢利能力一般，财务健康状况优秀
	综合	2.5	海螺水泥是行业龙头，核心竞争力是成本优势，护城河极深。公司所处华东区域在全国范围内需求量最大，增长平稳，赢利能力高于全国平均水平；华东区域集中度相对较高，竞争格局稳定。短期内受行业下行影响盈利承压，但公司逆势扩产+收购将带来营收增长和市占率提升
伊利股份	成长空间	3	乳业符合消费升级的趋势，虽然处于成熟期，未来增速仍能维持10%~15%
	竞争格局	5	乳业呈现双寡头格局，前两位的公司所占的市场份额超过40%
	护城河	5	强大的渠道力、品牌力，构建了公司深厚的护城河
	经营绩效	3	从财务指标定量来看，过去3年成长性中等，但赢利能力较强，财务健康状况一般
	综合	4	亚洲第一的乳品企业，"内延外购+产品结构升级+渠道下沉"共同驱动伊利长期收入增长
药明康德	成长空间	3.5	地缘政治变化导致CDMO[①]未来产能确定性下降，新冠业务红利逐步消除，行业增长面临回调
	竞争格局	4	行业集中度较高，公司在国内临床药物发现和CDMO等子行业全国排名第一；临床CRO（合同研究组织）目前国内是泰格和昆泰领导市场，公司属于第二梯队
	护城河	3.5	较深的护城河，规模和技术优势、客户资源带来较厚的壁垒

---

① CDMO的全称为合同研发生产组织，指的是医疗领域中定制、研发与生产，是一种在医疗领域中新出现的研发外包模式。

(续表)

公司名称	四维	星级	简要评述
药明康德	经营绩效	4.5	从财务指标定量来看，过去3年成长性较高，赢利能力很强，财务健康状况良好
	综合	4.5	药明康德处于高速发展行业，同时客户黏性、规模和技术壁垒带来较深的护城河；2022年公司受益于新冠业务，经营绩效较好，但未来可能趋弱

四维评级的优点和挑战

前面介绍了四维评级的方法论和实践案例，我们来总结一下其优缺点。

四维评级的优点

价值投资的核心要素是"好公司+好价格"。好公司可以从两个视角来评判：赛道好不好，公司竞争力强不强。

四维评级聚焦于赛道和公司竞争力，通过行业成长空间、竞争格局、护城河和经营绩效四个维度抓住公司基本面的核心要素，条分缕析，将公司的"庐山真面目"呈现出来，助力股票投资决策。在指标设置上，益研究历经多次头脑风暴，最终设置的细分指标全面细致，涵盖了大部分应当考虑的重要因素。

与其他定性的基本面评价不同，四维评级开创性地实现以量化的方式评估公司基本面。数字是最直观的表达，四维评级输出的结果是定量的数值（进而转化为星级），而不是传统的定性分析、逻辑分析，可以给人以直接、清晰的印象，帮助投资者对一家公司的基本面有更具体、直观的感受。

四维评级还可以实现不同行业公司基本面的横向可比较，以及同一公司基本面不同时间的纵向可追溯。

像债券评级一样，四维评级把不同行业的公司放在一个尺度下衡量，得出普遍适用的基本面评分。四维评级的基本面评分可以应用于不同行业的公司，不同行业的公司所得的基本面评分可以互相比较。由于不同行业的公司所经营的业务千差万别，传统的基本面比较一般会在同行业公司间进行。现在，四维评级的结果可以方便投资者在A股不同行业的公司中找到基本面评分（星级）高的好公司。

四维评级结果还可以实现同一家公司基本面情况的追溯统计。一般情况下，益研究的研究员每月会对一家公司重新进行四维评级，当影响公司基本面的突发情况出现时，研究员会立即进行评级调整。动态更新的四维评级数据逐渐积累下来，是非常有价值的。最基本的好处是便于投资者追溯公司基本面变化的过程，当公司基本面明显好转时，及时把握投资机会。此外，研究员可以很容易回测统计公司四维评级与二级市场表现，一方面基于回测统计结果不断完善四维评级方法，另一方面及时为投资者提供股价偏离基本面价值的低估值公司所蕴含的投资机会。

四维评级的挑战

定量评估公司基本面不是一件容易的事情，比债券评级的难度更大。债券评级始于20世纪初的美国，我国的债券评级产生于20世纪80年代中后期，债券评级的方法体系经过国内外长期的实践逐渐趋于完善。与债券评级相比，公司基本面评级还是个新兴事物，而且涉及面更宽，主观性更强。债券评级重点关注债券主体还本付息的能力，评估违约风险，公司基本面评级既要关注公司本身的竞争能力、经营情况，还要关注行业的发展前景和竞争态势。在四维评级过程中，有的是可以量化的，例如行业集中度、行业ROE水平等，但也不乏一些定性判断的指标，如未来技术变革的可能性、成长增速的确定性（可预测性）等。

四维评级是否真的适合跨行业评级比较，还有待更长时间的实践检验。不同行业的公司自身差异是比较大的，制造业和服务业的商业模式就很不一样。四维评级设置的量化指标，是否穷尽了所有行业公司的基本面要素是存在疑问的，是否适合所有商业模式的企业暂时也要画个问号。不过，完全穷尽的基本面评价指标体系是不存在的，因为基本面所包含的内容太多了，我们能做的是尽可能多地筛选出公司基本面中最重要的那些共性指标。

四维评级的结果对公司未来绩效是否有预测作用，还需要更长时间的验证。四维评级结果是基于当前关于行业和公司的已知信息和预测信息量化得出的，这一结果可以较好地反映公司目前的基本面情况，并对公司未来绩效有较强指导意义（除非出现黑天鹅事件）。不过，益研究的四维评级体系形成的时间还比较短，可回溯的评级结果比较少，四维评级的结果能否预测公司未来绩效或者能在多大程度上预测公司未来绩效，尚待实践检验。

我们将根据实践中遇到的问题适时地修正四维评级体系，后续的提升和迭代主要聚焦在两个方向：一是完善现有的四维评级指标体系，丰富、调整各维度下的量化指标和分数设置；二是专门针对某些特殊行业建立适用性更强的四维评级指标体系，如强周期行业、初创型高成长行业等。

▶ 本章小结

1. 公司的内在价值是公司未来产生的利润或现金流的现值，而决定公司未来利润或现金流的核心因素有行业成长空间、行业竞争格局和公司护城河，这些因素最终会体现在公司经营绩效上。益研究的"四维评级"正是围绕这四个维度展开的。

2. "四维评级"的优点是定量评判公司基本面，结果具体、直观，并且实现不同行业公司基本面的横向可比较，以及同一公司基本面不同时间的纵向可追溯。

3. "四维评级"是否真的适合跨行业评级比较，是否具有对公司未来经营情况的预测作用，还需要更长时间的验证。

第三章 动态估值 确定好价格

正如第一章所讨论的，传统估值方法有其固有的缺点。绝对估值法理论上最正确，逻辑上很严谨，但实际操作很难；相对估值法实践中最简单，但又较随意，而且会受到市场情绪和市场估值的影响。我们融合绝对估值法和相对估值法的优点，开发出形式上类似相对估值法、内核上接近绝对估值法的估值方法论——动态估值法。

对于普通投资者来说，动态估值法简单易用，更重要的是动态估值法是有逻辑的，动态估值中合理的盈利预测、估值倍数、贴现率都依赖于四维评级，四维评级为动态估值奠定了基础。

简单实用的估值方法——动态估值

动态估值的基本方法

能不能把绝对估值法的正确思想和相对估值法的简单形式结合一下呢？结合多年的资本市场经验，我们研究出了动态估值法。之所以叫动态估值法,是因为我们认为真正的估值应该是着眼于企业未来的成长和盈利,根据基本面的变化进行动态调整的,而不是一成不变的。

动态估值法的公式为:

$$公司的合理价值 = \frac{未来第3年的有效盈利预测 \times 估值倍数}{(1+贴现率)^3} + 未来3年的利润之和 \times 30\%$$

公式看起来不难,概括描述就是预测公司3年后的有效盈利,给予合理的估值倍数,折现到今天,再加上未来3年的分红之和,得到公司当前的合理价值。

所以,按照动态估值法,企业价值来自两部分:

第一部分,预测未来第3年的有效盈利,给予一个适当的估值倍数(这个倍数由关键价值因素公式推导而来),得出第3年的合理市值,然后贴现到今日。

第二部分,企业未来3年分红的钱,返给投资者,理所当然是公司价值的一部分。未来3年的利润之和为什么要乘以30%呢?因为统计显示,A股股利支付率为20%~40%,平均大概为30%。由于这个金额很小,我们就不再做贴现处理了。

预测未来几年的利润可以让一家公司的发展前景更清晰地展示在我们面前。举个例子,一些高成长性的公司,当前盈利很少,很多甚至是亏损的,要对这种公司进行估值很棘手。不妨把时间放长远些,看一下3年后这家公司的盈利是怎样的,基于3年后的盈利给予估值。对于发展比较稳定的成熟期公司来说,预测后续几年的盈利同样有利无害,这种公司由于波动不大,预测起来难度也不大。在进行盈利预测时，我认为 3 年是一个比较好的时间段，预测未来 3 年在理论上和实践中是有一定的可行性的，既不太短也不太长，时间再长的话预测的偏差会变大。

在前面的公式中，需要上市公司未来 3 年的盈利预测数据，在普通投资者场景下，该数据有 3 种取得方法：（1）主观估计；（2）趋势外推；（3）分析师预测。对于普通投资者来说，主观估计有技能和信息要求，趋势外推可能仅适用于部分稳定增长型公司，而分析师的盈利预测可以从主流金融数据终端获得，这是因为在券商的研报中，一般都会预测上市公司未来 3 年的盈利。券商的盈利预测数据可以作为盈利预测时的"锚"，不过，我们曾经分析过券商的盈利预测准确性，结果如我们所料，券商的盈利预测绝大部分是过于乐观的，预测时间越长越不准确。普通投资者如果直接使用券商的一致预期的话，打个折应该是比较明智的做法，如果能基于自己对公司的研究做出自己对于这家公司的盈利预测当然再好不过。

有了未来 3 年的盈利预测，还需要估值倍数和贴现率，我们接下来会详细讨论。

如果你熟悉现金流折现的金融理论，马上就会发现，动态估值的基础是股利折现模型。动态估值是以投资者视角去观察，买入股票后，未来期望现金回收的现值，包括持有期间的股息和持有结束出售股票的现金价值。这两部分在动态估值的基础上做出假设，持有期设定为 3 年，持有期股息按照预期净利润的 30% 估计，由于数额影响不大，这部分股息就不再折现。持有期 3 年结束，在市场出售回收现金，出售值由第 3 年的预测（归母）净利润和估值倍数确定，估值倍数由基本面的 3 个基本参数增长空间、竞争格局和护城河以经验值确定，出售值用贴现率折合为现值，贴现率采用经验公式。

有了 3 年盈利预测、有了估值倍数和贴现率，投资者就可以按照动态估值模型得出一个估值结果。这是目前唯一能让普通投资者也能实现有一定精度估值的实用方法，使用后的效果也得到了我们的实践验证。

我们的研究员对于自己深度覆盖的每家公司，不是仅简单地依赖券商的盈利预测，而是自行进行细致的盈利预测，在此基础上做动态估值。这是因为，券商的盈利预测不够严谨、总体偏乐观，而且盈利预测调整也不及时，特别是在公司基本面变差之后，原本理应调低盈利预测，而券商往往会选择保持沉默。盈利预测不是一劳永逸的，而是动态变化的，因为市场瞬息万变，估值假设不会不变，竞争格局不会永恒。我们会要求研究员根据紧密跟踪到的公司信息，正常情况下每月调整或审视一次盈利预测，遇到突发事件时会考虑立刻进行调整，比如公司发布业绩、开辟新业务、新客户增加、老客户"砍单"等。股价异动也值得关注，因为股价异动的背后往往有足以触发调整盈利预测的信息。

接下来我们进一步详细介绍动态估值法的公式中涉及的各项数据。

1. 未来第 3 年的有效盈利预测

"未来第 3 年的有效盈利预测"指的是基于年度平滑得出来的从当前时间开始第 3 年的盈利预测。但为了得到这个数值，往往需要预测未来 4 年的盈利数据。

举例来说，假如现在是 2022 年，至少要预测 2022 年、2023

年、2024 年、2025 年的归母净利润，假设数值分别为 E22、E23、E24、E25，那么：

2022 年 4 月，未来第 3 年的有效盈利预测 =
E24 ×9 ÷12 + E25 ×3 ÷12

2022 年 6 月，未来第 3 年的有效盈利预测 =
E24 ×7 ÷12 + E25 ×5 ÷12

2022 年 10 月，未来第 3 年的有效盈利预测 =
E24 ×3 ÷12 + E25 ×9 ÷12

一个通用的式子为：

2022 年 N 月，未来第 3 年的有效盈利预测 =
E24 ×（13 - N）/12 + E25 ×（N - 1）/12

再次强调一下，对于每一家需要做动态估值的公司，我们都要自己做详细的盈利预测。但对于普通投资者，如果你没有能力自己做，有一个很好的办法，就是参考券商的研究报告。大部分优质上市公司会有多家券商研究覆盖，他们的研报会提供盈利预测；市面上也有一些金融数据提供商，它们会集成券商研报的盈利预测数据，经过其专业处理，形成所谓的一致预期数据，这些数据都可以很方便地用作动态估值。

2. 估值倍数

有很多人关心合理估值倍数是怎么确定的，因为估值倍数的高低直接决定了估值结果。

前面我们说过，绝对估值是本质上最正确的估值方法。在绝对估值方法中，除了对 5~10 年的每年业绩进行预测和贴现，还要对永续期（假设公司永续稳定经营的时期）的连续价值进行预测和贴现。蒂姆·科勒等人所写的《价值评估：公司价值的衡量与管理》是公认的估值领域最好的专著之一，这本书里提出了永续期的价值驱动因素公式：

$$公司连续价值 = NOPLAT_{t+1} \frac{1 - \frac{g}{RONIC}}{WACC - g}$$

从这个公式出发进行层层推导，会发现估值倍数的决定因素有三个：增速 g、新投入资本回报率 RONIC、加权平均资本成本 WACC。但其数学推导过程非常复杂，感兴趣的读者可以自行阅读相关图书。

增速 g 和成长空间相关，RONIC 和可持续的赢利能力相关，也就是和竞争格局、护城河相关。所以，我们结合多年的投研经验，把这个公式简化为基于对公司成长性、竞争格局、护城河的判断，给予公司合理的估值倍数。

动态估值倍数 = 基准倍数 × 竞争格局系数 × 护城河系数

基准倍数是在默认竞争格局较好、护城河较深的情况下，基于增长潜力给予的估值倍数（见表 3-1）。关于增长潜力，口径需要格外注意，需要预估未来第 4~10 年公司（或多元化公司的业务分部）的利润复合年均增长率或增长空间倍数，其中增长空间倍数 = 第 10 年利润 ÷ 第 4 年利润 - 1。

表 3-1　基准估值倍数（PE）

增长潜力 （第 4~10 年）	基准 倍数	未来第 4~10 年复合年均增长率和增长空间倍数
超高	38	保持 25% 以上复合增长率，3 倍以上增长空间
高	30	保持 20%~25% 复合增长率，2~3 倍增长空间
中高	24	保持 15%~20% 复合增长率，1.5~2 倍增长空间
中等	19	保持 10%~15% 复合增长率，1~1.5 倍增长空间
中低	15	保持 5%~10% 复合增长率，0.5~1 倍增长空间
低	11	保持 0%~5% 复合增长率，50% 以下增长空间
零增长	9	几乎零增长
小幅负增长	7.5	保持 -5% 左右的复合增长率，30% 左右的负增长空间

这里为什么是未来第 4~10 年公司的增长潜力呢？这是由关键价值因素公式推导估值倍数的原理和推导过程所决定的。正如逆向投资大师、全球投资之父、史上最成功的基金经理之一约翰·邓普顿一直主张的，要以更长远的眼光来看待公司的未来前景，建议将未来估计收益的时间进一步延长，以未来 10 年为期会更好。关于预期年增长率，巴菲特的导师格雷厄姆也是这种思想，他认为投资者需要预估企业未来 7~10 年的净利润增长率，通过拉长时间跨度，可以避免短期利润波动给估值带来的干扰。

关于增长潜力的判断，我们一般会结合四维评级中的行业成长空间对公司的成长潜力做定量打分判断。普通投资者可以从券商研报中去寻找答案，也可以自己根据行业和公司所处的生命周期，以及自己的经验做判断。

行业竞争格局影响行业内公司的赢利能力，我们一般基于四维评级中的竞争格局星级选定竞争格局系数。投资者可以参考前一章四维评级中，用波特五力模型判断竞争格局的方法，结合自己的经验来选定竞争格局系数。波特五力模型包括行业内现有竞争者的竞争能力、供应商的讨价还价能力、购买者的讨价还价能力、潜在进入者的进入威胁以及替代品的替代威胁（见表3-2）。

表3-2 竞争格局系数

竞争格局	估值系数	原则上对应星级
非常好	1.1	4.5（含）~5颗星
较好	1	3.5（含）~4.5颗星
较差	0.9	2（含）~3.5颗星
非常差	0.8	1~2颗星

关于公司护城河，大家可以结合前面章节的内容来判断公司有无护城河、有多深的护城河。没有护城河的公司，不值得价值投资者去耗费精力，值得价值投资者研究的公司大部分应该具有"较深护城河"和"一定护城河"，少数公司具有"极深护城河"（见表3-3）。

表3-3 护城河系数

护城河	估值系数	原则上对应星级
极深护城河	1.25	4.5（含）~5颗星
较深护城河	1	3.5（含）~4.5颗星
一定护城河	0.8	2（含）~3.5颗星
没有护城河	0.6	1~2颗星

- 极深护城河：相较于竞争对手，在品牌、渠道、规模经济、客户黏性、双边平台效应等一个或者某几个领域，具有几乎不可挑战的竞争优势，且这种竞争优势在可预见的未来没有被明显侵蚀的趋势和迹象，贵州茅台就属于这一类。
- 较深护城河：相较于竞争对手，在品牌、渠道、规模经济、客户黏性、双边平台效应等一个或者某几个领域，具有较深的竞争优势，但这种竞争优势在可预见的未来并非坚不可摧，海康威视、伊利股份就属于这一类。
- 一定护城河：相较于竞争对手，在品牌、渠道、规模经济、客户黏性、双边平台效应等一个或者某几个领域，具有一定的竞争优势，但这种竞争优势容易随着竞争加剧而受到影响，蓝思科技、太平鸟就属于这一类。

我们会根据四维评级结果选定一家公司的护城河等级。对于普通投资者来说，我觉得使用表3-4中所展示的方法也能大致判断一家公司的护城河等级。

表3-4　用来确定估值倍数的护城河等级判断方法

	行业内竞争力卓越的公司	行业内具有较强竞争力的公司	行业内具有一定竞争力的公司
竞争格局非常稳固的行业	极深护城河	较深护城河/一定护城河	一定护城河
竞争格局比较稳固的行业	较深护城河/一定护城河	一定护城河	没有护城河
竞争格局不稳固的行业	一定护城河	一定护城河/没有护城河	没有护城河

我们可以粗略验证一下动态估值中估值倍数的合理性：

- 根据我们的经验，哪怕成长性极高、护城河极深的公司，我们也只愿意根据 3 年后的盈利预测，最多给予 52.25 倍估值（38 × 1.1 × 1.25 = 52.25）。这个上限见仁见智，但这反映了我们的风险偏好。
- 彼得·林奇曾经说过，只愿意买入 PEG（市盈率相对盈利增长比率）不大于 1 的低估值股票，以保证极具吸引力的获利空间。我们以中等增长潜力公司为例，具备较好的竞争格局、较深或一定护城河的公司（因为具备极深护城河的公司很稀少），它们对应 10%～15% 的复合增长率，我们给予 15.2～19 倍估值。如果我们假设彼得·林奇买入股票需要足够的安全边际和 50% 以上的目标盈利空间（实际上彼得·林奇买入的股票盈利空间通常远不止 50%），那么他接受的合理 PEG 在 1.5 左右，从这个角度来说，我们的估值方法基本上符合彼得·林奇投资方法论中公司合理估值的标准。

3. 贴现率

贴现率也叫折现率，是将未来的价值折现到今天所使用的比率。贴现率实际上反映的是一种不确定性，不确定性越强，人们要求的收益率相应越高，贴现率也就越高。资本市场投资者要求的收益率普遍高于国债收益率，超出的部分就是"风险溢价"。风险溢价的存在，正是因为投资股票有风险，投资者必须取得比国债收益率更高的收益率,才愿意冒风险投资股票。

合理的贴现率到底应该是多少呢？我个人的经验数据是：10年期国债收益率＋一定的风险溢价。这里的风险溢价取决于经营的确定性。因此，我们提出了这样一个基于经验数据的贴现率公式：

贴现率＝国债收益率（目前约为3%）+（5－确定性得分）×4%

确定性得分是以下三方面得分相加得到的分数。得分越高表明经营确定性越强，风险较小，贴现率相应越小；得分越低表明未来可能面临变化，确定性较差，风险越大，贴现率相应越大。

- 技术或商业模式变革或颠覆的可能性（可能性几乎不存在——1分，有一定可能性——0.5分，有很大可能性——0分）。
- 行业周期波动、可预测性（波动很小、可预测性强——1分，有较大波动、可预测性中等——0.5分，波动很大、可预测性差——0分）。
- 政策抑制或打压的可能性，例如集采、反垄断等（可能性极小或影响很小——2分，有一定可能性且影响较大——1分，可能性较大且影响很大——0分）。

合理贴现率可以直接参考表3-5中的数据。

表3-5 合理贴现率

确定性得分	贴现率（%）
4	7
3.5	9
3	11

（续表）

确定性得分	贴现率（%）
2.5	13
2	15
1.5	17
1	19
0.5	21
0	23

4. 评估结果

将以上各项输入动态估值法公式，就能得到动态估值结果。这个结果该怎么看呢？我们将公司当前市值与动态估值进行对比，将低估的程度划分为7类，进而结合四维评级结果综合判断一家公司值不值得投资。

假设公司实际市值÷动态估值－1＝X：

- 若X＜－50%，则为严重低估。
- 若X≥－50%，且X＜－33%，则为低估。
- 若X≥－33%，且X＜－20%，则为偏低估。
- 若X≥－20%，且X＜25%，则为合理估值。
- 若X≥25%，且X＜50%，则为偏高估。
- 若X≥50%，且X＜100%，则为高估。
- 若X≥100%，则为严重高估。

从上面的估值状态阈值来看，我们认为一家公司的合理估值是一个区间，而非一个确定的数字。比如说，如果我们根据动态估值公式算出来的结果是 100 亿，那么在 80 亿~125 亿，我们都认为是合理估值，上限和下限之间的幅度为 50% 左右。这是因为，动态估值本身的方法论就不是追求极度的精确性，而是追求一个模糊正确。另外，企业的内在价值，确实也不可能是非常精确的数字。

动态估值法的基本逻辑

1. 锚定公司基本面

锚定效应是丹尼尔·卡尼曼和阿莫斯·特沃斯基在 1974 年通过实验发现的，指的是人们在对某个事件做出定量估测时，容易受第一印象或第一信息所支配，就像沉入海底的锚一样把人们的思想固定在某处。也就是说，人们在做决策的时候，容易受到初始信息或熟悉信息的影响，并不自觉地以它们为参考。

在做股票投资时，给公司估值的锚应该是什么呢？有的投资者喜欢锚定于之前的股价进行投资，"看后视镜开车"，根据历史股价来判断当前估值的高低；有的投资者喜欢锚定于同行业公司的估值进行投资，这两种都是相对估值的方法。遗憾的是，这两种方法都有显著的缺陷。有时候，公司当前的股价相较于之前已经很低了，公司当前的估值相较于同行业估值也已经很低了，而这只股票仍可能创新低，因为它的基本面有重大瑕疵或者基本面在不断恶化，也就是我们所说的"价值陷阱"。

只有将公司的基本面，如成长空间、竞争格局和护城河，与公司的合理估值相结合，才是价值投资。

成长空间决定了企业能够长多大，身处一个高速发展、前景广阔的行业中的企业，比身处夕阳行业的企业更具有想象空间，天花板更高；竞争格局决定了行业的整体赢利能力和可持续性，竞争格局好的行业，企业能活得滋润且可持续；护城河决定了企业在行业里能占多少市场份额，获得多少超额利润。巴菲特说："一家真正称得上伟大的企业，必须拥有一条能持久不衰的'护城河'。"护城河存在的价值在于保护企业享有很高的投入资本收益率，抵挡新对手的进入或行业内现有竞争者的进攻。

动态估值法将锚放在企业最本质的东西上，锚定于公司成长空间、竞争格局和护城河，锚定企业的未来。比如在做公司未来 3 年的盈利预测时，增长速度和成长空间是至关重要的考虑因素；在选择合理的估值倍数时，估值倍数的大小取决于公司成长潜力的大小、行业竞争格局优劣以及公司护城河的深浅。

2. 不被市场情绪和市场估值所影响

在使用相对估值法时，估值倍数很关键，但估值倍数的确定，投资者要么根据同行业可比公司的估值情况给出一个折中的估值倍数（相对估值），要么根据公司历史估值倍数情况给出当下的估值倍数（锚定过去的估值，很多金融软件的"估值带"功能就基于这个原理）。

正如前面章节讨论的，相对估值最大的问题在于，相对估值锚定于可比公司的平均估值，当市场情绪高涨的时候，可比公司甚至整个市场的估值普遍偏高，比如 2020 年年底很多"白马股"的估值高得惊人，站在那个时刻给公司估值，大概率会偏高。为什么呢？因为人容易受市场情绪和市场估值的影响。当白酒行业的平均估值达到 50 倍的时候，投资者给一家发展得不错、看起来护城河很深的白酒公司的估值就不会低于 40 倍。所以，相对估值法容易被市场情绪和市场估值所影响,很难给出基于公司基本面的估值倍数。

动态估值法在一定程度上规避了这个问题,尽可能用量化的方式减少主观因素,并且将目光聚焦在公司本身。动态估值法的合理估值倍数根据《价值评估:公司价值的衡量与管理》一书中的估值公式,以及我们自己的投研经验融合推导而来,在选择合理的估值倍数时,锚定的是公司自身的成长潜力和护城河,以及所处行业的竞争格局。我们只需判断一家公司的成长潜力怎么样,护城河深不深,行业竞争格局好不好,在此基础上选择合理的估值倍数。这种从公司基本面出发的估值倍数确定方式,没有任何市场情绪的因素,不受可比公司估值的影响,非常具有投资参考价值。

动态估值和四维评级的关系

先来回顾一下四维评级的四个维度:成长空间、竞争格局、护城河、经营绩效。前两个维度衡量行业,后两个维度衡量公司。通过四维评级我们可以定量评估公司基本面,深度量化行业和公司层面的信息,对于行业有多少成长空间、竞争格局怎么样、公司有什么护城河、经营绩效怎么样心中有数。

达摩达兰在《故事与估值》一书中建议大家在给一家公司估值前要先讲一下这家公司的故事,然后把故事转换为数字进行估值。毫无疑问,每家上市公司的故事各不相同又精彩纷呈,有高增长的,有低增长的,有竞争格局稳定的,也有大浪淘沙般的残酷竞争才刚刚开始的,四维评级可以帮助我们把这个故事清晰地讲出来,把公司基本面呈现出来。

四维评级包含四个维度,四个维度下又有很多细分的小项,比如有评估长期的，有评估短期的，有评估确定性的，有评估边际变化的，就像庖丁解牛一样，一步步细致分解，逐步把基本面变成可以量化的细小部分。很多投资者在评估公司基本面的过程中，可能一不小心就变成了盲人摸象或管中窥豹，折腾了半天也没有搞清楚基本面的真正面貌。四维评级作为一个评估基本面的工具，较好地规避了这个问题。

因此，四维评级可以看作动态估值的基础，或者说动态估值的第一步，先定量评估企业基本面，再定量评估企业内在价值。四维评级决定着动态估值的各项数据，盈利预测、估值倍数、贴现率都与四维评级中的基本面信息有关。比如动态估值中最为关键的合理估值倍数的确定，与四维评级中的成长空间、竞争格局和护城河结果息息相关。行业成长空间决定了公司未来的增长潜力，行业竞争格局和公司护城河决定了公司未来获得超额利润的能力。

四维评级和动态估值的结果各有各的价值，应用在价值投资中，二者相辅相成。价值投资者首先要做的是找到真正的好公司。芒格对巴菲特最大的影响是，他说服巴菲特，宁愿以合理价格买入伟大公司，也不要以低廉价格买入平庸公司。所以巴菲特在中后期买的股票都是基本面非常好的伟大公司，而不是估值非常便宜的平庸公司。从长时间来看，这样的优秀公司经历时间的洗礼、穿越股市的牛熊，给巴菲特带来了非常丰厚的回报。这时候，四维评级的作用就显示出来了，它能帮助我们选出基本面优秀的好公司。

很多投资者学习巴菲特，认为价值投资就是买入好公司长期持有，却把巴菲特投资思想中的估值和安全边际给抛到脑后了。这时候动态估值就很重要，能让我们避免买贵，或者在公司估值偏贵的时候及时止盈。

好公司如果买贵了，可能在非常长的时间内很难赚钱甚至亏钱。我们前面介绍过漂亮 50 的案例，在 A 股市场，这样的故事也不断重演，案例非常多。2020 年年底到 2021 年年初，以茅台为代表的基金抱团重仓的"核心资产"，估值普遍高达 60 倍、70 倍甚至 100 倍以上；在 2021 年春节后则出现抱团瓦解的情况，很多股票出现大幅度下跌，在随后的几年里很多公司的股价跌幅超过 50%，甚至高达 70% 以上。

高估值的公司令人望而却步，那价值投资是不是闭着眼睛买入低估值的公司就可以慢慢享受价值回归了呢？这就陷入了另一个误区。对于低估值的公司，我们一定要结合基本面去区分到底是"价值陷阱"还是"价值馅饼"。有的公司估值确实很低，但其实公司的基本面有重大瑕疵或者基本面在不断恶化，这样的公司只会不断创新低，让投资者陷入"价值陷阱"，像曾经的线下家电零售之王苏宁易购、曾经的手机龙头诺基亚等都是代价惨痛的教训。

所以，真正的价值投资，基本面和估值两者缺一不可。价值投资并不是简单地找低估值的公司，而要结合公司所在行业的成长空间、竞争格局，结合公司的核心竞争力和护城河来分析。价值投资也不是盲目地买入好公司，而要评估公司的估值是不是有吸引力，是不是留有足够的安全边际。价值投资者只有将公司的成长性、护城河、所处行业的竞争格局和公司的合理估值相结合，才能享受戴维斯双击的快乐。四维评级解决的是基本面评价的问题，动态估值解决的是公司估值的问题，这两个工具同时为价值投资者提供了决策的依据。

当然，对于普通投资者来说，也可以跳过详细的四维评级过程，用四维评级的思想大致估计公司的成长性、护城河、所处行业的竞争格局，同时参考券商研究报告的盈利预测数据，也能得出一个较为合理的动态估值结果，具有一定的参考价值。

前面介绍的是动态估值的基本方法。当然，公司的基本面情况错综复杂，为了提高动态估值的适用性，我们在做动态估值过程中需要考虑各种复杂因素；与此同时，动态估值也是基于方法使用者的盈利预测和估值倍数选择，这不可避免地会存在过度乐观或者过度悲观的可能性，所以我们需要对估值结果进行交叉验证。这两部分内容比较专业，一般投资者可以略过，感兴趣的投资者可以参考本章结尾的附录 3–1 和附录 3–2。

动态估值与传统估值方法比较

动态估值与绝对估值的异同

动态估值是"披着相对估值外衣的绝对估值"。

为什么这么说？我先问一个有趣的小问题，这个问题我问过很多人，很多人都会答错：以下两句话，各是什么估值法？

- 一个公司，同行业可比公司的平均市盈率是 20 倍，但这个公司的成长性更强，所以我愿意给 20~25 倍估值。
- 一个公司，未来 3 年的复合增长率为 20%，所以我愿意给 25 倍估值。

对于第一句话，大家可能不会有分歧，认为是相对估值法。但对于第二句话，很多人会觉得也是相对估值法，可我更倾向于认为它是绝对估值法，因为估值人没有锚定可比公司的平均倍数，而是锚定公司的未来利润，只不过用了市盈率倍数这个看上去像相对估值的形式。

说到这里，我稍微展开一下，自由现金流贴现法和市盈率倍数法是一个维度的东西，相对估值法和绝对估值法是一个维度的东西，但有时候我们会容易混淆。正确的区分应该如表3-6所示。

表3-6　不同估值方法的关系辨析

	相对估值法	绝对估值法
自由现金流贴现法	不存在	所有的自由现金流贴现都是绝对估值
市盈率倍数法	根据可比公司的平均倍数给倍数	根据成长性给倍数（可以理解为自由现金流贴现的简化版）

在第一章中我们提到，绝对估值法是最本质的估值方法，不受市场情绪、市场波动的影响，是一切估值的基础。而动态估值也是更偏绝对估值的一种方法，在很多方面都和绝对估值有共通性。

首先，两者都是抓住本质的估值方式，预测的核心都是公司的经营情况，都需要对公司营收、毛利率、费用等做出合理假设，以预测公司的收入利润或现金流。

其次，两者都是根据对未来情况的预测来确定当下的估值，因此都有一个贴现的过程，都需要设置一个合理的贴现率把未来的价值折算到现在。

最后，两者都有交叉验证的过程，都需要通过一些指标来验证估值结果是否符合行业竞争格局和护城河，在绝对估值中这一指标是ROIC，而在动态估值中这些指标是毛利率、净利率、ROE、利润增速、负债率等。

总之，动态估值和绝对估值一样，都是抓住本质的估值方法，即估值锚定的是公司本身的价值，且不受市场情绪和波动的影响。但动态估值实际使用起来又比绝对估值简单、方便许多，主要是因为两者在以下方面存在差异：

- 动态估值降低了预测的时间维度。由于假设永续经营，绝对估值模型通常需要预测一个很长的时间，直至达到"稳定态"，这个时间通常为 7~15 年，但由于期限过长，得出的预测结果往往是不可靠的。而动态估值预测的是未来 3 年的有效盈利和利润分配，从时间维度上来看可靠性自然高了许多。
- 动态估值标准化了贴现率。绝对估值中，贴现率通常通过 CAPM 模型确定，这个过程的可操作性不佳，无风险利率、β、市场风险溢价等因子都很难确定，而动态估值将贴现率和不确定性联系起来，从基本面的角度出发对贴现率做了标准化，这样一来不确定性高的行业贴现率自然较高，而稳定和成熟的行业贴现率自然较低。
- 动态估值采纳了市盈率倍数的简易形式。由于只将未来 3 年的盈利纳入模型，自然不能单从盈利推导出公司价值，因此动态估值引入了相对估值法中估值倍数的形式，以确定公司在 3 年后的价值。

我们再来回顾一下动态估值法的公式：

$$公司的合理价值 = \frac{未来第 3 年的有效盈利预测 \times 估值倍数}{(1+贴现率)^3} + 未来 3 年的利润之和 \times 30\%$$

这里，加号前的部分其实可以理解为绝对估值中永续增长期的企业价值，加号后的部分可以理解为绝对估值中的详细预测期自由现金流。只不过由于我们的预测区间缩短到了 3 年，自然就在第 3 年引入"估值倍数"这一概念来计算终值并折现到今天（见表 3-7）。

表 3-7 绝对估值和动态估值的异同

相同点	• 都是抓住本质的估值方式 • 都是基于未来价值的贴现 • 都有交叉验证的过程
不同点	• 时间维度不同：绝对估值通常需要预测 7~15 年，动态估值只需要预测 3 年 • 贴现率的规则不同：绝对估值用 CAPM 确定贴现率，可操作性不佳；动态估值根据不确定性得分对贴现率做了标准化 • 动态估值采用了类似相对估值的形式：引入了估值倍数

动态估值与 PEG 的异同

PEG 也是一种常见的基于公司成长性进行估值的方法。

PEG = 当前的市盈率（PE）÷ 未来 3 年预测净利润的
　　　复合增长率（G）

在公式中，G 是去掉百分号的数值。例如，当前市盈率为 30 倍，未来 3 年预测利润的复合增长率为 10%，那么 PEG 就是 30 除以 10，等于 3。

在 PE 既定的情况下，如果盈利增速 G 越大，PEG 比率就越小，估值就越便宜；相反，如果盈利增速 G 越小，PEG 比率会越大，那么股价可能被高估。

PEG 既可以是相对估值，也可以是绝对估值，这和前面说的

PE估值是一样的。关于这一点，很多人的理解有些偏差。再看下面两句话：

- 我愿意在PEG小于1时买入股票，PEG大于2的时候卖出股票（据说这句话出自彼得·林奇）。
- 这个行业可比公司的平均PEG是2，这家公司未来3年的盈利复合增长率是15%，所以按照PEG等于2算，它的合理估值是30倍市盈率。

在第一句话中，没有任何可比公司的踪影，可以认为是偏绝对估值的；而在第二句话中，公司估值的基础是可比公司的平均估值，所以认为是相对估值。

但在PEG的应用中，大部分投资者是按照第一句话中的方法，即根据自己的投资经验和风险偏好，选择一个自己认为合理的PEG区间，低于区间下限值买入、高于区间上限值卖出。从这个意义上来说，PEG是偏绝对估值的。

通常来说，合理的PEG估值区间是1～2，具体数值也会与资本市场的成熟度和风险偏好有关。据说彼得·林奇的投资方法是在PEG小于1的时候买入，高于2的时候卖出。

假设我们认为PEG = 1.5是合理估值，那么，在采用PEG估值法进行估值时：

公司的合理价值 = 1.5 × 未来3年预测净利润的
复合增长率（G）× 净利润

例如，2022年年底时，市场预测贵州茅台未来3年的盈利复合增长率为15%~20%，2022年的归母净利润在620亿元左右，如果按照1.5倍PEG来估值，取20%的复合增长率，那么茅台的合理价值是：

$$1.5 \times 20 \times 620 = 1.8 \text{万亿元}$$

实际上，2022年年底，茅台市值在2万亿元出头，所以如果用1.5倍PEG来估值，茅台的股价已经不便宜但基本合理。

该方法在考虑利润的同时还将利润的增长也纳入了估值模型，而动态估值汲取了PEG的优点，在模型中也将增长考虑了进去。但不同的是，动态估值中的估值倍数涉及的因素比PEG多，其模型比PEG更加完善和有逻辑。

具体而言，动态估值和PEG在以下方面存在相似之处：

- 两者预测的"锚"都是公司利润。两者都是以公司盈利为基础预测合理价值的方法，预测的最终结果都要落实到公司盈利上。
- 两者预测的时间维度均为3年。无论是动态估值还是PEG，都是用3年的维度去看公司的价值，只是表现形式不同，动态估值用的是未来3年的盈利，而PEG用的是未来3年的利润增速。
- 两者都用到了估值倍数的概念。动态估值的前半部分和PEG类似，都是用利润×估值倍数来预测公司的合理价值，只不过两者在估值倍数的选取方法上有所不同。
- 两者都将增长纳入了考虑。两者都将增长这一因素纳入了模型中，PEG考虑了未来3年的利润增速，而动态估值将增长关联到了估值倍数的设定中。

两者在以下方面存在不同:

- 对估值倍数的设置标准不同。这也是动态估值模型和 PEG 模型最本质的差别。PEG 只根据经验值或者自己的风险偏好来确定合理倍数。风险偏好高的人,可能认为 2 倍 PEG 是合理估值,而风险偏好低的人,可能认为 1 倍 PEG 是合理估值。而每个人的经验值和风险偏好的差异是很大的。动态估值针对这一点做了很好的修正,动态估值中的估值倍数不是参考市场水平设定的,而是根据公司的护城河、增长潜力和行业竞争格局设定的,这就把估值倍数和公司自身基本面关联到了一起,弥补了 PEG 易受个人风险偏好影响这一缺陷。
- 未来预测的时间期限不同。PEG 的估值倍数是站在当下时点给定,预测 3 年的盈利增速;而动态估值的估值倍数则是站在 3 年以后的时间给定,预测未来第 4~10 年的成长空间。成长空间的预测,如果过于短期,比如未来 3 年,则受阶段性的因素影响很大,而如果把这个维度拉长到 3 年以后,看第 4~10 年的成长空间、护城河和竞争格局再给估值,会相对稳定一些,其估值结果受中短期因素的影响也会小很多。

举个例子,A 公司所处的行业属于中等增速水平,未来 10 年的年化增速在 10% 左右,公司当前净利润规模为 1 亿元,未来 3 年由于产能扩张叠加产品供不应求,公司盈利的复合增长率达到 30%，按照 PEG 等于 1.5 给估值，那可以给 45 倍市盈率，那么其合理估值为 45 亿元。基于 PEG 指标投资的投资者，可以在 PEG 小于 1 也就是 30 亿元市值以下买入，PEG 大于 2 也就是 60 亿元市值以上卖出。

但如果 3 年之后，行业内其他公司的产能也释放出来，公司竞争格局变差，且公司没有较深护城河来抵御同行的竞争，公司增速回归到行业平均增速，按照动态估值法，我们基于 3 年后的利润水平得出：

$$1 \times (1+30\%)^3 = 2.2 \text{ 亿元}$$

根据行业的长期成长性（中等增长潜力）、竞争格局（较差竞争格局）以及公司的护城河（一定护城河），我们给予 13.68 倍市盈率（$19 \times 0.9 \times 0.8 = 13.68$），并选取 11% 左右较低的贴现率，那么其动态估值为：

$$2.2 \times 13.68 \div 1.11^3 + (1.3 + 1.69 + 2.2) \times 0.3 = 24 \text{ 亿元}$$

这个估值结果和上面 45 亿元的估值结果有着较大差异，其原因在于 PEG 估值过于看重中短期（未来 3 年）的增速，而忽略了长期增长能力。从这个意义上来说，虽然两者都类似于绝对估值，但动态估值考虑的时间周期更长，更接近于绝对估值的估值结果。

- 动态估值法逼着投资者评估公司更本源的东西。PEG 只需要预测未来 3 年的盈利、未来 3 年的短期成长性，但动态估值必须思考估值倍数背后的长期成长空间、护城河和竞争格局，而这些才是企业长期价值的真正决定因素（见表3-8）。

表3-8 PEG 和动态估值的异同

相同点	• 预测的"锚"都是公司净利润 • 预测利润的时间维度均为3年 • 都用到了估值倍数的概念 • 都将增长纳入考虑
不同点	• 对估值倍数的设置标准不同：PEG 根据经验或者风险偏好，动态估值根据公司增长潜力、护城河和竞争格局 • 预测成长性的时间期限不同：PEG 的估值倍数是站在当下时点给定，预测未来3年的盈利；动态估值的估值倍数是站在3年以后的时间给定，预测未来第4~10年的成长空间 • 动态估值逼着投资者去评估更本源的东西，而不仅仅是短期利润和短期增长

动态估值本质上是 GARP 策略

动态估值就形式来说类似于股利折现法，但就其本质来说，我认为是 GARP（growth at a reasonable price）策略。

GARP 策略寻找的是具有一定成长性而又价格合理的公司。在GARP 策略中，成长是第一要义，合理的价格是买入的前提。根据GARP 策略进行投资，以一个合理的价格买入业绩稳健成长的好公司，主要赚的是企业业绩增长的钱；若能以偏低估的价格买入稳健成长的好公司，则在业绩成长之外还能赚到价值回归的钱，充分享受到戴维斯双击。

GARP 策略聚焦于成长因素，但也没有忽视估值因素，而是将二者同时考虑在内，成长为"矛"，估值为"盾"。动态估值也是如此，在动态估值法中，需要预测公司未来的成长性，找到"好公司"，并给不同成长性赋予不同的合理价格（估值倍数）。所以，动态估值本质上是GARP策略，二者具有相同的思想内核。

根据GARP策略或动态估值法筛选出来的个股，其特点也是相同的：

首先，处于需求比较稳定、空间比较大的行业。行业的坡越长、雪越厚，公司未来滚出的雪球才能越大，投资者滚出的雪球也才能越大。

其次，行业竞争格局比较好，公司的护城河很深。在高速增长的行业，也有业绩很弱的公司；在增长缓慢的行业，也有业绩增长强劲的公司。公司成长性好不好，赢利能力强不强，不仅和所处的行业成长空间有关，更与行业的竞争格局和公司自身的护城河有关，甚至竞争格局和护城河发挥的作用更大。

最后则是估值，估值一定是合理甚至偏低估的。

GARP策略被视为较高收益、较低风险的极佳投资策略，其代表人物为彼得·林奇和马克·约克奇两位传奇基金经理。

彼得·林奇使用GARP策略创造了众所周知的投资神话，他认为"任何一家公司的股票如果定价合理的话，市盈率就会与收益增长率相等"，如果一家公司的股票市盈率只有收益增长率的一半，那么这只股票赚钱的可能性就相当大；如果股票市盈率是收益增长率的两倍，那么这只股票亏钱的可能性就非常大。在为基金进行选股时，彼得·林奇一直使用这个指标来进行股票分析，瞄准股票的成长和估值，筛选出未来股价有较大概率上行的股票。

艺匠国际基金的基金经理马克·约克奇也是一位GARP策略的践行者。他的投资理念浓缩在一句话里——"我们寻找的是正在发展而股价又很合理的公司，不管它是在意大利、芬兰，还是在新加坡、韩国。"一方面，马克·约克奇将公司的成长性看得高于一切，公司必须能保持10%~40%的年增长率，在行业内具有较强的竞争力，即具有垄断的能力或业务正处于飞速上升阶段。另一方面，马克·约克奇也非常注重合理的价格，他在接受媒体采访时表示"自己对投资成本非常在意，一般而言总是买低价的股票，选择目前股价低于正常价值但发展势头良好的公司"。马克·约克奇的GARP策略同样取得了不俗的回报。自1995年掌管艺匠国际基金以来，该基金6年来的平均投资回报率高达24.39%，即便是在愁云惨淡的2001年和2002年，马克·约克奇的业绩依然超过了摩根士丹利国际基金指数和标准普尔国际基金指数。

除了上述两位投资巨擘，中后期的巴菲特在遇见芒格之后，"宁愿以合理价格投资伟大公司，也不愿意以便宜价格投资平庸公司"，也可以归为此类投资风格。

我们说动态估值法与GARP策略的灵魂是一样的，但具体到"价格合理"这个主观要素上则有所不同。彼得·林奇和马克·约克奇在判断价格是否合理时，将市盈率作为核心指标；动态估值法在判断价格是否合理时，将动态估值也就是企业的内在价值作为核心指标。但无论判断价格合理的指标采用哪一种，成长性、估值倍数都是二者的核心话题，动态估值法在计算动态估值结果时必须像GARP策略一样预测公司未来的成长性，针对不同的成长性给予不同大小的估值。

相同的思想内核，必然具有相同的投资优势。通过分析GARP策略，可以更加清楚地阐明动态估值法的优势。

GARP策略是一种兼收并蓄的投资策略。人们常常将投资风格分为价值风格和成长风格，而GARP策略兼顾价值和成长，能够充分利用二者的优势，弥补纯价值投资和纯成长投资的不足。相较于成长策略，GARP策略更加关注公司股票的价值，明显被高估的股票并不在GARP策略的考虑范围之内，当然它对成长性的要求也会适当放宽一些，并不像成长策略那般激进，从而尽量降低遭受"戴维斯双杀"的投资风险。相较于价值策略，GARP策略更加侧重公司的成长性，赚的是公司成长的钱，尽可能降低陷入"价值陷阱"的风险（见表3-9和图3-1）。

表3-9 GARP策略与成长、价值投资风格的对比

	价值投资	GARP策略	成长投资
投资目标	寻找被市场错误定价的低估股票，安全边际是第一要务	寻找具有持续增长潜力但价格合理或低估的股票，不会一味追求成长性而忽视股票价格	寻找成长速度较快的股票，认为成长性可以消化高估值
关注指标	注重内在价值，常见的关注指标有每股收益（EPS）、账面价值、市盈率（PE）、市净率（PB）、分红率、现金流、偿债能力等	成长为先，但成长和价值指标均要考虑，常见的如PEG，即用PE/增长率，小于等于1是较为合理的	历史收入利润增长率、预期收入利润增长率、高ROE/ROIC、高效运营能力
收益来源	关注股票的过去和现在，当低估的股票市场定价被纠正时，可以从中赚钱，即便暂时没有纠正也可以赚取分红	关注股票的未来，也关注当前的价格水平。收益来源一是不考虑成长潜力下价值回归带来的投资收益，二是成长潜力释放过程中带来的价值增长	关注股票的未来，认为公司收入利润的增长能够反映为股价的上升，主要赚取资本利得
风险	估值陷阱	如何合理定价是难题	为成长付出过高价格，甚至遭受"戴维斯双杀"
代表人物	本杰明·格雷厄姆，早期的沃伦·巴菲特	彼得·林奇，马克·约克奇，中后期的沃伦·巴菲特	菲利普·费雪，凯茜·伍德

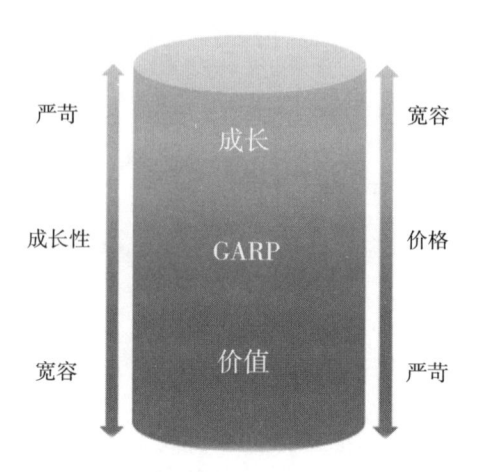

图 3-1 GARP 策略与成长、价值投资风格的对比

GARP 策略将价值和成长风格相结合，试图寻找被市场低估同时又有较强的持续增长能力的公司股票，既赚价值回归的钱，又赚企业成长的钱，在风险可控的前提下实现收益最大化，攻守平衡，进退有度，非常适合 A 股这种经常在价值与成长风格间切换的市场。可以说，这是 GARP 策略的另一大优势。

动态估值实践案例

彼得·林奇把可投资的股票类型分为 6 类：

- 缓慢增长型：一般指进入成熟期的公司，业绩年化增速在 5% 以下。大部分传统行业的公司都属于这一类。
- 稳定增长型：一般指进入成长中后期的公司，业绩年化增速为 5%~15%。很多消费品龙头企业属于这一类。
- 快速增长型：一般指处于成长早中期的公司，业绩年化增速在 15% 以上。很多科技类公司属于这一类。
- 周期型：航空、钢铁、石化等公司属于典型的周期性公司，这类公司业绩周期波动特别大。
- 困境反转型：公司面临阶段性经营困境，但可能实现"乌鸦变凤凰"的逆转。如这几年受疫情影响的机场、旅游等行业。
- 隐蔽资产型：公司市值可能不高，但是其可能有一大堆股权、土地等"隐蔽资产"，这些隐蔽资产的价值还没有反映到股价之中。

在上述 6 类公司中，相较于其他 4 类公司，"隐蔽资产型"和"困境反转型"公司相对缺乏信息或规律，未来 3 年盈利预测没有太大的价值，因此较难进行估值，动态估值未必适合这两类公司。而增长型公司和周期型公司经过一定的处理，都可以用动态估值法来进行估值。

在第二章的四维评级实践案例部分，我们详细描述了缓慢增长型公司中国移动和周期型公司桐昆股份的四维评级逻辑和评级结果。在此基础上，我们来进一步对中国移动和桐昆股份进行动态估值。

案例一：中国移动

1. 动态估值

根据动态估值公式，需要获得盈利预测、估值倍数、贴现率三部分数据。

（1）盈利预测

2023年4月，为了得到中国移动未来第3年的有效盈利预测，需要预测2023年、2024年、2025年、2026年中国移动的归母净利润。关键假设如下：

中国移动营业收入来源可分为五块，即C端（个人市场）、H端（家庭市场）、B端（政企市场）、N端（新兴市场）、其他（手机产品销售等，不贡献利润）。

按照不同业务的特点，分别给予不同业务不同的2023—2026年增速预测。

- C端：处于慢速增长阶段，未来成长空间有限，给予0.5%、0.5%、0、0的增速预测。
- H端：处于较快增长阶段，未来增速会随基数增大而有一定程度的下降，给予16%、14%、12%、10%的增速预测。
- B端：处于快速增长阶段，未来增速也会随基数增大有一定程度的下降，给予22%、20%、18%、16%的增速预测。
- N端：处于快速增长阶段，前期基数较小，给予30%、25%、20%、15%的增速预测。
- 其他：平稳增长，给予15%、15%、10%、10%的增速预测。

综合以上内容，得到中国移动2023—2026年的收入预测如表3-10所示，预计公司2023—2026年的营业收入分别为10 256.88亿元、11 222.24亿元、12 141.15亿元、13 073.44亿元，同比增速分别为9.43%、9.41%、8.19%、7.68%。

表3-10 中国移动收入预测

	项目	2020	2021	2022	2023E	2024E	2025E	2026E
传统业务	合计（亿元）	5 601.74	5 839.00	6 053.88	6 264.90	6 478.84	6 663.90	6 836.61
C端	个人市场（亿元）	4 769.66	4 834.00	4 887.74	4 912.18	4 936.74	4 936.74	4 936.74
	增长率（%）	-2.81	1.35	1.11	0.50	0.50	0.00	0.00
H端	家庭市场（亿元）	832.08	1 005.00	1 166.14	1 352.72	1 542.10	1 727.16	1 899.87
	增长率（%）	20.03	20.78	16.03	16.00	14.00	12.00	10.00
创新业务	合计（亿元）	1 355.18	1 674.00	2 066.70	2 552.16	3 087.61	3 655.89	4 233.33
B端	政企市场（亿元）	1 129.20	1 371.00	1 681.84	2 051.84	2 462.21	2 905.41	3 370.28
	增长率（%）	25.78	21.41	22.67	22.00	20.00	18.00	16.00
N端	新兴市场（亿元）	225.98	303.00	384.86	500.32	625.40	750.48	863.05
	增长率（%）	-7.92	34.08	27.02	30.00	25.00	20.00	15.00
其他业务	（产品销售等）（亿元）	723.78	969.58	1 252.01	1 439.81	1 655.78	1 821.36	2 003.50
	增长率（%）	1.19	33.96	20.00	15.00	15.00	10.00	10.00
营业收入	总计（亿元）	7 680.70	8 482.58	9 372.59	10 256.88	11 222.24	12 141.15	13 073.44
	增长率（%）	2.97	10.44	10.49	9.43	9.41	8.19	7.68

根据中国移动的营业收入预测情况及成本费用情况测算,其2023—2026年对应的归母净利润预计分别为1 353.74亿元、1 454.34亿元、1 561.19亿元、1 641.48亿元,同比增速分别为7.90%、7.43%、7.35%、5.14%,如表3-11所示。

多元化公司最好拆成多个业务分部估值,先预测各业务未来的盈利,再按照单项业务的特质选择合理的估值倍数和贴现率,算出每个业务分部的估值,最后将业务分部的估值相加,得出公司整体的内在价值。

根据中国移动的业务特点,可以分为传统业务和创新业务两块,对应不同的动态估值倍数水平。其中,传统业务包括C端个人市场、H端家庭市场,创新业务包括B端政企市场、N端新兴市场,其他(手机产品销售等)不贡献利润。

从利润预测情况来看,预计2023—2026年中国移动的利润率变化不大,因此用各板块收入占比情况大致推算各板块利润情况,得到表3-12。

对公司各块业务做好盈利预测,是计算其动态估值的基础。根据测算,预计中国移动2023—2026年传统业务的净利润分别为961.89亿元、984.94亿元、1 008.12亿元、1 013.75亿元,创新业务的净利润分别为391.85亿元、469.39亿元、553.07亿元、627.73亿元。

(2)估值倍数

根据四维评级部分的分析,中国移动传统业务属于增长潜力为"零增长"(第4~10年增长潜力为0,市场空间基本已经饱和,预计基本无增长)、竞争格局为"非常好"(电信运营商数量有限,4G牌照仅发给3家、5G牌照仅发给4家,且相互之间的价格战已

表3-11 中国移动动利润预测

	项目	2020	2021	2022	2023E	2024E	2025E	2026E
营业成本	总计（亿元）	5 332.60	6 039.05	6 768.63	7 585.65	8 295.14	8 976.75	9 709.65
主营业务成本	合计（亿元）	4 601.60	5 078.22	5 541.20	6 051.36	6 407.96	6 693.27	6 992.31
	网络运营及支撑成本（亿元）	1 967.19	2 159.30	2 454.35	2 733.29	2 869.94	2 992.74	3 099.58
	占通信业务收入比（%）	28.28	28.74	30.22	31.00	30.00	29.00	28.00
	折旧与摊销（亿元）	1 645.64	1 847.64	1 908.28	2 027.92	2 152.45	2 218.75	2 324.69
	占通信业务收入比（%）	23.65	24.59	23.50	23.00	22.50	21.50	21.00
	员工薪酬（亿元）	744.05	828.74	917.49	1 005.15	1 090.58	1 186.78	1 273.04
	占通信业务收入比（%）	10.70	11.03	11.30	11.40	11.40	11.50	11.50
	网间结算支出（亿元）	198.21	200.64	223.59	240.00	250.00	250.00	250.00
	其他	46.51	41.90	37.49	45.00	45.00	45.00	45.00
	其他业务成本（亿元）	731.00	960.83	1 227.43	1 534.29	1 887.17	2 283.48	2 717.34
	增长率（%）	—	31.44	27.75	25.00	23.00	21.00	19.00
	税金及附加（亿元）	24.62	27.22	28.98	30.00	32.00	34.00	36.00
	销售费用（亿元）	499.49	482.43	495.92	564.13	606.00	643.48	679.82
	占收比（%）	6.50	5.69	5.29	5.50	5.40	5.30	5.20

(续表)

项目		2020	2021	2022	2023E	2024E	2025E	2026E
管理费用（亿元）		513.95	532.28	545.33	594.90	673.33	728.47	784.41
占收比（%）		6.69	6.27	5.82	5.80	6.00	6.00	6.00
研发费用（亿元）		110.99	155.77	180.91	4.10	7.01	10.93	11.77
占收比（%）		1.45	1.84	1.93	2.00	2.50	3.00	3.00
财务费用（亿元）		-79.05	-80.96	-86.05	-80.00	-80.00	-80.00	-80.00
其他（亿元）		-151.26	-193.15	-174.19	-200.00	-200.00	-200.00	-200.00
营业利润（亿元）		1 429.36	1 519.94	1 613.06	1 758.10	1 888.75	2 027.52	2 131.79
减：所得税费用（亿元）		342.19	358.78	358.47	404.36	434.41	466.33	490.31
归属于母公司股东的净利润（亿元）		1 078.37	1 159.37	1 254.59	1 353.74	1 454.34	1 561.19	1 641.48
增长率（%）		1.42	7.51	8.21	7.90	7.43	7.35	5.14
利润率	毛利率（%）	30.57	28.81	27.78	28.08	27.57	27.36	26.71
	净利率（%）	14.08	13.69	13.40	13.20	12.96	12.86	12.56

表3-12 中国移动分业务利润情况

	项目	2020	2021	2022	2023E	2024E	2025E	2026E
传统业务	合计（亿元）	868.31	901.05	935.29	961.89	984.94	1 008.12	1 013.75
C端	个人市场（亿元）	739.33	745.96	755.13	754.20	750.51	746.84	732.03
	占比（%）	68.56	64.34	60.19	55.71	51.60	47.84	44.60
H端	家庭市场（亿元）	128.98	155.09	180.16	207.69	234.44	261.29	281.72
	占比（%）	11.96	13.38	14.36	15.34	16.12	16.74	17.16
创新业务	合计（亿元）	210.06	258.32	319.30	391.85	469.39	553.07	627.73
B端	政企市场（亿元）	175.03	211.57	259.84	315.03	374.32	439.54	499.75
	占比（%）	16.23	18.25	20.71	23.27	25.74	28.15	30.45
N端	新兴市场（亿元）	35.03	46.76	59.46	76.82	95.08	113.53	127.98
	占比（%）	3.25	4.03	4.74	5.67	6.54	7.27	7.80

经趋缓,从"跑马圈地"转向"深耕客户价值"的高质量发展阶段),护城河为"极深"(电信运营商拥有极强的资质壁垒),通过相应的估值系数计算得出中国移动传统业务部分的动态估值倍数为 $9 \times 1.1 \times 1.25 = 12.375$ 倍。

中国移动创新业务属于增长潜力为"中等"(国内大力发展数字经济、政企积极推动数字化转型,预计未来第4~10年保持10%~15%的复合增长率)、竞争格局为"较好"(创新业务主要是运营商与互联网企业之间的竞争,目前双方合作大于竞争已经越来越常态化,运营商具备国资背书等优势,而互联网企业在能力方面更占优,双方合作拓展数字化蓝海市场符合统筹"发展与安全"的国家重要方略)、护城河为"较深"(稍弱于传统业务,但公司在创新业务领域也具备极强实力,运营商具备网络资源优势、独特的国资优势,且能力也并不落后于互联网企业很多),通过相应的估值系数计算得出中国移动创新业务部分的动态估值倍数为 $19 \times 1 \times 1 = 19$ 倍(见表3-13)。

表3-13 中国移动分业务估值倍数

股票名称	行业	增长潜力	竞争格局	护城河	倍数
中国移动	传统业务	零增长(9倍)	非常好(系数:1.1)	极深(系数:1.25)	12.375 $(9 \times 1.1 \times 1.25)$
中国移动	创新业务	中等(19倍)	较好(系数:1.0)	较深(系数:1.0)	19 $(19 \times 1.0 \times 1.0)$

(3)贴现率

中国移动传统业务发展已经非常成熟,技术变革的可能性很低;创新业务目前尚处蓬勃发展阶段,各方面技术在探索和升级过程中，有一定技术变革可能性；无论传统业务和创新业务，发展情况与宏观经济、国家政策等方面密切相关，工信部和公司会定期披露具体发展情况指标数据，对应的周期性和可预测性强；同时，两块业务均符合国家政策支持的方向，传统业务"提速降费"已不再强调，创新业务是大力发展数字经济的主力军，受到政策抑制或打压的可能性很小。

综上所述，根据公式贴现率＝国债收益率（目前约为3%）＋（5－确定性得分）×4%，计算给予中国移动传统业务和创新业务的贴现率分别为7%、9%（见表3－14）。

表3－14 中国移动分业务贴现率

股票名称	行业	技术变革项			周期性、可预测性			政策抑制或打压的可能性			得分	贴现率（%）
		1	0.5	0	1	0.5	0	2	1	0		
中国移动	传统业务	√				√			√		4	7.00
中国移动	创新业务		√			√			√		3.5	9.00

（4）动态估值结果

2023年4月，中国移动传统业务未来第3年的有效盈利预测＝1 008.1×9÷12＋1 013.8×3÷12＝1 010亿元，后续增加值＝未来第3年的有效盈利预测×估值倍数÷（1＋贴现率）^{3}＝10 198亿元，预测期分红＝未来3年的利润之和×30%＝886亿元，传统业务估值＝10 198＋886＝11 084亿元。

同样的计算步骤，得出中国移动创新业务估值为8 812亿元。

最终得出中国移动动态估值＝11 084＋8 812＝19 896亿元（见表3－15）。

表3-15 中国移动分业务估值

股票名称	行业	估值倍数	贴现率(%)	2022(亿元)	2023(亿元)	2024(亿元)	2025(亿元)	2026(亿元)	当前月份	有效盈利预测(亿元)	预测期分红(亿元)	后续增加值(亿元)	业务估值(亿元)
中国移动	传统业务	12.375	7	935.3	961.9	984.9	1 008.1	1 013.8	4	1 010	886	10 198	11 084
中国移动	创新业务	19.000	9	319.3	391.8	469.4	553.1	627.7	4	572	424	8 388	8 812

144 / 估值的力量

2. 相对估值和绝对估值

为了检验动态估值结果的合理性,我们也对中国移动进行了相对估值和绝对估值,便于读者比较。

(1) 相对估值

中国移动作为三大电信运营商之一,可比公司为中国电信、中国联通。

根据券商近6个月的一致性预测,截至2023年4月21日收盘,中国电信预计2023—2025年的市盈率为20.05倍、18.11倍、16.42倍,中国联通预计2023—2025年的市盈率为21.22倍、18.38倍、16.08倍。中国移动作为行业龙头,2023—2025年的市盈率为16.11倍、14.79倍、13.61倍,低于同行平均水平(见表3-16)。

表3-16 中国移动及可比公司预测市盈率(截至2023年4月21日)

公司	2023	2024	2025
中国电信	20.05	18.11	16.42
中国联通	21.22	18.38	16.08
平均	20.64	18.25	16.25
中国移动	16.11	14.79	13.61

按照行业平均水平,中国移动2023年合理市盈率为20.64倍,券商对于中国移动2023年归母净利润的一致预期为1 363.24亿元,相对估值为20.64×1 363.24=28137.27亿元。

(2) 绝对估值

绝对估值法理论完美,但非常复杂,涉及很多参数。尽管我们也有做绝对估值的系统,但很难将绝对估值的所有参数假设尽数呈现在读者面前。为了更有对比性和说服力,此处我们不妨把券商的绝对估值结果放在这里进行对比。

2023年3月14日，国信证券发布了一份名为《中国移动：运营商龙头，数字经济领导者》的深度研报，在报告中国信证券呈现了其对中国移动进行绝对估值的过程和结果，测算出中国移动的绝对估值约为21 720.87亿元。国信证券分析师的主要估值假设与我们的研究员的假设差异不大，所以估值结果在这里具有可比性，如读者对具体假设条件感兴趣，可以详细阅读此份研报（见表3－17）。

3. 三种估值结果比较

2023年4月，采用不同的估值方法测算得到中国移动的估值结果如下：

- 用动态估值法，测算得出中国移动合理估值为19 896亿元。
- 用相对估值法，测算得出中国移动合理估值为28 137.27亿元。
- 用绝对估值法，国信证券研报测算得出中国移动合理估值为21 720.87亿元。

通过对比可以看出，在中国移动的案例中，动态估值比相对估值更接近绝对估值，而相对估值的结果远高于动态估值和绝对估值，表明动态估值在原理上与绝对估值更为接近，逻辑上更为严谨，是锚定企业基本面的估值方法。

值得一提的是，2022年11月，中国移动市值不足14 000亿元，低于我们的研究员当时所做的动态估值，经讨论，中国移动进入益研究股票池。截至2023年4月21日收盘，中国移动的总市值

表3-17 国信证券对中国移动绝对估值的结果

(百万元)

	2022E	2023E	2024E	2025E	2026E
EBIT（息税前利润）	140 826.5	156 188.4	173 329.0	184 564.1	190 719.2
所得税税率（%）	24.00	24.00	24.00	24.00	24.00
EBIT×(1−所得税税率)	107 028.1	118 703.2	131 170.0	140 268.7	144 946.6
折旧与摊销	192 563.4	193 020.6	193 109.8	186 529.2	183 631.0
营运资金的净变动	(73 700.0)	51 147.6	32 562.4	7 257.4	(27 053.2)
资本性投资	(185 201.0)	(180 001.0)	(176 001.0)	(173 001.0)	(170 001.0)
FCFF（公司自由现金流）	40 690.5	182 870.4	181 401.2	161 054.3	131 523.4
核心企业价值	1 904 586.0				
减：净债务	(267 501.3)				
股票价值	2 172 087.4				
每股价值	101.68				

资料来源：国信证券经济研究所。

已经达到21 643亿元。可以说，中国移动是动态估值应用实践中一个非常好的案例，当基本面优秀的公司市值低于动态估值时，是难得的投资机会！

案例二：桐昆股份

1. 动态估值

根据动态估值公式，需要获得盈利预测、估值倍数、贴现率三部分数据。

（1）盈利预测

2023年4月，为了得到桐昆股份未来第3年的有效盈利预测，需要预测2023年、2024年、2025年、2026年桐昆股份的归母净利润。关键假设如下：

主业涤纶长丝业务：

基于公司产能每年新增2套涤纶长丝装置（合计60万吨/年），预测公司2023—2026年产销量增长；2023—2026年，公司产品单价以5%、3%、2%、1%的增速缓慢增长；2023—2026年，基于成本压力缓解，公司单吨净利较2022年底部显著修复至行业均值水平300元/吨。

浙石化投资收益部分（20%股权）：

①浙石化一期2 000万吨/年装置自2019年5月下旬起陆续开车，到年底基本全面达产。浙石化二期2 000万吨/年装置2022年1月全面投产，后续暂时无新增扩产计划。因此基于2020—2022年浙石化的历史营收规模预测2023—2026年的营收规模，总体增幅很小。

②2023—2026年净利率为5.00%、7.00%、8.00%、9.00%，较2020年、2021年更保守，基本上是行业平均利润水平的中性假设（见表3-18）。

表3-18 桐昆股份分业务盈利预测

	2019	2020	2021	2022	2023E	2024E	2025E	2026E
涤纶长丝主业								
销量（万吨）	574	651	721	768	841	901	961	1 021
单价（元/吨）	8 812	7 041	8 332	8 076	8 692	8 952	9 131	9 223
营收（亿元）	506	458	601	620	731	807	878	942
单吨净利（元/吨）	479	96	397	-126	180	234	281	309
净利润（亿元）	28.84	28.47	73.25	-9.71	15.14	21.09	27.01	31.55
净利率（%）	5.70	6.22	12.19	-1.57	4.83	6.29	7.12	7.68
浙石化投资收益								
浙石化营收（亿元）	—	649	1 175	2 302	2 016	2 117	2 223	2 267
浙石化净利润（亿元）	—	112.32	222.96	55.05	100.80	148.17	177.81	204.04
净利率（%）	—	17.31	18.98	2.39	5.00	7.00	8.00	9.00
浙石化投资收益（亿元）	1.33	22.21	44.59	11.01	20.16	29.63	35.56	40.81

（2）估值倍数

根据四维评级部分的分析，分别判断桐昆股份不同业务的增长潜力、竞争格局、护城河，进而得到相应的估值倍数。

第4~10年增长潜力：涤纶长丝取中低档（未来4~10年保持5%~10%复合增长率，0.5~1倍增长空间），民营炼化取低档（未来4~10年保持0~5%复合增长率,50%以下增长空间)。长期来看,化纤的需求增速与GDP增速趋同,而涤纶长丝行业因为更靠近下游消费端,随经济发展到一定水平,可选消费及差异化的两大属性,使得其增速应相对略高于大宗品(炼化项目主要产品为各类化工品),故做此选择。

竞争格局系数:涤纶长丝行业参与者更多,且龙头间仍在扩张竞争更多市场份额,替代品也较多,有天然纤维的棉麻,也有其他化纤品种如腈纶氨纶粘胶等,总体而言格局较差,而民营炼化行业仅有少数大玩家参与,且部分化工品仅有炼化工艺生产或者石油炼化路径生产成本更低,替代难度较高,相对竞争格局较好。

护城河系数:民营炼化行业因动辄百亿元的投资构筑了较深的资金壁垒,且大炼化项目须国家审批,中短期看审批有收紧趋势,故而具备较深的护城河(见表3-19)。

表3-19 桐昆股份分业务估值倍数

股票名称	行业	增长潜力	竞争格局	护城河	倍数
桐昆股份	涤纶长丝	中低(15倍)	较差(系数:0.9)	一定(系数:0.8)	10.8(15×0.9×0.8)
桐昆股份	民营炼化	低(11倍)	较好(系数:1.0)	较深(系数:1.0)	11.0(11×1.0×1.0)

(3)贴现率

技术变革项:涤纶长丝与民营炼化均属于大宗的、依托衣食住行等刚需终端发展出的成熟行业,技术变革的可能性很低。

周期性、可预测性:一方面,行业需求端与经济增速相关度较高，不易预测；另一方面，行业供给端还未完全停止扩张，仍具备一定周期性，但总体随着竞争格局改善向好，龙头间协同效应在加强，周期性在弱化。

政策抑制的可能性：作为保障刚需的最上游行业，国家政策抑制的可能性很低。

根据公式贴现率＝国债收益率（目前约为3%）＋（5－确定性得分）×4%，计算给予桐昆股份涤纶长丝业务和民营炼化业务的贴现率均为9%，具体计算见表3-20。

表3-20 桐昆股份分业务贴现率

股票名称	行业	技术变革项			周期性、可预测性			政策抑制或打压的可能性			得分	贴现率（%）
		1	0.5	0	1	0.5	0	2	1	0		
桐昆股份	涤纶长丝	√				√		√			3.5	9.00
桐昆股份	民营炼化	√				√		√			3.5	9.00

（4）股本扩张比例

历史上，公司定增次数不算多，募资额度也不大，再加上目前行业处于成熟期，展望未来的资本开支，确定性比较高的扩产计划是每年2套30万吨的涤纶长丝装置，合计约30亿元的资本开支（参考2023年新投产的恒超公司二期项目，年产60万吨聚酯项目总投资32.5亿元），按盈利均值水平来计算，公司经营性现金流能覆盖，对股权融资的需求不大，因此暂不考虑股本扩张情形（见表3-21）。

表3-21 桐昆股份历史募资情况

年份	2011	2016	2017	2021
增发类型	IPO	非公开增发	非公开增发	非公开增发
发行价格（元）	27.00	11.18	14.40	15.94
发行数量（亿股）	1.20	2.68	0.69	1.24
增发比例（相对增发后总股本,%）	—	21.78	5.34	5.13
募集金额总额（亿元）	32.4	30.0	10.0	19.7
预案募资用途说明	—	• 年产40万吨差别化纤维项目 • 年产38万吨DTY差别化纤维项目 • 补充流动资金	• 年产30万吨功能性纤维 • 年产20万吨多孔扁平舒感纤维技改项目 • 引进全自动智能化包装流水线建设项目	• 江苏省洋口港经济开发区热电联产扩建项目 • 年产15万吨表面活性剂、20万吨纺织专用助剂项目

(5) 动态估值结果

2023年4月，桐昆股份涤纶长丝业务未来第3年的有效盈利预测 = 27.0×9÷12+31.5×3÷12 = 28亿元，后续增加值 = 未来第3年的有效盈利预测×估值倍数÷(1+贴现率)^3 = 235亿元，预测期分红 = 未来3年的利润之和×30% = 19亿元，涤纶长丝业务估值 = 235+19 = 254亿元。

同样的计算步骤，得出民营炼化业务估值为339亿元。

最终得出桐昆股份动态估值 = 254 + 339 = 593 亿元（见表 3-22）。

2. 相对估值和绝对估值

同样，为了检验动态估值的合理性，我们还对桐昆股份做了相对估值和绝对估值。

（1）相对估值

桐昆股份的可比公司主要有新凤鸣、恒逸石化、荣盛石化、恒力石化、东方盛虹，各家公司在产业链的布局情况见表 3-23。

从市盈率的角度来看，桐昆股份 2023—2024 年预测市盈率均显著低于其他同行公司（见表 3-24）。

2023 年 4 月，若按 2023 年市场一致预期的 47.27 亿元净利润，基于行业均值市盈率水平 9.09 倍，则按照市盈率计算的桐昆股份相对估值 = 9.09 × 47.27 = 430 亿元。

从市净率的角度来看，桐昆股份的市净率处于同行公司最低，市净率估值分位数是上市以来的 6.97%（见表 3-25）。

2023 年 4 月，按照行业平均市净率水平，桐昆股份合理市净率应该为 1.55 倍，截至 2022 年报最新披露的净资产 347 亿元，按照市净率计算的相对估值为 1.55 × 347 = 538 亿元。

（2）绝对估值

在与动态估值保持较为相近的假设情况下，我们在内部估值系统中使用绝对估值方法对桐昆股份进行了详细的估值，相关的假设和结果如表 3-26、表 3-27、表 3-28、表 3-29 所示，得到桐昆股份绝对估值结果为 785 亿元。

表 3-22　桐昆股份分业务估值

股票名称	行业	估值倍数	贴现率(%)	2022(亿元)	2023(亿元)	2024(亿元)	2025(亿元)	2026(亿元)	当前月份	有效盈利预测(亿元)	预测期分红(亿元)	后续增加值(亿元)	业务估值(亿元)
桐昆股份	涤纶长丝	10.8	9	-9.7	15.1	21.1	27.0	31.5	4	28	19	235	254
桐昆股份	民营炼化	11.0	9	11.0	20.2	29.6	35.6	40.8	4	37	26	313	339

表 3-23　桐昆股份与可比公司对比

公司	涤纶长丝	上游原料——PTA 环节布局	民营大炼化布局
桐昆股份	截至 2021 年年底，涤纶长丝产能 860 万吨，连续 21 年在国内市场实现产及销量第一，涤纶民用长丝的国内市场占有率为 20%，全球占比超过 13%	截至 2021 年年底，PTA 产能 420 万吨/年；桐昆（洋口港）聚酯一体化项目计划建设年产 500 万吨 PTA	参股浙石化（4 000 万吨/年炼化装置规模）20%股权
新凤鸣	截至 2022 年年底，涤纶长丝产能 630 万吨，涤纶长丝的国内市场占有率超过 12%，国内民用涤纶长丝行业名列前三；涤纶短纤产能 90 万吨	截至 2022 年年底，PTA 产能 500 万吨/年，预计到 2026 年公司 PTA 产能将达到 1 000 万吨/年	无

154 / 估值的力量

（续表）

公司	涤纶长丝	上游原料——PTA环节布局	民营大炼化布局
恒逸石化	截至2021年年底，公司参控股聚合产能1 046.5万吨，包括聚酯纤维（含POY、FDY、DTY、短纤和切片产品）产能776.5万吨，聚酯瓶片（含RPET）产能270万吨，己内酰胺（CPL）产能40万吨	恒逸与荣盛共同投资设立逸盛石化，主营PTA产品。截至2021年年底，参控股PTA产能1 900万吨/年，是当之无愧的PTA国内龙头	截至2021年年底，公司原油加工设计产能800万吨/年（炼化项目在文莱）
荣盛石化	截至2021年年底，公司涤纶长丝产能110万吨，聚酯瓶片（含RPET）270万吨		控股浙石化（4 000万吨/年炼化装置规模）51%股权
恒力石化	截至2021年年底，公司共有涤纶长丝产能243万吨，工业丝40万吨	截至2021年年底，公司具有1 160万吨PTA产能	行业唯一——家自建的民营独资炼化一体化项目，也是国内最早投产的民营炼化一体化项目
东方盛虹	截至2021年年末，公司拥有260万吨/年差别化纤维产能，其中包括超30万吨/年再生丝维产能，以高端DTY产品为主	截至2021年年底，公司子公司虹港石化拥有390万吨PTA产能	盛虹炼化设计原油加工能力1 600万吨/年，是国内单体最大的常减压装置

表3-24　桐昆股份及可比公司预测市盈率（截至2023年4月24日）

公司	预测市盈率（2023E）	预测市盈率（2024E）
桐昆股份	6.52	4.86
新凤鸣	12.61	7.79
恒逸石化	11.77	8.96
荣盛石化	14.43	9.89
恒力石化	8.48	6.39
东方盛虹	9.71	7.46
均值	9.09	7.56

表3-25　桐昆股份及可比公司预测市净率（截至2023年4月24日）

公司	市净率	分位数（％）	区间最高	区间最低	区间平均
桐昆股份	0.89	6.97	3.66	0.70	1.53
新凤鸣	1.03	8.97	5.83	0.78	2.02
恒逸石化	1.17	1.77	39.58	0.91	4.29
荣盛石化	2.82	35.11	8.05	1.21	3.21
恒力石化	1.96	12.58	21.04	0.99	3.80
东方盛虹	2.30	53.30	10.35	0.63	2.51
均值	1.55	—	14.75	0.87	2.89

3. 三种估值结果比较

2023年4月，桐昆股份市值约308亿元上下，采用不同的估值方法测算得到桐昆股份的估值结果如表3-30所示。

表3-26 桐昆股份自由现金流预测

自由现金流预测	2020	2021	2022	2023	2024	2025	2026	2027	2028	2029	2030	2031	2032
		历史值			显性期					半显性期			
营业总收入（亿元）	458.33	591.31	619.93	731.00	806.70	877.61	941.68	1207.60	1482.21	1741.31	1957.92	2107.12	2170.33
增长率（%）	—	29.0	4.8	17.9	10.4	8.8	7.3	28.2	22.7	17.5	12.4	7.6	3.0
EBIT	10.06	38.22	-11.86	21.2	37.11	49.15	62.15	75.6	87.3	97.34	106.9	113.78	118.28
增长率（%）	—	279.9	-131.0	-278.8	75.0	32.4	26.4	21.6	15.5	11.5	9.8	6.4	4.0
息税前利润率（%）	2.2	6.5	-1.9	2.9	4.6	5.6	6.6	6.3	5.9	5.6	5.5	5.4	5.4
EBIT×(1-t)	12.27	43.32	-10.11	19.35	34.92	41.81	41.19	60.86	66.65	72.04	81.77	85.57	88.64
折旧摊销（亿元）	20.68	23.82	27.11	33.68	39.09	41.77	38.32	35.71	32.97	30.07	27.71	26.33	24.71
营运资金变动（亿元）	5.87	-49.87	31.22	33.43	8.54	9.47	8.24	45.57	36.64	33.93	28.72	17.60	7.33
资本支出（亿元）	-45.03	-93.80	-191.62	-38.31	-28.44	-28.42	-13.36	-13.18	-9.66	-4.70	-6.40	-12.34	-6.45
FCF（自由现金流，亿元）	-6.21	-76.53	-143.40	48.15	54.11	64.63	74.39	128.96	126.60	131.34	131.80	117.16	114.23
增长率（%）	—	1132.4	87.4	-133.6	12.4	19.4	15.1	73.4	-1.8	3.7	0.4	-11.1	-2.5

表3-27 桐昆股份绝对估值法WACC相关假设

10年期国债收益率	3.5000%	债务资本成本比率	5.0000%	目标权益比率	80.0000%
风险溢价	4.5000%	边际税率	2.50000%	目标债务比率	20.0000%
贝塔值（参考：1.2799）	1.8	股权资本成本		0.116	

表3-28 桐昆股份绝对估值结果 （百万元）

预测期FCF折现	53 317.6 122
连续价值	88 368.7 936
永续期FCF折现	42 403.5 869
公司的经营价值	95 721.1 991
永续期价值占比（%）	44.3 000
预测期价值占比（%）	55.7 000
公司的非经营资产价值	27 605.8 610
公司的负债	44 172.5 319
少数股东权益价值	697.3 026
公司的权益价值	78 457.2 257
连续价值/公司权益价值（元）	1.13
公司股本（万股）	241 111.95
每股价值（元）	32.54

表3-29 桐昆股份绝对估值法下目标股价敏感性分析 （元）

永续增长率 \ WACC	-0.02	-0.01	0.0	0.01	0.02
0.07	47.9 441	48.5 624	49.3 573	50.4 172	51.9 011
0.08	41.9 949	42.2 009	42.4 585	42.7 897	43.2 313
0.09	37.1 196	37.0 827	37.0 377	36.9 814	36.9 090
0.1	33.0 527	32.8 734	32.6 582	32.3 953	32.0 666
0.11	29.6 098	29.3 493	29.0 416	28.6 722	28.2 208
0.12	26.6 590	26.3 555	26.0 014	25.5 829	25.0 807
0.13	24.1 032	23.7 805	23.4 081	22.9 737	22.4 603

表3-30 桐昆股份不同估值方法下的估值结果

	估值（亿元）	市值/估值-1（%）
动态估值结果	593	-48
相对估值结果（PE）	430	-28
相对估值结果（PB）	538	-43
绝对估值结果	785	-61

通过对比可以看出，在桐昆股份的案例中，动态估值法同样比相对估值法更接近绝对估值法的估值结果，不同于中国移动相对估值法的结果更高，在桐昆股份的估值结果中，相对估值法的结果远低于动态估值法和绝对估值法。

这是为什么呢？因为2023年前几个月在人工智能投资热潮的带动下，以中国移动为代表的运营商备受追捧，市场估值大幅提升，相比而言以桐昆股份为代表的周期股则备受冷遇。在第一章中我们讨论过，相对估值法最大的缺点就是假设"市场总体估值永远是合理的"，很容易被市场情绪所影响。市场情绪高涨的时候，可比公司估值都很高，行业平均估值倍数也就很高；市场情绪低迷的时候，可比公司估值都很低，行业平均估值倍数也就很低。

从结果上看，动态估值确实比相对估值可靠很多。在盈利预测保持较相近的假设情况下，动态估值结果是最为接近绝对估值结果的，此外绝对估值调整涉及的变量很多，调整起来费时费力，而动态估值操作相对简便，可以随跟踪到的基本面情况而变动，就关键指标及时调整，对投资实战具有更好的指导作用。

其他公司

在第二章的四维评级实践案例部分，呈现了益研究股票池内部分公司的四维评级结果和简评,这里也展示一下这些公司的动态估值结果(见表3-31)。

表3-31 部分公司动态估值结果

公司名称	动态估值（亿元）	2023年4月末市值（亿元）	市值/估值	估值状态
三七互娱	545	681	1.25	偏高估
贵州茅台	22 744	22 116	0.97	合理估值
海康威视	3 819	3 535	0.93	合理估值
分众传媒	1 123	930	0.83	合理估值
玲珑轮胎	429	325	0.76	偏低估
丽珠集团	463	335	0.72	偏低估
立讯精密	2 631	1 861	0.71	偏低估
海螺水泥	2 038	1 424	0.70	偏低估
伊利股份	2 944	1 891	0.64	低估
药明康德	3 228	2 003	0.62	低估

注：以上估值仅作为案例展示，不作为股票投资推荐。

从表3-31我们也可以看出，在经历了2021年、2022年以及2023年前4个月的深幅调整（很多优秀公司的股价跌幅甚至超过50%），很多优秀公司的估值已经不贵甚至很便宜了。当然，这些公司是不是可以马上入手，取决于每个人自己的判断和投资风格。

动态估值的优点和挑战

动态估值的优点

动态估值在模型设定时汲取了相对估值和绝对估值的优势，并且在一定程度上规避了二者的缺陷。模型的优点主要体现在以下几个方面。

1. 动态估值是抓住公司本质的估值方式，有一定的逻辑性

动态估值涉及 3 项数据：盈利预测、估值倍数和贴现率。其中每一个因素都和公司基本面息息相关，都是根据公司赢利能力、增长潜力、护城河、竞争格局、经营确定性等基本面因素来综合决定。赢利能力越强、护城河越深、竞争格局越好、增长潜力越大、确定性越强，公司的估值就越高。动态估值抓住了决定公司价值的核心因素，利用核心因素来建模做预测，其结果是可靠的、抓住本质的。

2. 动态估值不受市场波动影响

虽然引入了估值倍数的概念，但动态估值中的估值倍数并不是参考市场上的可比公司来确定，确定估值倍数的是公司的增长潜力、护城河、竞争格局这些公司基本面因素，因此市场情绪等造成的波动不会影响公司的内在价值。另外，动态估值的预测周期是 3 年整，用的估值倍数也是站在 3 年以后来看的，因此在判定时也不容易被市场短期的因素左右。

3. 动态估值在实操上具备较强应用性，简单易用

这点是相较于绝对估值来说的，绝对估值虽然抓住了公司的本质，但是未来现金流和贴现率很难确定，且如果完全按照绝对估值计算，会发现绝大部分股票的价格都比算出来的绝对估值要高，因此应用起来很困难。动态估值采用相对估值中估值倍数的概念，很好地规避了绝对估值在实操中应用性不强的问题。

4. 较为简单易学

动态估值虽然比相对估值法稍微复杂点，但整体的原理还是比较简单的，基本上对公司比较了解，能够对公司四维指标和不确定性指标有较为准确的判断就可以将估值结果做出来，学习门槛不是很高。

5. 调整较为方便

由于动态估值依赖于公司盈利预测、成长空间、竞争格局、护城河和经营绩效来选择估值倍数和贴现率，在最新信息、突发事件发生后，只要调整被这些事件影响的分项，就能够很方便地调整估值。

6. 能较好地追溯估值变化的原因

在估值发生变化后，动态估值能够根据相应量化指标的变动尽量清晰地还原出引起其变化的变量，并且追溯历史变化，能够让使用者更加清晰地理解估值变动的逻辑。

对长期投资来说，绝对估值比相对估值的结果更重要，因为绝对估值解决的是安全边际问题。但绝对估值涉及太多假设，普通投资者很难操作。动态估值法相当于简化版的绝对估值法，有逻辑在里面。这个方法综合考虑了公司的赛道、竞争力等因素，也不受股票市场情绪的影响，简单易用，在实践中有很好的可操作性，动态估值的结果也有助于解决安全边际问题。

动态估值的挑战及未来改进方向

和现有的估值方法一样，动态估值法也有很多其他估值方法共有的一些缺陷。其中最大的缺陷是由于要进行盈利预测,所以要对估值倍数、贴现率等参数进行选择,导致动态估值依然会受到许多主观判断的影响。在动态估值中,收入增速、利润率、估值倍数、贴现率等都是出于投资者对一家公司的认知,而认知差异和使用者的性格差异决定了不同人在参数的选择上会有不同,这就造成了最终结果的差异。你如果是一个乐观主义者,面对同样的信息可能会给出更高的盈利预测,而一个悲观主义者则会做出完全相反的决定。这样一来,对于同一家公司,就可能出现有人估值100亿元,有人估值30亿元的情况,如果这个时候公司的市场价值为60亿元,根据不同的估值结果做出的买卖决定差异就很大了。

另外一个缺陷就是动态估值只考虑了一种可能性,即在估值时是将自己认为最有可能的情况产生的结果输入估值模型中,而没有考虑概率分布的问题。例如当下时点,如果经济有90%的可能性向好,这时公司3年复合增长可以达到15%;另外有10%的可能性经济会继续低迷,这时公司3年复合增长仅有10%,而由于动态估值只有一种结果,最终可能仅会输入某一种可能情况下的估值,这时得到的结果就是不完备的。

但这些缺陷也是所有估值方法的通病,目前的估值方法均是点估计,且迄今为止还没有任何一种估值方式能够将人的主观判断排除在外。概率分布可以在模型中改进,但估值的主观性缺陷很难规避,所以我们也只能采用交叉验证等方式尽可能缩小偏差。

动态估值的第三个问题是跳跃性强,比如同样是在竞争格局较好、护城河较深的情况下,增长潜力由"高"调整为"超高",估值倍数就由30提高到了38,这对于公司合理价值的结果影响比较大。

总的来说，动态估值法的严谨性优于相对估值法，但与绝对估值法相比，动态估值法还是显得不够严谨，而且主要适用于成长期、成熟期的大部分公司。后续，我们将对动态估值法进行优化迭代，对特殊公司、特殊行业的估值方法进行有针对性的改进（见表3-32）。

表3-32 动态估值法的优缺点

优点	• 是抓住本质的估值方式 • 不受市场波动影响 • 在实操中具备较强应用性 • 较为简单易学 • 调整较为方便 • 能较好地追溯估值变化的原因
缺点	• 受主观判断影响大 • 未考虑概率分布 • 跳跃性强
未来改进方向	• 提高对特殊公司、特殊行业的估值适用性

附录3-1　影响动态估值的其他因素

动态估值的基本方法和原理看似很简单，但在实际使用的过程中会遇到一些细节问题。都说千人千面，上市公司同样如此，A股5 000多家上市公司，每家上市公司的商业模式、经营业务、周期性等不尽相同，每个行业也有其独特性。除了基本方法和原理中讨论的因素以外，还存在影响动态估值的其他因素，需要我们在做动态估值时灵活处理，这个过程颇具艺术性。

业务稳定性和可预测性

公司也是有生命周期的，需要历经初创期、成长期、成熟期、衰退期四个阶段。

初创期：比如元宇宙、量子通信相关的公司就处于这个时期，不成熟且几乎无历史可言，不适合二级市场的投资者去投资，一般都是由风险投资公司去投资。

衰退期：一般来说价值投资者也不会去投资处于这个时期的公司，因为很容易掉入价值陷阱。看上去这个公司似乎很便宜了，但是它的基本面会越来越差，它的内在价值会不断下降。如果贪图便宜，买了这些属于衰退期的公司，就会掉入价值陷阱。

除去初创期和衰退期，其实成长期、成熟期里面有大量的公司，都是价值投资的优质标的。

在做动态估值时，我们估值的对象是公司，公司是我们做估值的出发点。处于成长期的公司发展速度很快，但竞争格局尚未成形，业务稳定性比较差，在做预测时有很多不确定因素。仔细研究成长期公司的财务报表，通常会发现赢利的公司并没有多少，公司的现金流情况也让人担心，有的公司净利润和经营现金流有可能是负数。进取型投资者比较青睐成长型公司，却不得不对公司财务情况做出让步。对于这类公司进行动态估值，我的建议是，多考察一下行业发展前景和公司创始人的履历，一个伟大的创始人不一定能创造一个伟大的企业，但一家伟大企业的背后一定有一个伟大的创始人，比如苹果的乔布斯、比亚迪的王传福等。尽管你可能对行业的发展前景充满信心，对公司创始人崇拜有加，我仍然强烈建议在进行公司盈利预测、选择估值倍数时保持谨慎的态度，千万不要陷入这家公司蒸蒸日上而其他对手在原地徘徊的想象之中！

对成熟期的公司进行动态估值相对容易些。成熟期的公司已经走过一段生命周期，留下很多可以研究的资料，我们可以从公司的发展历程入手，总结公司过去取得的发展成就、盈利情况、业务方针等。尽管公司的未来不一定线性延续历史的发展，但公司的历史会给投资者提供诸多有价值的信息，历史中很可能蕴含着未来的蛛丝马迹。总的来说，成熟期的公司业务稳定性相对较高，现金流稳定，未来可预测性较高。对成熟期的公司进行动态估值，我们需要做的就是尽可能更深入地了解公司，尽可能多地获取公司和行业信息。

商业模式和技术的稳定性

为什么有的公司能基业长青，有的公司则成为过眼云烟了呢？其中有内部决策失误带来发展危机的例子，也不乏商业模式或者技术被颠覆而被时代浪潮所淹没的例子。比如京东、淘宝等电商的崛起颠覆了传统线下零售行业，数码相机的出现颠覆了胶卷行业，而智能手机的普及又颠覆了数码相机行业。这样的例子不胜枚举，就发生在我们的周围，在可预见的未来也将继续上演。

所以商业模式和技术的稳定性是我们进行动态估值的重要影响因素，我们必须判断公司未来商业模式或技术被颠覆的可能性，必须对新技术的发展保持敏锐度。

动态估值模型中贴现率部分将商业模式或技术被颠覆的可能性作为一项评价指标，商业模式或技术被颠覆的可能性越大，则公司未来的不确定性越大，估值的贴现率越高。在进行盈利预测时，也要考虑商业模式或技术的稳定性，如果一家公司很难受到技术变革或商业模式变革的影响，那么公司大概率能够长期获得稳定的超额利润，而如果一家公司所在行业技术更新迭代非常快，就意味着公司要被迫进行持续的资本支出以维持技术优势。

如何判断商业模式和技术的稳定性呢？一般来说，消费品公司比较稳定，很多消费品公司一旦建立起品牌和渠道优势等护城河，获得行业垄断地位之后，不太需要进行持续的大规模资本支出，也不太容易被新技术、新模式所颠覆（互联网技术再突飞猛进，人们对白酒的需求也不会减少），这和制造业、科技业有着天壤之别。科技类的企业，技术更新迭代速度很快，一方面需要持续不断地大规模研发，另一方面又容易被竞争对手弯道超车，很难形成稳定的竞争格局。历史上被技术变革颠覆的科技公司非常多，这也是巴菲特更加偏爱消费股的原因。

不过，不同的科技类公司情形有所不同。有的科技公司深耕 C 端用户，形成了很强的用户黏性，或者是形成了双边平台效应，是不容易被替代或颠覆的。像社交领域的腾讯，电商领域的阿里巴巴，办公软件领域的微软等，这种公司很容易成为长牛股，但显然这样的公司并不多。相反，聚焦于 B 端用户，技术容易被替代或商业模式容易被颠覆的公司，很难成为长牛股。

当下，新兴技术层出不穷，有很多新的核心资产或者新的价值投资标的涌现，也存在一些让人眼花缭乱的概念炒作。非专业人士对新技术缺乏了解，应该如何辨别概念炒作呢？建议大家关注高德纳曲线。高德纳咨询公司成立于1979年，它是全球著名的新兴技术研究和分析公司。高德纳会定期公布新兴技术成熟度曲线以及最新的技术趋势，如图3-2所示。要抓住新兴技术的投资机会，关键在于洞悉技术成熟的路径。新兴技术被广泛采用的过程短则2年，长则需要10年。不过，几乎所有的技术都要走过技术萌芽期、期望膨胀期、泡沫破裂低谷期、稳步爬升复苏期、生产成熟期这样一个发展过程。在投资中我们可以参考高德纳的新兴技术成熟度曲线，判断新兴技术处于哪个发展阶段，避免陷入概念炒作的陷阱，抓住技术走过泡沫破裂低谷期后的投资机会（见图3-2）。

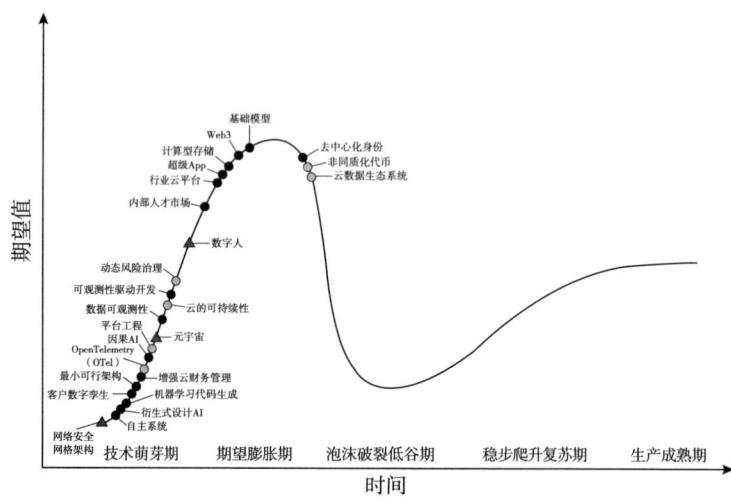

到达生产成熟期需要的时间（截至2022年8月）：
○少于2年　●2~5年　●5~10年　▲超过10年　⊗未成熟即面临淘汰

图3-2　2022年8月高德纳发布的技术成熟度曲线

资料来源：高德纳。

政策预期

政策对企业发展的重要性不言而喻，投资者往往会对受政策影响的企业"用脚投票"。政府补贴、税费减免、融资优惠等产业利好政策是企业发展的助推剂，有利于产业内的企业加快发展，提高绩效。政策倾斜的产业会吸引社会中更多资本的涌入，行业内企业的估值随着人们的追捧水涨船高，给投资者带来丰厚的回报。而产业利空政策则像悬在企业头上的"达摩克利斯之剑"，随时可能让企业元气大伤，同时受伤的还有利空产业的投资者。

以医药集采为例，自 2015 年国务院印发《关于完善公立医院药品集中采购工作的指导意见》以来，我国已经连续开展了 5 轮药品集中采购。医药集采降低了医疗机构购药价格，让老百姓看病更优惠，减轻了老百姓的就医费用负担。不过，对于医药企业来说，短期来看，药品集采价格与非集采价格的巨大差值，直接导致公司销售毛利率下降，严重挤压制药企业的利润，公司业绩增长速度显著放缓。长期来看，一款新药的研发费用极高，公司利润的减少势必导致公司研发能力受损，不利于公司保持竞争力，损害了长期为股东创造价值的能力。

医药集采在一定程度上改变了医疗行业的商业模式，给药企的商业模式增添了一点公益的属性。所以，在集采预期下，重新给企业一个合理的估值是必要的。在做动态估值时，一方面，我们要在估算贴现率时将政策抑制或打压的可能性考虑在内，政策抑制或打压的可能性越大，估算出的贴现率越高；另一方面，基于对未来的政策预期，可以适当给动态估值的结果打个折，给投资留出足够的安全边际。

多元化公司

前面在讲动态估值时，我们根据公司的增长潜力、护城河和竞争格局去选择估值倍数，根据公司的技术或商业模式变革或颠覆的可能性、行业周期波动和可预测性、政策抑制的可能性来计算贴现率。

对于从事单一业务的公司，把公司和业务视为一体没有什么问题。但如果公司同时从事多个业务，而且各业务对公司的贡献都不低，比如有的公司既做产品集成又做半导体，有的公司既做智能手机又做物联网与生活消费产品，还做互联网服务，此时再以公司为整体进行估值有些不妥，因为不同的业务增长潜力不一样，经营确定性不一样，对应的估值倍数和贴现率也应该不一样。

多元化公司最好拆成多个业务分部估值，先预测各业务未来的盈利，再按照单项业务的特质选择合理的估值倍数和贴现率，算出每个业务分部的估值，最后将业务分部的估值相加，得出公司整体的内在价值。

业务分部拆成几个比较合适呢？可以参考公司财报中营业收入或者毛利润中的业务构成进行拆分，建议拆的数量不要太多，一般拆成2~3个业务分部进行估值即可。一些在营收或者毛利润中占比很低的业务没有必要单独拆出来，可以统一归类为其他进行估值（见表3-33）。

周期性公司

钢铁、煤炭、水泥、化工、有色金属等行业的企业，经营具有明显的周期属性，会产生明显的波峰和波谷，业绩往往随着经济周

表3-33　2022年9月某多元化公司业务分部估值

业务分部	估值倍数	贴现率(%)	2022年盈利预测	2023年盈利预测	2024年盈利预测	2025年盈利预测	当前月份	有效盈利预测	3年后合理估值的现值	3年预测期内的分红	业务估值
业务1									P1	D1	V1 = P1 + D1
业务2									P2	D2	V2 = P2 + D2
业务3									P3	D3	V3 = P3 + D3
公司的合理价值											V1 + V2 + V3

期而上下起伏，无法表现出长期经营的稳定性。

周期股的强周期往往来自需求的波动叠加产能的顺周期扩张。周期股很容易受到宏观经济波动的影响，即受需求波动影响大，而且周期性行业都是顺周期扩张产能。在经济景气时，需求高涨，产品价格提高，行业内企业利润大增，于是企业就不断增资扩产，行业整体产能不断扩大。当宏观经济繁荣度下滑时，市场对产品需求降低，但之前的新增产能陆续完成，供给过剩的问题越发严重，全行业陷入恶性竞争，产品价格下降。所以，周期性的公司既可能在周期景气时赚得盆满钵满，也可能在周期下行时大幅亏损。

我们在进行周期性公司投资选股时，要寻找周期性逐渐减弱或周期上行、行业竞争格局不断改善的公司。但周期性公司的业绩非常不稳定，投资者很难对周期性公司的业绩进行预测，在进行动态估值时预测公司的盈利又是必需的步骤，此时应该如何应对呢？我们可以对周期性公司的历史利润和未来利润进行周期平滑处理。

赢利能力方面：在周期高点的时候，公司的毛利率可能高达30%，而在周期低谷的时候，公司的毛利率可能只有10%，毛利率中枢大概为20%。在进行未来3年的盈利预测时，使用20%的毛利率水平比较合适。

增长能力方面：可以将公司历史利润数据拟合成一条基本稳定向上的平滑曲线，平滑数据对应的复合增长率，应该和未来赛道或者公司的长期复合增长率判断接近。在进行未来3年的盈利预测时，使用在平滑后的复合增长率基础上调整得出的增长率比较合适。

其实，周期性公司的投资关键在于时机的选择，也就是对周期所处位置的判断。投资周期股必须有能够发现公司周期底部反转迹象的能力，如果你本身在钢铁、煤炭、有色金属等周期性行业工作，那么你已经赢在了周期股投资的起点，具备了投资周期性公司的天然优势。倘若不能在周期底部布局，仍然可以后知后觉地在周期上行过程中布局，这个时候动态估值一定可以助你一臂之力。

重资产公司

重资产公司是指经营活动较多依赖厂房、机器设备、原材料、物理销售网点等"有形资产"的公司。传统制造业，包括很多偏制造业的科技公司，大多属于重资产公司，需要较大的资本投入，比如液晶面板行业的龙头企业京东方、化工龙头企业万华化学等。

上市公司的资金来源有股权融资、债务融资以及分红后剩下的净利润等。重资产公司很大一部分资金来自股权融资，公司的增长要靠股本扩张来支撑。当公司进行股权融资时，原股东的股份会被稀释，因此在对重资产公司进行动态估值时还需要考虑股本摊薄的影响。

重资产高增长公司股本摊薄处理的步骤为：

第一步，研究公司历史总资产周转率（营业收入÷总资产）和资产负债率（负债÷总资产）。

第二步，预测未来某年总资产周转率和资产负债率。预测值要符合公司发展规律，与行业基本一致，并且一般不会大幅偏离历史值。这里的"未来某年"理想情况下是指公司永续期起始年，建议预测到未来第 10 年。

第三步，计算需要增发的股份数量。

$$未来某年需要的总资产 = \frac{未来某年的营业收入}{未来某年的总资产周转率}$$

未来某年需要的净资产＝未来某年需要的总资产×

（1－未来某年的资产负债率）

需要增发的股份数量＝[未来某年需要的净资产－

当前净资产－当前到未来某年盈利预测

之和×(1－分红比例)]/当前股价

未来的股本扩张比例＝未来几年需要增发的股份数量之和×

0.8/当前的股份数量

最后，将股本扩张比例作为估值的折扣因子计算公司的合理价值。

公司的合理价值＝未来第 3 年的有效盈利预测×估值倍数/

$(1+贴现率)^3$×（1＋未来的股本扩张

比例）＋未来 3 年的利润之和×30%

附录 3－2　如何交叉验证估值结果的合理性

在做动态估值的过程中，我们的预测和估值假设可能会出现较大偏差，这时候交叉验证就很必要。

常见偏差

受情绪波动和有限信息等内外部约束条件的影响，不管是投资者，还是分析师、研究员，其行为决策只能表现为有限理性，在做盈利预测和估值时很容易出现偏差。常见的偏差有以下几类。

1. 盈利预测过度乐观或过度谨慎

以分析师为例，出于一些主观因素，很多分析师的预测往往过度乐观或过度谨慎，从而影响企业盈利预测的最终结果。以下因素可能会导致分析师的预测产生偏差：

- 分析师的信息敏感度。不同分析师对同一信息的敏感度不同，通常而言公司信息披露越详细和具体，分析师预测的偏差和分歧相应地会越少，但当公司信息披露较少或信息较模糊时，不同分析师的解读往往会出现较大分歧。
- 分析师的激励机制和动机。对于卖方分析师来说，往往会比买方分析师给出更为乐观的盈利预测。
- 公司的股价表现。虽然客观上公司的股价表现并不会影响公司利润，但很多分析师在做研究时会有顺从于市场的倾向，即如果某段时间公司股价表现不佳，分析师一定程度上会修正预测结果来迎合市场，这时盈利预测结果是过度谨慎的；反之在股价表现好时，盈利预测又会过度乐观。
- 宏观经济情况。和股价表现不同，宏观经济很多时候确实会对公司盈利产生影响，但分析师往往会将这些影响放大。在经济向好时，分析师倾向于高估经济的持续性，盈利预测也比真实情况更为乐观，同样，经济低迷时盈利预测很多时候会过度谨慎。
- 其他分析师的盈利预测。部分分析师往往会因为害怕做"少数"而忽视自己独到的见解，其盈利预测倾向于向市场上的大部分分析师靠拢，"羊群效应"会在一定程度上影响分析师预测的结果。
- 分析师个人特质。除以上因素外，分析师的个人特质比如性格特征也会使其判断出现过度乐观或过度谨慎的偏差。性格乐观的分析师往往对未来充满希望，从而做出过于乐观的盈利预测；性格谨慎的分析师又往往对未来预期较低，从而做出过于谨慎的盈利预测。

2. 只考虑成长，不考虑资本投入

有些分析师在做估值和盈利预测时会同时假设高增长和低再投资，但事实上这种假设本身就可能是互相矛盾的：具备高增长特征的公司一般需要较高水平的再投资才能实现这种高增长，对于制造型公司，投资一般集中在生产线、设备和车间等，而对于像半导体、新能源和制药公司这类的技术型企业，投资则一般集中在研发过程，如果只考虑成长而不考虑再投资，财务上就会表现为 ROE

和 ROIC 的持续高增长，但如果一家公司核心因素没有发生较大变化的话，这基本是不可能的事情。

除了成长和投入的配套外，投入的规模和变化也是容易出现偏差的地方。有些行业扩大规模较为容易，公司能够以低成本实现快速发展，这类公司就可以在高成长的同时保持较低水平的再投资，反之公司需要较高投入才能实现扩张，这时资本回报率就会降低。

另外，随着公司的发展，其所需要的投入也可能发生变化。如果公司的发展是受益于所在行业的高增长，随着新进入者的不断增加，公司也将面临越来越激烈的竞争，这时要想实现同样的增长就需要更多的投入；如果公司在发展过程中产生了规模经济（随着规模的扩大，公司的议价能力、管理效率等得到增强，平均成本下降），则想要实现同样的增长所需的投入就会下降。

如果只考虑成长而忽视投入，在估值中的直接体现就是容易忽略公司未来可能进行的融资行为。一般上市公司会通过股权或债权的方式进行融资，当公司选择股权作为融资方式时，原先的股权自然就会被稀释，估值就要相应地下调。如果在做重资产公司的预测时只考虑了利润的空间，而没有考虑股权摊薄，就会错误地高估公司价值。

3. 把短期波动长期化

把短期波动长期化也是做盈利预测时容易犯的一个错误，特别是在宏观变量发生变化的时候。比如 2022 年，消费类上市公司盈利大幅下跌，但如果仅因为这几年的盈利不及预期就将今后的长期盈利预测一并调低，可能会产生问题，致使本该稳定的估值产生较大幅度的变动。对于短期的波动，我们往往只需要调整当前 1~2 期的盈利预测，而不会大幅调整之后的数值，比如当遭遇短期疫情冲击时，我们会大幅度调降当期盈利，但由于这个冲击是短期的，我们将下一期的盈利增速相应调高来弥补阶段性的下降，这样一来一减一增，短期波动对整个盈利预测和估值的结果影响就不大了。但如果我们错误地把短期变动长期化，就会出现只增不减或只减不增的情况，从而对整个估值产生较大的影响。

在图3-3中，曲线1是正常情况下的成长曲线。突然某个时点，因为一些阶段性或者一次性的原因（比如疫情），企业发生了意外的业绩跳涨（曲线2）或业绩爆雷（曲线3）。如果这种业绩意外是阶段性因素导致，企业的成长曲线还是要回到曲线1附近，那么我们基本上不需要调整我们对企业的动态估值。但遗憾的是，如果投研人员把这种短期业绩波动解读为长期趋势（曲线4和曲线5），就可能去较大幅度调整动态估值。

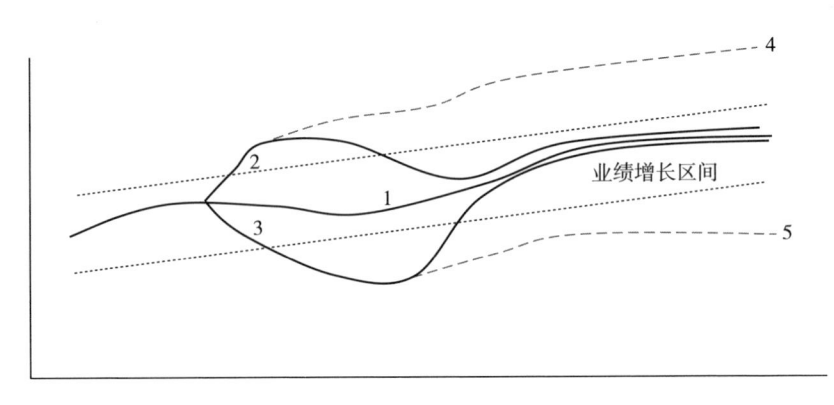

图3-3　公司可能的业绩增长曲线

上述情况很容易在周期类行业出现，周期类公司盈利通常和大宗商品价格、宏观经济运行情况息息相关，2021年时中国石油业绩同比增加近3.9倍，而这一增长基本由当年的高油价贡献，2022年由于地缘冲突等原因油价继续增高。但如果未来油价在全球紧缩的进程中下跌，那么公司的高增长也将不再持续，如果仅因为一年的高增长调高长期盈利预期，就犯了将短期波动长期化的错误。

4. 把趋势性变化短期化

与将短期波动长期化相对应，有些研究员在做盈利预测时也容易把趋势性变动短期化，这也是新入行研究员比较容易犯的一个错误。例如这些年，燃油车的销量出现下跌，如果这时候你还解读为周期性的短期波动，可能就会犯大错误，因为电车替代燃油车是趋势性的变化。因此，成熟的研究员除了要认识行业本身的供求特点和驱动因素外，还要判断行业的宏观环境和长期趋势。

把趋势性变化短期化造成的结果是将本该大幅调整的盈利预测平滑化，体现在估值中就是本该大幅调整的估值几乎没有变动。在研究中，判断趋势很重要，如果看错可能会导致盈利预测和实际情况相去甚远，据此得出的估值结果也就没有什么可信度了。

还是用图3-3来解释，曲线1是正常情况下的成长曲线。在某个时点，一些趋势性的原因开始发酵，企业发生了业绩跳涨（曲线2）或业绩爆雷（曲线3）。如果这种业绩意外是趋势性因素导致，企业的成长将沿着曲线4和曲线5展开，很难再回到曲线1附近，我们就需要调整我们对企业的动态估值。如果我们的投研人员把这种趋势性变化解读为短期波动，依旧按照曲线1去估值，那就会犯大错误。

如何校验

在我们的动态估值模型中，盈利预测和估值倍数是核心的预测量，而估值倍数我们已经用增长潜力、护城河和竞争格局锚定，因此这里的校验主要是对盈利预测的校验。

1. 和一致预期比较

最直观的校验方法就是,将我们的盈利预测和券商的一致预期进行比较,如果我们的结果和券商的一致预期相差太大,那么就要反思一下是不是我们的预测出了问题。这里存在两种可能性:第一种是市场上的其他分析师确实比我们更了解公司的业务和经营情况,而这些信息也反映在了他们的盈利预测中;第二种是我们比市场更加独到和透彻,看到了市场没有发现的价值或风险。如果做出的盈利预测结果和一致预期相差过大,我们就要想想自己到底属于这两种情况中的哪一种,从而决定要不要对自己的盈利预测做出修正。

具体而言,在盈利预测结果和一致预期相差过大时,我们不能简单地将盈利预测修改到和市场接近的水平,而应通过以下步骤检验预测值的可靠性,再考虑要不要修改,这些步骤包括:

- 整理盈利预测背后的逻辑。盈利预测是一个数据输入的过程,以分析师为例,分析师会将自己对公司的假设映射为一个数值,输入自己的预测模型中。比如当分析师认为公司处在一个高增长的行业,且公司的市占率不会被其他竞争对手侵蚀,又能够保持一个合理的投入水平,那么这家公司将被赋予一个较高的利润增速,这一数值可能是30%或更多。而分析师首先要做的就是回忆自己输入这些数据的过程。
- 找出市场一致预期背后的逻辑。这一过程和第一个步骤相反,是指根据市场的一致预期,反推出市场的逻辑和故事。具体而言需要根据市场给出的"利润",找到背后所做出的收入、利润率、成本等各项的假设，再进一步找出市场的其他分析师为什么会做出这些假设，他们的依据是什么，并将这些依据明确列举出来。

将自己的逻辑和市场的逻辑相比较，这种校验表面上看是数据和结果的比对，实际上是逻辑和原因的比对。我们需要通过对比找出自己和市场逻辑不一致的地方，以及这种不一致背后的原因。如果最后有充分的理由论证自己盈利预测的合理性，那么就保持当前的预测结果，否则需要将自己的结果进行适当修正。

2. 合理的收入和利润规模

虽然在动态估值模型中需要的是 3 年的盈利，但对公司增长潜力的判断也必不可少，因为选择合理估值倍数时需要判断公司未来的增长潜力，预估未来第 4~10 年公司的利润复合增长率或成长空间。这个成长空间倍数不是凭空出来的，在益研究，我们采用了一些方法去检验公司成长空间的合理性。

在检验时，我们用了 10 年的周期来检验预测结果的可靠性。当年和未来 3 年为显性期，我们需要对该阶段每一年的盈利做出详细预测，第 5~10 年为半显性期，这一时期我们只需假设第 10 年的毛利率、净利率和利润增速，以及净利润的空间倍数，基于预设算法，系统会根据我们的假设自动计算出第 5~10 年中每一年的营收及营收增速、净利润及净利润增速。

合理的收入和利润规模应该是较为平稳且逐年降低的，如果在验证过程中发现半显性期的营收及利润存在增长过快或大幅波动的情况，一是需要回头看看我们对于公司行业空间、竞争格局等的假设是否能支撑如此高的增速，二是需要看看高增速是否有高资本投入的对应要求（见图3-4和图3-5）。

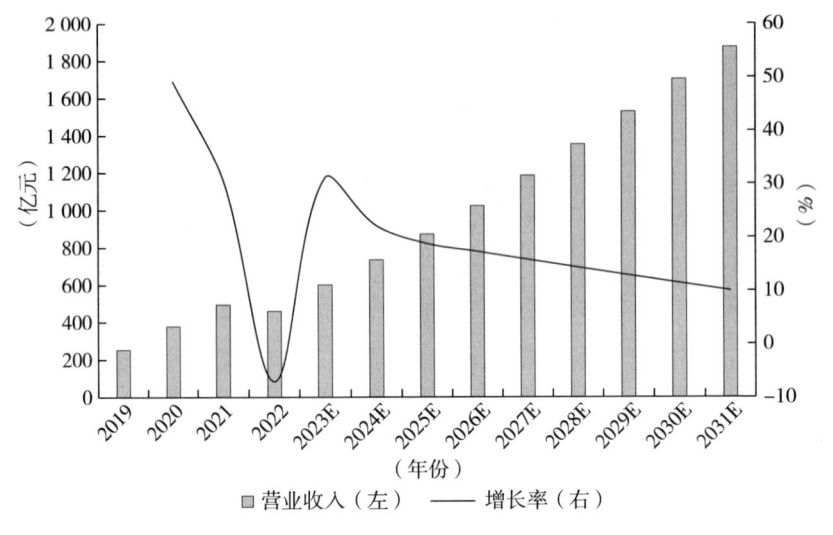

图3-4 营业收入验证图像举例

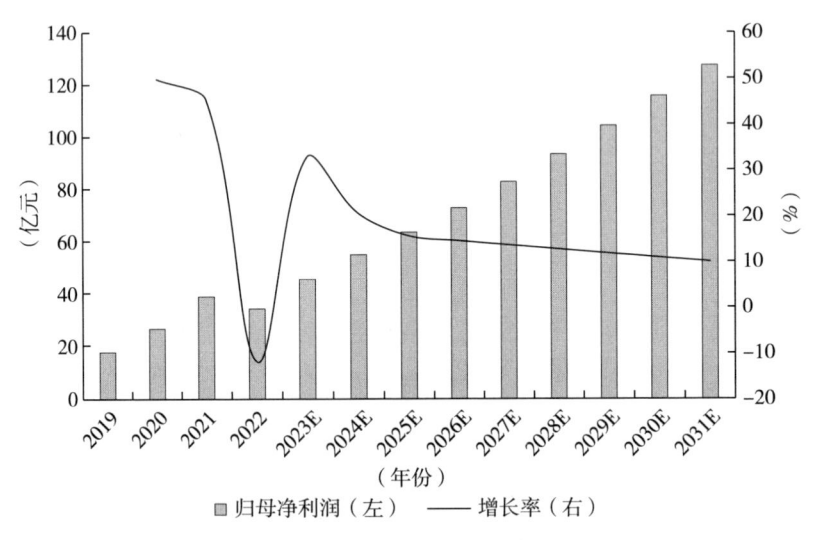

图3-5 净利润验证图像举例

3. 合理的毛利率和净利率水平

校验的第三个指标是毛利率和净利率水平。如果毛利率及净利率水平在半显性期发生较大变动,那么就要检验一下这种变动是否符合我们对于护城河和竞争格局的假设。通常来说,只有具备优异护城河和竞争格局的公司才能支撑其保持长期高位的毛利率和净利率,如果一家公司的护城河较弱,当其"高利润"被市场上其他竞争对手盯上时,它优异的赢利能力也就不复存在了。护城河不高的公司,又长期保持高赢利能力,这明显不合理(见图 3-6)。

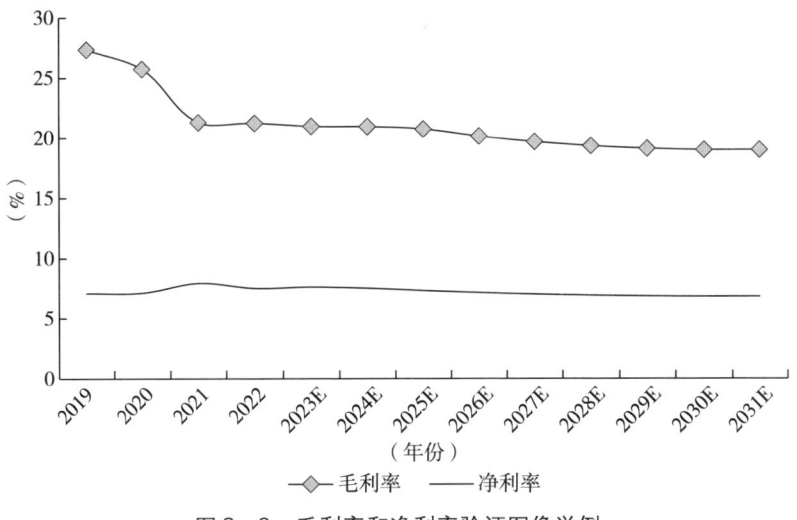

图 3-6 毛利率和净利率验证图像举例

4. 合理的负债率水平

负债率也是我们验证的一个重要指标,在使用该指标验证时,我们预测了前 4 年的负债率,并假设了第 10 年的负债率,第 5~9 年的数据采用线性外推的方式。

负债率这一指标的主要作用是检验成长和投入的关系。前面我们说过，高成长一般要和高投入相对应，而投入往往需要融资。因此如果你的公司是高成长的，要么负债率水平随着时间推移有所上升，要么股权融资金额会增加。如果既有稳定的负债，又有高分红比例，还没有股权融资，那么 ROE 可能会增加到一个很高的水平，这就不符合实际。

5. 合理的资产周转率

资产周转率是营业收入和平均资产的比值，周转率越高，说明资产周转得越快，销售能力越强。这里，资产周转率的"合理"主要体现在两个方面。

第一个是绝对数值上的合理。不同行业资产周转率的特征不同，像商贸零售类行业资产周转率一般较大，而建材、地产等重资产、周期较长的行业资产周转率应该较低，在实操中，根据假设计算出的资产周转率应该和公司所在的行业特征相符。

第二个是相对变化上的合理。如果一家公司的经营业务、行业特征、消费者需求、产品竞争力等因素均没有发生较大转变，其资产周转率应该是相对稳定的，如果资产周转率突然发生了大幅变动，则需要反过来思考是公司的基本面发生了变化，还是自己的假设出现了问题。

6. 合理的 ROE 水平

在用 ROE 指标做检验时有一个原则，就是如果一家公司的核心竞争力没有发生较大变动，ROE 水平通常也不会有大幅变动。这一指标和整个预测过程中的股权融资金额（股份摊薄系数）、负债率、净利润等指标是相辅相成的，即如果公司在负债稳定、无股权融资的情况下还保持高增长，其 ROE 就会非常高，如果在预测时过度夸大了高成长公司的未来赢利能力，参考 ROE 指标能很好地纠偏（见图 3-7）。

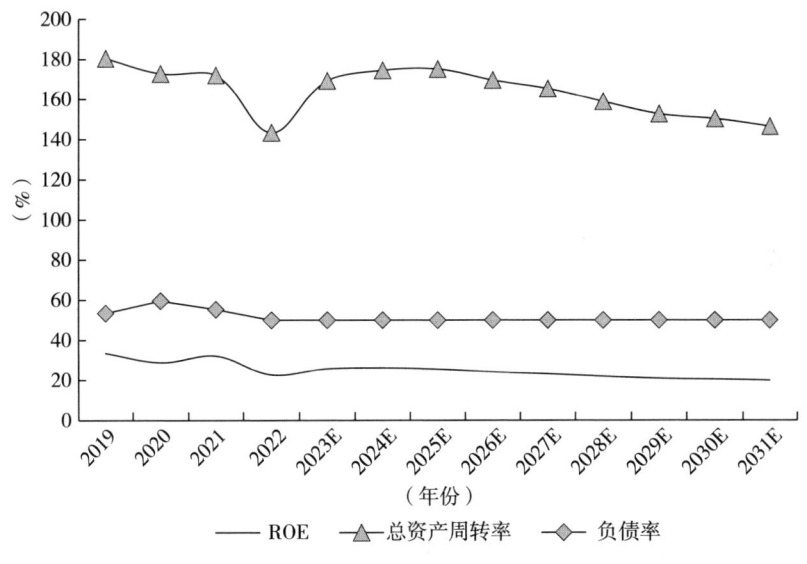

图 3-7 ROE、总资产周转率与负债率验证图像举例

▶ 本章小结

- 真正的估值应该是着眼于企业未来的成长和盈利，根据基本面的变化进行动态调整，而不是一成不变的。这也是我们将自己的估值方法命名为"动态估值"的原因。
- 动态估值法的公式为：

$$公司的合理价值 = \frac{未来第3年的有效盈利预测 \times 估值倍数}{(1+贴现率)^3} + 未来3年的利润之和 \times 30\%$$

- 动态估值法的基本逻辑为：锚定公司成长空间、竞争格局、护城河等基本面因素，不被市场情绪和市场估值所影响。
- 动态估值是"披着相对估值外衣的绝对估值"。
- 动态估值是基于公司成长性进行估值的方法，就其本质来说，是 GARP 策略。
- 动态估值有很多优点，如锚定公司价值的本质因素（成长空间、竞争格局、护城河等），且具备很强的可操作性，但缺点是理论上不如绝对估值严谨。

第四章 "四维评级+动态估值"与传统卖方研究的比较

在投资当中，尤其是在给公司做基本面分析和估值当中，卖方研究（券商研究所）是重要的资源。不管是专业投资者还是普通投资者，用好卖方研究，对自己的投资会大有裨益。

卖方研究对资本市场来说非常重要，有其巨大存在价值，如减少信息不对称、增强流动性等。但卖方研究也存在很多问题，最大的问题是研究方法论比较随意，结论不够客观（只唱多不唱空）。

我本人在创办益研究之前，长期在卖方研究从事管理工作，深刻了解其价值和问题。介绍卖方研究的价值和问题，是为了让大家理解本书的核心内容——四维评级和动态估值的价值和意义，它们和卖方研究既有共同之处，也有显著区别，可以说，四维评级和动态估值是卖方研究的重要补充。

卖方研究和买方研究的现状

股票市场中，负责研究股票的机构有两类，一类是买方机构，另一类是卖方机构。所谓买方机构，就是指主要业务为"自己买卖股票进行投资"的机构，我们常见的公私募基金、保险资管、QFII、券商自营机构等，都是买方机构。所谓的卖方机构，一般指券商的研究所。卖方机构自己不进行股票投资，仅负责对股票进行研究，并向市场输出自己的研究观点。在资本市场中，卖方机构是服务方，买方机构是被服务方。买方机构支付费用来获得卖方机构的各种研究服务，以增强自己的投研能力。

无论是买方还是卖方机构，他们都有一件共同要做的事情：研究清楚自己手上的股票。但两者的商业模式是完全不一样的。卖方机构的收入来源是研究服务，赚取的是服务的钱，一般是买方机构的交易佣金。而买方机构的收入大多会和投资业绩挂钩，如果是自营机构，直接投资获利，如果是资产管理机构，则通过提升业绩赚取业绩报酬或扩大资产管理规模。因此，卖方需要提供尽可能全面的信息以及优质的服务，以换取买方更多的交易佣金，其核心职责不是推荐股票，更非代替客户做决策，而是提供信息和服务；而买方需要具备更强的信息辨别能力及投资决策能力，以提高其管理资金的业绩表现，所以买方研究更聚焦于股票推荐及其推荐结果。

说到这里，我想澄清一个观点，很多人会用研究报告荐股的准确性来衡量卖方研究机构的质量，其实这是一个很大的误区。卖方研究的核心定位是提供信息和服务，比如帮助机构跟踪上市公司基本面的变化，帮助机构约见产业专家或上市公司高管等，虽然他们也向机构客户荐股，但机构客户更看重的是卖方提供的各种信息和服务，投资决策更多会依靠内部研究来做出。所以我们经常看到，影响力大、口碑好的研究机构，未必是那些荐股"准"的研究机构，而是有能力提供优质信息和优质服务的研究机构。

由于在市场上发挥的作用不同，买卖双方在研究成果上也呈现出不同的特征：买方的研究成果基本以内部自用为主，形式包括内部研究报告以及内部投研会议等，这些内容基本不会对外呈现，外部也很难获取。

而卖方机构则显得"亲和"很多。很多券商研究所的报告我们都能在网上免费浏览，只要动动鼠标搜索即可，我们很容易通过券商研究所的分析了解到这家公司的基本情况，包括这家公司是做什么的、财务状况如何、所处的行业怎么样、发展前景如何等信息。当然，卖方的很多其他服务，比如路演、内部晨会、不定期观点输出等，普通投资者通常无法直接获得，但借助卖方的研报我们也能知道关于一家公司或行业的大部分信息。

表4-1所展示的是两者的主要区别。

表4-1 卖方研究和买方研究的主要区别

	卖方研究（券商研究所）	买方研究（投资机构内部研究）
机构定位	服务于外部客户	服务于内部投资决策
核心职能	提供信息和服务	推荐和跟踪投资标的
赢利模式	赚取以交易佣金为主的服务费	通过提升投资收益获取利益
表现形式	研究报告+各种其他投研服务	内部研究报告
可获得性	较强	弱

卖方研究的价值和现实问题

券商研究报告包括晨会报告、行业研究报告、投资策略报告、上市公司研究报告、月度投资报告、季度投资报告、年度投资报告、调研报告等各类形式，投资者可以按需求获取不同的信息。比如，你如果想知道一家公司的基本面情况，那么最好找到一个这家公司最近的深度报告；你如果已经比较了解这家公司，想密切跟踪它的变动,那么可以查看其业绩、事件点评报告;你如果想了解这个公司所处的行业怎么样,可以去阅读相应的行业报告。

研究报告是卖方最基本的产品,除此之外,券商研究所还提供其他服务(见表4-2)。

表4-2 卖方提供研究和服务的形式和特点

研究和服务形式	特点
研究报告	最基本的服务,适合大规模传播研究观点
微信、短信	最快捷的服务,适合传递即时信息和观点
电话沟通	最常用、最有效的沟通手段,一对一服务
上门路演	传递深度研究成果
安排公司调研	帮助客户实地了解企业
安排专家交流	帮助客户从实业界了解行业观点
策略会	全面推荐研究所的研究观点

卖方研究报告是普通投资者快速获取信息的"利器",普通投资者也很容易接触到这些报告,利用好它们可以很好地提高投资者的投资效率。但很多投资者往往会有这样的误解:券商研报就是机构用来骗散户的,我才不上当呢。针对许多投资者对券商研报的误解,我们在这里也做一个澄清:券商研报绝不是为了"忽悠"投资者而生,而且用好它非常有价值。相反,身为个人投资者,本身能接触到的信息就不多,比起一味地排斥,更应该利用好这些研报来助力投资。比如研报中的公司基本情况分析、推荐逻辑及财务预测,都是能帮助投资者快速了解公司当前及未来状况的工具,如果懂得用好卖方的研究报告,投资将事半功倍。

关于如何正确使用券商研报,我在《长期的力量》一书"发现潜在好股票的七种武器"中有过专门描述。简单而言就是"三看两不看"。哪"三看"？一是看基本情况分析，二是看推荐逻辑，三是看财务预测。"两不看"就是不看目标价和评级。

以上讲的是卖方研究对于普通投资者具有价值。对于资本市场来说，卖方研究也有其存在的巨大价值。比如卖方研究机构和研究员数量众多，可以尽可能多地覆盖市场上的股票，同时保持对这些股票的紧密跟踪，而不至于出现一些优质股票无人研究、无人问津的情况；再比如卖方研究机构通常作为投资者和上市公司的桥梁出现，可以更好地解决市场上信息不对称的问题，提升资本市场的效率。

但与此同时，由于受制于商业模式，以及分析师本身不能做到客观理性等因素，卖方研究也存在许多缺陷。卖方研究最大的问题就在于其只唱多不唱空，以及估值给得过于主观和随意，容易对投资者产生误导。

卖方研究的价值

1. 有效扩大股票研究的覆盖面

A股市场参与者众多，包括产业资本、外资、普通投资者、政府部门和专业投资机构等，其中专业投资机构就是卖方研究主要服务的"买方机构"。这些年，专业投资机构数量及占比不断增长，以公募基金为例，截至2022年6月，我国境内证券投资基金管理公司139家，持股比例占全部A股流通股的8%左右。虽然这些买方机构都设有自己的内部研究团队，但通常大型公募的研究人员数量为四五十人，而小型公募的研究人员可能不足10人，甚至很多中小型私募的研究员可能就二三人。不同买方的研究成果通常是不互通的，这就造成一个问题：如果单纯依靠买方研究员自身来做研究，那么他们能覆盖的股票数量将非常有限。举个例子，即便是 50 人的大研究团队，每人深度研究 20 家公司，也只能覆盖 1 000 家公司。

截至 2022 年年底，A 股股票数量已经超过 5 000 只，这么多的公司，即便是最大的买方机构，仅仅依靠内部研究也是不够的，更别说大部分的中小型投资机构了。

这时候卖方研究的价值就体现出来了。2022 年国内从事卖方研究的机构超过 50 家，卖方研究员的数量在 3 700 人左右，卖方研究员数量的庞大从很大程度上解决了市场上股票覆盖不足的问题。据统计，现在有券商研究报告覆盖的上市公司数量接近 60%，而且因为卖方的研究成果为买方所共享，这极大提高了买方的效率——当买方想了解某只股票时，不需要再从最底层的基础数据收集开始，而是可以直接利用卖方整理的信息做进一步加工研究，且由于市场上卖方研究众多，可以找到各种各样加工好的信息，甚至可以直接邀约卖方研究员对股票或行业做详细地了解和交流，这极大地提高了买方工作的效率，让市场上能够被覆盖研究的股票数量大大增加。

以 2022 年 6 月 24 日在科创板上市的龙芯中科来说，公司刚上市就有华创证券、中航证券、首创证券 3 家卖方机构对其进行了研究覆盖，两个月内覆盖该股票的卖方机构达到 8 家（见表 4-3），可见 A 股充足的卖方机构和庞大的研究员数量确实提升了股票研究的全面性和及时性。

表4-3 龙芯中科研究报告覆盖情况

日期	报告类型	相关品种	标题	机构	作者
2022-08-18	深度研究	龙芯中科	投资价值分析报告：国产CPU龙头，构建自主软硬件生态	中信证券	徐涛，王子源
2022-07-28	深度研究	龙芯中科	公司深度报告：国产自主通用CPU核心供应商，步入发展黄金期	开源证券	刘翔，傅盛盛
2022-07-25	深度研究	龙芯中科	龙芯中科深度报告：自主创新最彻底国产CPU，看好市占率提升	浙商证券	高宏博
2022-07-08	深度研究	龙芯中科	自主可控程度最高的国产CPU，新品放量在即，看好市占率提升	山西证券	叶中正，杨晶晶
2022-07-05	公司分析	龙芯中科	C龙芯：深耕CPU行业20余年，国产替代大有可为	天风证券	天风国际
2022-06-29	深度研究	龙芯中科	公司首次覆盖报告：领先国产CPU厂商，全面打造自主生态	开源证券	陈宝健，刘逍遥
2022-06-28	深度研究	龙芯中科	深耕CPU行业20余年，国产替代大有可为	天风证券	潘暕，骆亦扬
2022-06-24	公司分析	龙芯中科	公司简评报告：龙芯中科怎么估值？	首创证券	何立中
2022-06-22	新股研究	龙芯中科	公司深度报告：全自主CPU开启中国"芯时代"	首创证券	何立中，杨宇轩
2022-06-22	新股研究	龙芯中科	新股报告：高度自主可控，引领国产CPU生态	中航证券	刘牧野
2022-06-17	新股研究	龙芯中科	新股｜龙芯中科：国产CPU领先厂商，国产替代正当时	华创证券	蚊子搞科研

资料来源：Choice数据。

可能很多人对股票是否有券商研究覆盖的重要性理解不够，我们看看中国香港市场就能明白。在香港，由于卖方研究非常昂贵，卖方研究机构数量很有限，因此很多中小股票（一般的门槛是总市值100亿港元）是没有券商研究覆盖的。如果没有券商研究覆盖，买方机构就不可能去关注这些公司，因为对于买方机构来说，就算真的研究透一家小市值公司，其可以买入的资金量在整个基金中的占比也太少了，这只小股票即便未来表现很好也不会对基金净值表现产生多大影响，因此这笔生意在买方看来是得不偿失的。由于研究的"性价比"太低，这些小市值公司往往会被边缘化掉，流动性极差，甚至无人问津，一天就成交寥寥几手。这就会导致市场上存在很多定价错误的可能性，而太多的定价错误则会影响资源配置的效率（见图4-1）。

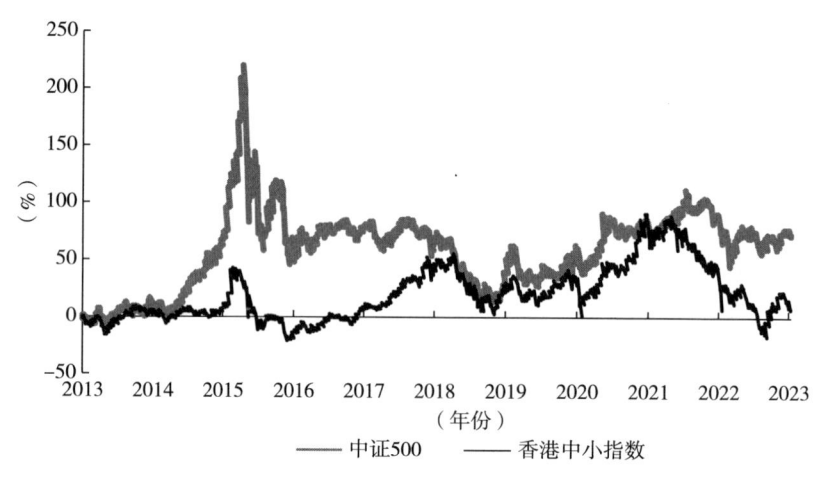

图4-1 中证500和香港中小指数走势对比

资料来源：市场公开信息。

这些年，A股也有这样的趋势，虽然A股总体上流动性显著好于港股，但很多小股票的交易也非常低迷，机构投资者对无券商研究覆盖的股票基本上不怎么关注。

2. 保持对上市公司基本面的紧密跟踪

除了能有效扩大股票研究的覆盖面,足够数量的卖方研究还能保证资本市场紧密跟踪公司基本面的变化。所谓价值投资并不是一直持有手头的股票就不管了,而是要对公司相关信息保持紧密跟踪,判断这些信息是否影响公司基本面。

周期股是最"信息敏感"的股票类型,有时一个突发事件可能就会造成相关周期品的供需反转,进而造成相关公司业绩以及业绩预期的大幅变动,并提前反映在股价上。比如2018年8月非洲猪瘟的暴发让全国母猪数量骤降,近3年的猪肉大周期就此开启,猪肉价格从10元/公斤暴涨到40元/公斤左右,而猪肉相关公司的股票也一路上行。以牧原股份来说,其股价从2018年8月的不到10元/股,上涨到2021年2月最高92.5元/股价的位置(见图4-2),两年半不到的时间涨幅超过800%,如果资本市场没有对这些信息进行密切跟踪,可想而知将会造成多么大的损失!

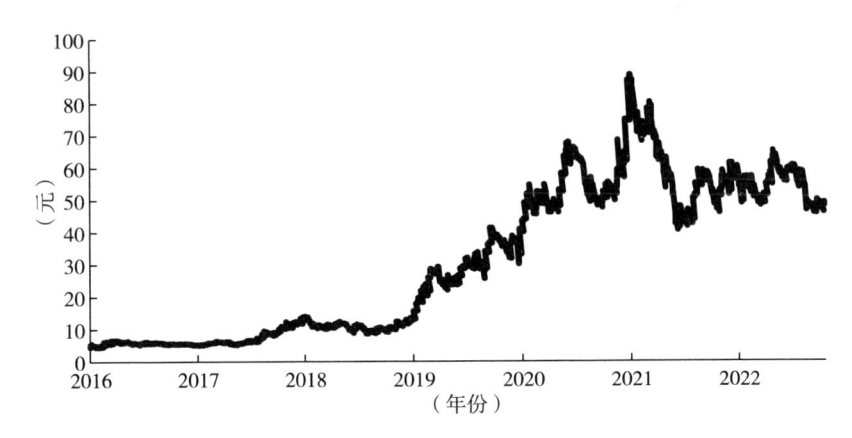

图4-2 牧原股份价格走势

资料来源:市场公开信息。

2022年是典型的黑天鹅频发的一年，先是2月底俄乌冲突的爆发，接着是4月上海疫情，这些事件固然无法影响大多数公司的长期基本面，但也着实让上市公司业绩在一段时间产生了很大的分化。欧美针对俄罗斯能源方面的制裁措施直接导致欧洲陷入能源紧缺的状态，各国不得不尽快寻求新的能源渠道，这导致欧洲光伏、风电等新能源需求的暴增。身为光伏、风电制造业大国，我国的这些行业大量出口海外，反而形成了超预期的业绩增长。相反，消费品行业相关公司则因为封控、常态化疫情管制、出行限制、收入下行等因素表现相对不振。我们如果能够及时跟踪到光伏、风电等出口大幅增长的信息，看到国外需求的暴增，对于这段时期新能源的大行情自然也不会感到惊讶。

除了这些可能影响公司基本面的宏观信息外，单个公司基本面的变动也是我们必须密切关注的。2021年7月，伴随着"广发银行向法院申请冻结恒大地产等1.32亿元银行存款"这一消息的快速传播，恒大的市场估值快速走低，但如果跟踪得够紧密，很容易在这之前发现恒大问题的"苗头"：早在2020年6月，恒大就陷入商票兑付危机；2020年8月"三条红线"融资监管新规发布，恒大更是实现三线全踩；2020年11月出售其持有的广汇集团40.98%股权套现148.5亿元；2021年部分楼盘开始提供25%折扣促销……如果密切跟踪恒大地产的情况，就会发现其现金流其实早已出现问题，而最终恒大也因为债务问题在2022年3月停牌。

总之，对公司基本面的紧密跟踪是非常重要的事情，如果不能对公司基本面的变化做出及时的跟踪和判断，做出错误投资决策的概率将大大增加。而A股市场5 000多只股票，每天可能面临无数条或大或小的相关信息，市场确实需要借助卖方研究员来对这些信息进行捕捉和判断，再加上卖方天然具备和上市公司打交道的渠道和能力，其信息跟踪也就更加及时、全面和准确。市场上需要卖方研究，来及时地覆盖和更新公司基本面的变动。

3. 成为机构投资者和上市公司之间的沟通桥梁

在资本市场中，信息的高效传递、公平传递是非常重要的，而卖方研究机构在这一过程中不可或缺。

如果没有卖方机构，上市公司和买方机构之间的沟通效率就会很低，原因在于上市公司的各种公告和定期报告有其规定格式，而且上市公司为了风控和合规，这些报告往往都是写得滴水不漏，如果没有专业解读，对投资无甚帮助。比如说，一家上市公司公告获得一个重要订单，但订单利润率怎么样，对公司盈利产生什么样的影响，上市公司在公告中是不会说明的，这就需要卖方研究员给予研究和解读。

另外，买方机构上万家，如果没有卖方研究机构，上市公司只能和少数买方机构进行深度沟通，也只能接受少数买方机构的调研，这时候信息传递就会有失公平，因为没有参与沟通的就会处于信息劣势。但有了卖方研究机构的传播和扩散，如卖方研究除了研究报告之外，还会组织各种电话会议，组织各种联合调研，举办各种业绩说明会，通过研究报告和各种活动，很多中小型买方机构也能公平获得投资决策所必需的重要信息（见图4-3）。

结论：卖方研究是资本市场不可或缺的角色

总之，在如今资本市场越来越成熟、股票数量越来越多的情况下，卖方研究已成为资本市场不可或缺的角色。未来我国可能会有

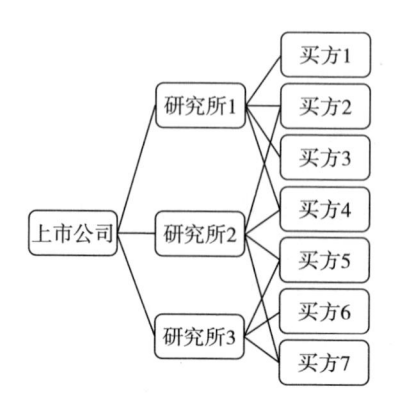

图 4-3　研究所在买方和上市公司之间的作用

上万只股票，如果没有足够数量的研究员，就会有非常多的股票没有人覆盖和跟踪，从而造成定价错误，影响资本配置的效率。

卖方研究的现实问题

以上我们讲了卖方研究的存在价值，接下来我们讲讲当前中国资本市场卖方研究存在的问题。

1. 客观性不够，只说多不说空

"报喜不报忧"是券商研报最受人诟病的缺点。在阅读研报时，我们经常看到"买入""增持""推荐""强烈推荐"等字眼，却鲜少看到"减持""看空"等表述。在2021年发布的3万余篇研报中，评级为"买入"的近24 000家，评级为"增持"的也有6 000家左右，这类"看多"性质的观点占全部研报近98%的比重，而"中性"和"减持"的只有56家，占比仅有0.2%（见图4-4）。

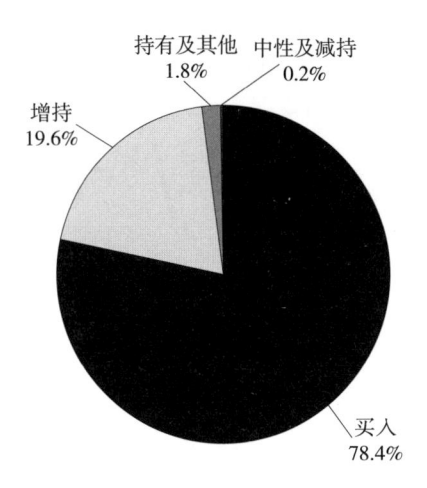

图 4-4 2021 年研报评级分布

资料来源：市场公开信息。

缺乏客观性导致的最直接的后果就是，卖方报告的结论对投资者参考价值不足。很多二级市场投资者，特别是散户投资者本身对股票就缺乏了解，试图通过研究报告的建议来给投资做参考，但市面上过多的"看多""买入"等缺乏客观性的观点直接让投资者产生"研报就是为了忽悠散户进场"的负面印象。

除了对投资的参考作用降低，市面上看空性质的研报过少还导致了一个后果：一旦出现看空往往会引起资本市场很大的反应。2019 年 3 月，中信证券和华泰证券分别发布了关于中国人保和中信建投的"卖出"评级的研报，认为它们股价的合理估值仅有当时市价的一半，随即两只个股跌停并带动大盘大幅下跌。要知道在这之前，中国人保在短短 13 个交易日暴涨了 118%，中信建投半个月内暴涨了 172%，一篇看空研报能让市场情绪降温如此迅速，足以见得个股研究报告在评级结构上的严重缺陷。中国人保的股价走势见图 4-5。

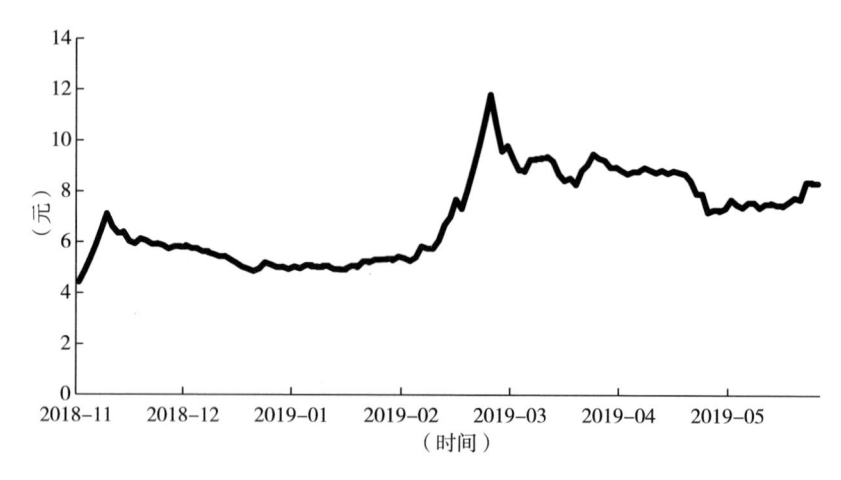

图 4–5　中国人保股价走势

资料来源：市场公开信息。

2. 结论（估值）过于随意、过于乐观

与"看多"观点泛滥相对应，券商研报的估值往往也给的过于随意且乐观。表 4–4 是某家券商分别在 2021 年 6 月和 2022 年 7 月对天齐锂业的估值。2021 年 6 月其给出天齐锂业 2021 年、2022 年的市盈率分别为 162 和 97，理由是"当前 A 股锂盐公司普遍每万吨锂盐产量对应市值为 70 亿～130 亿元"，于是"保守给予天齐每万吨锂盐产能 100 亿元市值"。这个理由在当时看来似乎也合理，但我们可以看到，2021 年天齐锂业实际的市盈率只有 76，远远低于其当时"保守"的预期 162，同时，2022 年的预期市盈率也从 97 降低到了 5。就算是当时偏保守的估计，在事实面前也显得过于乐观了（见表 4–4）。

表4-4 某券商对天齐锂业的估值

(2021年6月)

项目	2019	2020	2021E	2022E	2023E
营业收入（百万元）	4 841	3 239	6 040	7 101	7 756
营业收入增长率（%）	-22.48	-33.08	86.45	17.57	9.22
归母净利润（百万元）	-5 983	-1 834	519	864	1 119
归母净利润增长率（%）	-371.96	-69.35	128.32	66.37	29.47
摊薄每股收益（元）	-4.051	-1.241	0.352	0.585	0.757
每股经营性现金流净额（元）	-5.60	0.40	2.01	1.88	1.80
ROE（归属母公司，摊薄,%）	-85.93	-35.22	9.41	14.31	16.67
市盈率	-7.45	-31.63	161.92	97.33	75.17
市净率	6.40	11.14	15.24	13.93	12.53

(2021年7月)

项目	2020	2021	2022E	2023E	2024E
营业收入（百万元）	3 239	7 663	48 750	51 300	52 400
营业收入增长率（%）	-33.08	136.56	536.15	5.23	2.14
归母净利润（百万元）	-1 834	2 079	24 983	29 603	31 166
归母净利润增长率（%）	-69.35	-213.37	1 101.79	18.49	5.28
摊薄每股收益（元）	-1.241	1.407	16.914	20.041	21.100
每股经营性现金流净额（元）	0.47	1.42	14.42	17.02	17.17
ROE（归属母公司，摊薄,%）	-35.22	16.29	90.02	65.04	48.53
市盈率	-31.63	76.03	5.14	4.34	4.12
市净率	11.14	12.39	4.63	2.82	2.00

资料来源：市场公开信息。

其实，卖方给出的所谓估值很多都是靠"拍脑袋"，其过程看似有理，实际却非常随意。比如我们经常看到卖方给出估值的逻辑是"基于公司优异的基本面，给出 50 倍 PE 的估值"，却鲜少有卖方能够真正解释清楚这个 50 倍从何而来，为什么不是 40 倍或 80 倍。不同的估值倍数最终会让公司股价的估计产生巨大的差异，同样是 10 元/股的 EPS，按 50 倍市盈率其合理股价就是 500 元，而按 80 倍其合理股价是 800 元，如此随便的估值方法，所谓的"高估""低估"等结论也就显得没有太多意义了。

3. 多定性描述少定量评价（相对于债券市场评级）

卖方研究还有一个缺陷，就是定性评价有余、定量评价不足，这个是相对于债券市场评级而言的。在债市，对于债券或者是发债主体的评级打分结果一般都有明确的量化规则，比如图 4-6 中中诚信对广西柳州钢铁集团的评级模型，就综合考虑了规模、赢利能力、财务政策与偿债能力、运营实力等因素，并将这些因素拆分成具体的指标，最后给出一个综合的判断，投资者可以明确看到评级结果从何而来，是根据怎样的标准给出的。

相比而言，券商的"股票评级"则随意得多。同样是一家公司，有的券商推荐逻辑的侧重点在"渠道力"，有的券商侧重点在"新产品布局带来的增量空间"，且券商往往无法对这些因素进行客观的量化——我们很少在一篇研报中看到类似"打分卡"的东西，即券商只会告诉你类似"背靠央企""全产业链龙头""渠道扩展能力强"这样定性化的表述，而不会像债券评级那样告诉你这些因素在其评价体系中的占比分别是多少，是通过怎样的量化指标得出的，这些量化指标具体又是根据怎样的标准来打分，从而综合得到

广西柳州钢铁集团有限公司打分卡结果

重要因素	指标名称	指标值	分数
规模（25%）	营业总收入（亿元）*	1 170.98	10
赢利能力（10%）	EBITDA 利润率（%）*	8.33	6
	总资产收益率（%）*	7.61	8
财务政策与偿债能力（30%）	总资本化比率（%）	55.65	8
	总债务/EBITDA（X）*	4.77	8
	EBITDA 利息保障倍数（X）*	5.66	8
	（CFO－股利）/总债务（%）*	6.24	7
	FCF/总债务（%）*	－18.18	5
运营实力（35%）	产品综合竞争实力	8	8
	原燃料稳定性及成本控制	7	7
	装备水平及节能环保	8	8
打分结果			aa
BCA			aa
支持评级调整			2
评级模型级别			AAA

打分定性评估与调整说明：
受评企业的评级模型级别在基础信用评估级别（aa）的基础上通过支持评级调整得到。其中，基础信用评估级别综合反映了打分卡以及公司治理、会计标准和报表质量、流动性、企业特殊事件、非钢产业贡献及行业政策影响等定性因素的考量。支持评级主要考虑了股东/政府的外部支持因素。最终评级结果由信评委投票决定，可能与评级模型级别存在差异

* 指标采用 2019—2021 年 3 年平均值。

图 4-6 中诚信评级打分卡

资料来源：中诚信官方网站。

"买入""增持"等评级结果的。由于定性太多、缺乏标准化，投资者往往很难单纯通过研报的内容判断其结论的可靠性。

4. 同质化竞争——从拼研究异化为拼服务

在美国这样的成熟市场，卖方研究机构往往只有10多家，如高盛、摩根士丹利、瑞银等。而在A股市场，从事卖方研究业务的券商研究所多达50多家，拥挤程度远远超过其他市场。由于券商研究所数量过多，卖方研究市场也从"蓝海"市场变成了"红海"市场。不同研究机构的研究模式又都大体相似，都是通过调研、案头资料等进行分析，再通过研报、路演等形式向买方输出观点和服务，这就导致研究服务的同质化严重，且市场又很难判断研究质量的好坏。对于靠佣金派点吃饭的卖方机构来说，既然研究无法做到差异化，他们自然就会想到在研究以外的地方做差异化来吸引客户。

很多卖方分析师都热衷于向买方提供研报之外的"独家信息"，其实这是踩在了违规的边缘；有的卖方机构还会以研讨会为名，帮助买方客户组织各种会议，实际上就是帮助客户承担行政费用；有的卖方机构还会为买方订购各种数据库，这也是帮助客户承担行政费用。更有甚者，还会帮客户搞定一些房屋装修等私人问题，"送早餐""做保姆"等传闻也成为行业笑谈，这也透露出券商近年来从拼研究异化为拼服务的趋势。

问题背后的原因

1. 受制于商业模式

很多投资者会将卖方研报"只看多不看空"这一问题归咎于配合机构出货、"割散户韭菜"，然而事实却不是这样的，卖方"只看多不看空"，很大程度上是其特殊的商业模式所致。

卖方的角色位于买方和上市公司之间，买方机构需要卖方为其提供上市公司的有关信息，上市公司也需要卖方来帮助其传播各种信息，提升其在资本市场的知名度，进而提升估值。因此，一旦卖方唱空某家上市公司，首先对上市公司来说，会对其公众形象和市值产生负面影响；其次，卖方公开唱空，不仅得罪了这家企业，还可能导致其他上市公司也不敢接待唱空的研究员，甚至"封杀"他们，这样一来，该卖方研究员以后的公司调研、信息获取都会遇到困难。而对于买了上市公司股票的买方来说，一旦唱空导致股票大幅下跌，对买方的净值也会产生负面影响，所以买方也不乐意卖方公开唱空。所以，不管是上市公司（卖方的信息来源），还是持有股票的买方（卖方的客户），都不希望看到有人公开唱空。在这种制度安排下，自然分析师也就"看空不唱空"，他们如果不看好某只股票，可能会不出报告，或者私下和客户沟通其不看好的观点，而不是选择公开唱空。

卖方基本不唱空还有一个原因，就是A股市场相对缺乏做空机制。在美股市场，浑水、香橼等机构通过做空赚取了大量的利润，他们通过详细尽调，在有做空把握后大量融券做空，布局完成之后再发布看空报告，引起股价下跌，从而获得巨额利润。但A股融券标的和数量都很有限，市场很少能够通过唱空取得很大的资本响应，资本也就无法通过看空而赚取巨额收益，在这样的条件下，唱空自然也就是损人不利己的事了。

2. 机构客户的需求——对短期趋势的追逐

机构客户对短期趋势的追逐，也是卖方在提供服务时需要考量的因素。为了评价基金经理的管理能力、满足投资者了解基金业绩和排名的需求,市场往往会定期公布基金的业绩排名,如果排名不佳则很可能会影响基金经理的绩效,以及这只基金下一阶段的申赎规模。以前有段时间,市场上甚至对基金业绩进行季度排名,这些年监管部门为了提倡长期投资,禁止季度、半年度排名,但无奈普通投资者还是喜欢追涨杀跌,逼得买方机构除了关注公司基本面外,也会关注短期趋势的东西。

这可以反映在公募基金的换手率上。在美国,公募基金的年度换手率在50%左右,也就意味着每只股票的持股周期是2年;而在国内,公募基金的年度换手率在2015年高峰时期超过500%,近些年虽逐步下降但还在300%左右,也就意味着每只股票的持股周期是4个月。平均持股周期4个月,意味着公募基金也没有做价值投资,而是在追热点、追趋势。我们经常会批评基金经理也像散户一样从事短线交易,没有坚持价值投资的理念。其实基金经理做价值投资,工作相对轻松、业绩相对稳定且可持续,但为什么很少有基金经理做价值投资?我觉得不是因为基金经理不喜欢、不认可价值投资,而是他们的持有人太追逐短期业绩排名。很多基民根据基金的短期业绩,像炒股票一样炒基金,短期业绩不好就会影响基金规模,这就反过来使基金经理也去关心短期业绩、追逐短期热点。

买方机构有追热点、追趋势的需求,卖方为了迎合买方机构的需要,往往会对一些长期基本面一般,但短期符合市场热点的公司进行鼓吹,也就造成了卖方普遍看多评级和普遍偏乐观的估值现状。

3. 分析师也容易受市场情绪影响

我们不能否认卖方分析师的专业性,但分析师本身也是人,也容易受到市场情绪的影响。曾有研究发现，全球分析师盈利预测的乐观程度和投资者情绪都具有显著的正相关性，即在投资者情绪乐观的时期，分析师的预测往往也更加乐观，而在投资者情绪不那么好的时期，分析师预测的乐观偏差则显著降低。

近年，券商分析师越来越年轻化，年轻化固然可以增加市场的创造力和活力，但经验的缺失也使得年轻的分析师更容易"见风使舵"，放大市场情绪的影响。

4. 行业过度竞争背后的一个秘密——公募基金高佣金率

我国的卖方机构之间的同质化竞争非常激烈。在美国，卖方研究机构只有10多家，而在A股，从事卖方研究业务的券商研究所有50多家，造成同质化竞争特别激烈。为什么A股会有那么多卖方机构看上这个业务？是因为A股的市场容量比美国的还大吗？显然不是，秘密在于卖方研究享受着政策红利，是一笔很不错的买卖。

你如果同时投资股票和基金，会发现基金的佣金率要比股票高得多。这么多年，公募基金的佣金费用率一直维持在0.8‰左右，而个人投资股票的佣金率已经在持续的价格战下下降到0.4‰以下，很多券商甚至开出0.2‰的佣金率。按道理说，公募基金的交易量比个人投资者多得多，佣金应该可以拿"折扣价"才对，但为什么公募基金的佣金率反而更高呢？这是因为在现行制度下，基金公司和券商没有降低佣金率的动机：作为卖方的券商，基本上靠佣金生存，更高的佣金率代表更丰厚的收入。

基金公司主要用交易佣金支付卖方研究的费用，佣金率越高，其支付能力及可动用的资源就越多越强。如果一只基金的规模是

100亿元，一年换手3次，也就意味着600亿元的交易金额，0.8‰的佣金率代表其有4 800万元的交易佣金可以用来支付各种费用。如果佣金率降到0.2‰，这个基金的交易佣金就降到只有1 200万元，少了3 600万元，基金公司能调动的资金就少了很多。在这里，你可能会问：难道基金公司对这3 600万元无动于衷吗？3 600万元对于基金公司也是一笔不小的数字，但这个秘密在于，这3 600万元不是基金公司支付的，而是从基金净值中扣减的，也就是说，享受服务的人自己是不买单的，买单的是基金持有人。如果一个交易，购买商品或者服务的人自己不用买单，那么他就会非常慷慨，甚至希望价格越高越好，价格越高他就可以要求更好的产品和服务，要求各种其他额外服务。况且佣金对于基金的业绩影响很小，3 600万元除以100亿元，也就是0.36%的收益率，对业绩排名影响很小，因此基金公司没有动力降低佣金率。

而作为真正佣金支付方的基民，有没有动力去要求降佣金呢？目前看来还没有，因为每年基金交易佣金占基金净值的比例一般不到5‰，而且和每年1.5%的管理费相比，不但占比低，而且是"隐形"的。在当前主动管理型基金还能大幅取得超额收益，基金之间业绩分化严重的情况下，通过投资基金获得更高收益才是基民主要考量的因素，只要基金能取得好的业绩，佣金率稍高些基民也会接受。或者还有另外一种可能，就是绝大多数基民还不清楚支付佣金这回事儿。

这个蛋糕有多大？据相关统计，2021年公募基金交易佣金为219亿元，这200多亿元的佣金均是基民付出的成本。可以说，这200多亿元交易佣金，养活了几十家券商研究所，导致年薪数百万元甚至上千万元的天价分析师的出现，导致券商研究所为了拼佣金而陷入无序竞争。但基民付出了200多亿元的成本，他们知情吗？他们获得了什么？这是个大问题。

由于监管约束不足，基金的高佣金率始终降不下来，而卖方则争相扩容分仓佣金蛋糕，卖方分析师队伍不断壮大，令整个行业陷入过度竞争的状态。

与此相对的是，欧洲卖方研究市场近年来呈现缩量的状态，一套名为《欧盟金融工具市场法规Ⅱ》（简写为 MiFID Ⅱ）的金融监管规定改变了欧洲的卖方研究市场格局。在 MiFID Ⅱ 的规定下，将研究费用"蒙混打包"在交易佣金里的行为被明令禁止，买方需要单独为股票研究支付费用，也就是说，为研究付费的人由基民变成了买方机构自己。由于需要自行掏腰包购买研究服务，基金公司也就不会像原来那么大方了。根据麦肯锡的测算，MiFID Ⅱ 自2018年1月开始实施后，年内欧盟的机构投资者削减研究支出约12亿美元，78%的机构表示将减少对卖方研究的购买量，部分卖方分析师面临失业。在成本有限的情况下买方不再追求量，而只需要参考几个优质的分析观点就够了。如果类似规定在我国实施，卖方的数量可能会从目前的50多家减少到十几家，且对质量的要求也会大大提升，靠"唱多"和拼服务挣佣金的商业模式可能会被完全颠覆。

"四维评级＋动态估值" 是对卖方研究的重要补充

卖方研究存在的问题包括：只唱多不唱空，研究体系比较随意，结论（特别是估值和评级）不够严谨。这就导致投资者很难直接根据卖方研究的结论来做投资。所以卖方研究的价值在于提供逻辑和服务，而其结论（特别是估值和评级）大家仅作参考即可。正如我们前面说到的"三看两不看",我们建议不看券商研报的目标价和评级,因为水分太大。在实践当中,机构投资者几乎不会根据卖方研报的评级和目标价做投资。

相反,在债券市场,评级是最重要的参考指标。没有评级,企业发债都没有人愿意购买;评级直接决定了企业发债的成本,评级越高、融资成本越低。任何投资机构在决定是否要买入某债券之前,一定会看评级机构的评级,如果是 AAA 级,会放心大胆买入,如果连 A 级都不是,压根就不会考虑。可以这样说,债券评级是债券发行和交易市场的基石,如果没有成熟而发达的债券评级业务,债券市场不可能有今天的大发展。

为什么两者差异这么大?这是因为,债券市场经过多年发展已经形成了成熟的评级体系,国际三大评级机构穆迪、标普和惠誉已经具备上百年的评级历史,在国际债券市场具备很高的公信力,国内也有以中诚信、大公、联合等为代表的评级机构。但市面上专业从事股票评级的机构几乎没有,券商研报几乎是我们唯一能看到的具备一定评级性质的产品,但太多的"买入""增持"等评级也让研报评级显得缺乏价值。

那么问题随之而来,A 股市场是否需要可信任的股票评级产品?如果有需要,实施难点在哪里?这些难点有没有可能克服?

债券评级市场

在看股票评级之前,我们先来看看债券评级。

债券评级是按一定的评比标准,对债券还本付息的可靠性做出公正客观的评价,目的是向公众展示债券的信用程度,以帮助投资者了解各种债券的风险,最终决定是否投资。债券评级较好地解决了发行方和投资者之间信息不对称的问题,对证券市场的健康发展有着积极的意义。

所谓信用评级,实质上就是"信用排序",即将企业按照其信用质量和违约可能性的高低进行排序。评级的过程,简言之,就是评级机构在独立、客观、公正的基础上,通过宏观与微观相结合、定性与定量相结合、静态与动态相结合,对发债主体和债项的信用风险进行识别和定量评价。具体包括以下方面的内容:

- 分析行业运行情况和变动趋势。评级机构要分析宏观经济对行业趋势的影响,这一点对于提前识别和评估信用风险很重要。在行业风险尚未暴露的时期,企业的财务报表可能仍较为正常甚至光鲜亮丽,但如果行业出现产能过剩严重、库存去化艰难、需求疲弱等特征,往往会导致行业内企业的信用恶化。

- 在行业背景下分析企业信用。债券评级须综合考虑规模、业务、产品、区域多元化、综合竞争力、财务、融资能力、股东支持等要素,一般认为规模越大、在能力圈范围内的产品线和区域越多元、综合竞争力越强、偿债能力越强、股东背景越强大,企业信用安全性就越高。

- 在确定主体信用等级后考虑增级条款的效果。增级条款是运用各种有效手段和金融工具确保债权人能够按时拿到债务本息,增加债券安全性,从而提升债券等级的条款,主要包括保证人担保、不动产抵押、有价证券质押、股权质押等,对应投资者需要关注担保人资信、不动产估价、有价证券和股权估值等情况。

按照安全性的高低，我国一般将中长期债券划分为9个级别（见表4-5），等级越高代表该债券的信用越高，投资者可以根据债券等级判断投资性价比，通常债券的信用等级越低，为补偿信用风险，其对应的收益率也就越高。

表4-5 债券等级划分

等级符号	含义
AAA	债券安全性极强，基本不受不利经济环境的影响，违约风险极低
AA	债券安全性很强，受不利经济环境的影响较小，违约风险很低
A	债券安全性较强，轻易不受不利经济环境的影响，违约风险较低
BBB	债券安全性一般，受不利经济环境的影响较大，违约风险一般
BB	债券安全性较弱，受不利经济环境影响很大，有较高违约风险
B	债券安全性较大地依赖于良好的经济环境，违约风险很高
CCC	债券安全性极度依赖于良好的经济环境，违约风险极高
CC	基本不能保证偿还债券
C	不能偿还债券

资料来源：市场公开信息。

一般说来，在我国，评级在A级以上的债券才是"投资级"债券。尽管评级也涉及较多主观判断，但债券评级有固定的框架以及可量化的评价机制，因此得出的评级结论大家总体上觉得可信。

值得注意的是，和股票市场一样，由于商业模式和市场竞争，我国债券市场也存在评级普遍虚高的情况。发行人付费是信用评级机构最主要的赢利模式，本该作为客观第三方的评级机构与发行人有着利益关系，个别评级机构会出于客户关系考虑，给出的评级可能会不够客观。另外评级机构之间也存在过度竞争的问题，个别评级机构可能会为了争取发行人订单而承诺给予其高评级。

股票评级的意义和难点

我们一再强调价值投资是"好公司＋好价格",但对于什么是"好公司"和"好价格",资本市场并没有统一的标准,普通投资者更是无从判断。这和债券投资一个评级基本上解决信用风险评估问题,有着天壤之别。如果我们有某种方法论,能够像债券评级一样,用一个或几个可靠的评级指标,来帮助投资者判断"好公司"和"好价格",那么可想而知,对于希望实践价值投资的人会有多大的帮助。投资者就不用辛辛苦苦自己去收集资料、整理资料,做非常多的研究才能评判公司的质地,而是根据评级就能快速了解公司的基本面,这样投资无疑会变得更加简单。另外,如果资本市场有可靠的基本面评级,那么就如债券评级影响企业融资成本一样,基本面评级高的公司享受高估值,基本面低的公司遭受估值折价,就有可能显著减轻乱炒垃圾股等现象,促进资本市场的效率提升。

但股票评级的难度显然大于债券评级。和债券评级不同,股票评级需要考虑的因素要更多、更复杂。债券评级对所有因素的考察基本基于信用,即债券评级关心的是企业利用留存收益偿还债务的能力,因此更关注企业是否能在债券偿还期限内保持持续稳定的经营。而股票与债券的视角截然不同,除了关注公司经营的稳定性以外,股票市场更关注公司的未来增长能力,而评估公司增长能力,我们要考虑很多维度的东西,并且这些东西也不像债券市场一样有固定的标准。比如,周期性行业和消费品行业,评判它们的竞争力和发展潜力的维度完全不一样,前者主要是供求关系驱动业绩,而后者更关注的是企业的品牌和渠道能力;再比如,一家还处于高速成长期的公司和一家已经进入成熟期的公司,它们的发展前景、确定性截然不同，前者发展速度快但确定性弱，而后者发展速度慢但确定性强。

由于资本市场对不同行业、不同属性的公司关注视角完全不一样，它们的发展驱动力因素也千差万别，这就造成很难有单一维度的评级框架（债券评级只关心信用风险或还本付息的能力，可以算是单一维度的评级），这正是股票评级的难点所在。

但这是不是意味着股票评级没有任何可行性呢？我觉得未必，我们的"四维评级"和"动态估值"就是一种积极探索和尝试。

对股票评级的探索和实践

企业是在特定行业和竞争环境下经营发展，它们未来的增长和绩效，主要取决于经营环境和自身竞争力。那么，我们可以从决定企业经营成败的各种纷繁复杂的因素中，抽离出最重要的评判企业经营环境和自身竞争力的因素，加以客观分析并定量评价，就有可能对企业基本面进行评级。这个就是我们前面介绍的四维评级，即对企业的行业成长空间、行业竞争格局、企业护城河以及企业经营绩效进行量化评级。行业成长空间和行业竞争格局，反映的是企业经营环境；企业护城河和经营绩效，反映的是企业自身竞争力。这四个维度既可单独评级，也可加权处理后得到综合评级。

股票的赢利模式和债券不一样，债券赚取的是固定利息，所以投资者最关心的是企业还本付息的能力，这也是债券评级解决的问题。股票赚取的不是固定的利息，而是分红和股价变化（资本利得），正如前面说的，估值在股票投资中非常重要，甚至可以说是投资的核心。正因为如此，在四维评级之后，我们还要关心公司的合理估值是多少？现在的股价是合理，还是高了或低了？这就需要我们在四维评级之后还要解决估值问题。从这个角度上来说，所有的债券研究，最终落脚点是企业的还本付息能力，而所有的股票研究，最终落脚点是估值。估值方法有很多种，包括我们前面提到的绝对估值和相对估值，这些估值方法各有优缺点，而我们益研究内部使用的是本书所介绍的评估企业内在价值的方法论——动态估值，吸取了绝对估值和相对估值的优点。我们会根据企业的动态估值和股价，对企业的估值状态进行评级：严重高估、高估、偏高估、合理、偏低估、低估、严重低估。

有了四维评级和动态估值，股票评级的框架和体系就出来了。这套框架和体系和传统的卖方研究既有相同点，但也有显著不同。

我们和传统卖方研究的相同点在于，我们都是从事股票基本面研究的机构，本职工作是一样的，但我们的区别也是显著的，见表4-6。

表4-6 益研究和传统卖方研究的区别

对比项	传统卖方研究	益研究
研究视角	• 研究维度较为随意 • 更多关注中短期的边际变化	• 研究维度成体系 • 更多关注企业的长期基本面
交付产品	• 研究报告 • 定性分析为主	• 四维评级和动态估值 • 定量判断为主
客观性	• 受制于商业模式等原因，不太客观	• 客观、严谨

总之，股票的基本面研究涉及的维度非常多，但我们的四维评级和动态估值在很大程度上能解决基本面研究的标准化问题，并最终落地到对企业价值的判断，这能在一定程度上帮助投资者：

• 从四个维度建立对上市公司的认知。投资者可以通过数量化的信息，较为清晰地判断这个公司是"好公司"还是"平庸公司"，又分别好在哪里、平庸在哪里。
- 通过估值评级判断当前的股价大致在什么位置，是高估还是低估，大概高估、低估了多少，让投资者对投资的性价比和风险有基本的把握。

目前我们的评级体系仍不算完美，比如由于部分维度的评分较为主观，且对不同行业进行评价的研究员不同，主观和个体上的差异也就反映在了客观的评分上，进而影响评分的客观性。另外这样的评判方式对研究员本身的研究水平和能力要求较高，如果研究员本身能力薄弱，其最后得出的评分也就不具备参考性。尽管不完美，我们仍坚信股票评级是一个非常有社会价值和发展前景的事业，我们会不断提升团队能力，不断迭代完善我们的方法论和产品。

总之，传统卖方研究有其巨大的存在价值，也有其现实问题。我们提出的四维评级和动态估值并不能代替传统卖方研究，如机构投资者永远需要卖方研究帮助梳理投资逻辑，需要卖方研究帮助跟踪上市公司的基本面变化，帮助提供各种研究支持和研究资源，这些都是四维评级和动态估值所不能提供的服务，但四维评级和动态估值可以成为卖方研究的重要补充。

》本章小结

1. 股票研究分为卖方研究和买方研究，我们平时能接触并使用的券商研究报告属于卖方研究。

2. 不管是对于普通投资者，还是对于资本市场，卖方研究都很有价值。但由于受制于商业模式，卖方研究也存在许多缺陷，最大的问题就在于其只唱多不唱空，以及估值过于主观和随意，容易对投资者产生误导。

3. 债券市场的存在和发展离不开债券评级，但我国较缺乏可靠的股票评级产品，原因在于股票评级的难度远远大于债券评级。

4. 我们提出的四维评级和动态估值是对股票评级的积极探索，是对卖方研究的重要补充。

第五章 基于"四维评级+动态估值"的价值投资

益研究内部将动态估值用于指导我们的投研和投顾服务，实践证明，这是一种可靠的投资方法，能取得较为明显的超额收益。当然，在这个过程中，我们遭遇了很多实际的挑战，我们也对这些挑战进行了思考和应对。

基于动态估值做投资，能否战胜市场？

动态估值的历史表现

运用四维评级选出好公司，再根据动态估值确定好价格，那么如果我们基于动态估值来做投资，能否战胜市场呢？基于益研究的益研100股票池结果证明，利用动态估值构建的组合不但可以战胜市场，而且跑赢市场的幅度还比较可观。

益研100股票池是我们根据四维评级和动态估值选出的100家优质公司，这100家优质公司中的大部分属于市场上耳熟能详的白马公司，行业分布比较均衡，金融地产、医药消费、数字新媒体、新能源、传统制造等都有公司入选，没有显著的行业偏好或风格偏好。其中大部分公司属于沪深 300 指数的成分股，所以可以看作沪深 300 的迷你版或者增强版。

入选益研 100 股票池的标准很简单：当公司价值位于动态估值的低估区时，我们便将其选入池内，而当公司价值位于动态估值的高估区时，或其已经从低估区取得相当可观的收益，且当前存在性价比更高的股票时，我们就会将其替换出股池。可以说，益研 100 股票池就是我们基于动态估值所做的投资组合。

益研 100 股票池开始建立于 2019 年 5 月，截至 2023 年 4 月，益研 100 指数累计上涨了 51%，而沪深 300 指数累计上涨 12%，益研 100 指数跑赢了沪深 300 指数 39 个百分点（见图 5-1）。

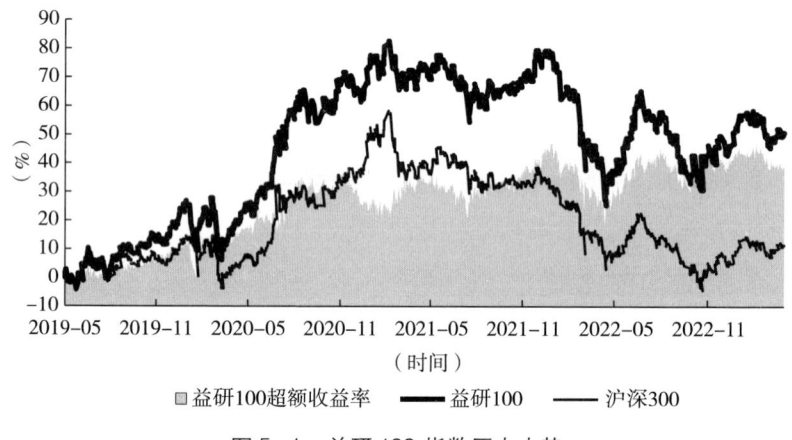

图 5-1　益研 100 指数历史走势

上述结果告诉我们，运用动态估值做投资，至少在中长期的维度上看，是完全可以取得超额收益的，这也让我们坚信了动态估值的有效性。当然，我们的组合时间还比较短，还需要更长时间的实践来验证。

接下来，我们将介绍两个典型案例，帮助大家理解我们是如何根据动态估值买卖股票，获得收益的。

案例一：恩华药业

恩华药业于 2022 年 5 月 5 日入选益研 100 股池，于 2023 年 3 月 6 日出池，其间共取得了 114.3% 的收益，足足跑赢了沪深 300 指数 112 个百分点。

恩华药业主要从事中枢神经类产品，包括麻醉类、精神类和神经类医药原料的生产制造，2022 年 5 月 5 日，我们对公司的四维评级结果如表 5-1 所示。

表 5-1 恩华药业四维评级

	星级	评价
成长空间	3.5 星	中枢神经类药物随着渗透率提高和中国迈入老龄社会，将继续保持稳定增长
竞争格局	3 星	竞争对手较多的二类精神药品仿制药不仅要通过一致性评价，还要参与国家集采，预计部分产量较少的厂商出于成本考虑将会放弃一些竞争激烈的品种
护城河	3 星	专注高壁垒的独特赛道为公司营造了较高的护城河
经营绩效	3.5 星	公司盈利水平高于行业整体水平，主要是因为公司产品市场竞争格局较好。公司很大比例的产品属于精麻管制范畴，此类药品受政策限制，生产厂商历来很少，且政府给予了精麻药品高毛利的定价

根据四维评级结果，结合我们对公司的盈利预测，得出恩华药业在 2022 年 5 月的动态估值为 243 亿元，而在 2022 年 5 月 5 日，恩华药业的市值仅为 126 亿元，比动态估值足足低了 48%。当时，带量集采开始落实，市场不看好仿制药这个板块，整个板块估值中

枢都在下移，恩华药业的估值处于历史底部位置，我们判断公司相关产品降价风险或被高估，公司当前估值极具投资价值。于是，我们于 2022 年 5 月 5 日将恩华药业配入池内，一直持有到 2023 年 3 月 6 日（见图 5-2）。

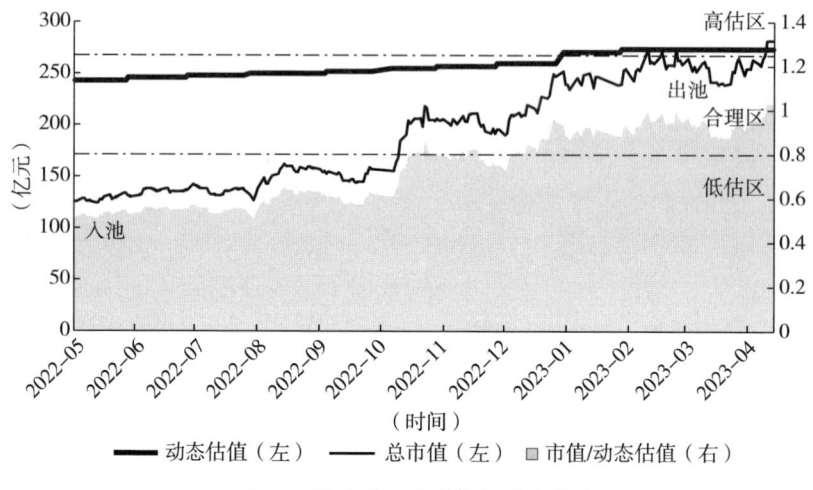

图 5-2 恩华药业在池期间动态估值

2023 年 3 月 6 日，恩华药业进入益研 100 股池以来涨幅已达到 114%，市场对于公司业绩复苏的预期已经在股价上充分体现，公司估值吸引力有所降低，动态估值已位于合理区间内。出于资金效率的考虑，我们将恩华药业移出股池，换入其他性价比更高的股票。但我们可以看到，在移出股池后，恩华药业的股价依然在上涨，如果不考虑资金效率，仅根据动态估值的状态选择继续持有，其实可以在恩华药业这只个股上取得更多的收益。

案例二：传音控股

传音控股于 2022 年 7 月 6 日入选益研 100 股票池，于 2023 年

4月12日出池，其间共取得了39.1%的收益，跑赢了沪深300指数47个百分点。

传音控股致力于成为新兴市场消费者最喜爱的智能终端产品和移动互联服务提供商，旗下拥有新兴市场知名手机品牌、数码配件品牌、家用电器品牌以及售后服务品牌等，2021年其在非洲智能机市场市占率达到40%以上，功能机市场市占率在70%以上，均排名第一，被称为"非洲之王"。2022年7月，我们对公司的四维评级结果如表5-2所示。

表5-2 传音控股四维评级

	星级	评价
成长空间	3星	非洲等新兴市场智能机渗透率较低，手机业务存在增长空间，家电、配件、移动互联业务长期空间较大
竞争格局	4星	非洲市场龙头地位稳固，新兴市场开拓顺利，中低端市场竞争格局稳定，对上下游溢价能力良好
护城河	4星	品牌和渠道护城河很深，但技术实力不强
经营绩效	3星	公司历史经营绩效较好，营收和归母净利润保持高增长，保持高ROE。全球智能手机销量触及天花板，公司业务存在增速放缓的隐忧

我们判断，传音控股在非洲基本盘稳固，品牌和渠道壁垒深厚，且公司正在持续"走出非洲"，除了南亚国家外还在不断地向外扩张，表现强劲。未来，传音控股的手机业务将受益于新兴市场功能机向智能机的切换以及人口规模的增长两大趋势。此外，公司还布局家电及消费电子配件业务，同时从多方面发力非洲移动互联业务，打开第二增长曲线，未来成长可期。

根据四维评级结果，我们对传音控股不同的业务分部估值，结合对传音控股各业务的盈利预测，得出传音控股在 2022 年 7 月的动态估值为 1 024 亿元。2022 年 7 月 6 日，传音控股总市值为 682 亿元，比动态估值结果低了 33%，我们判断公司当前估值极具吸引力，并于 7 月 6 日将其股票调入益研 100 股票池。2023 年 4 月 6 日，公司触及动态估值的高估区间，我们于 2023 年 4 月 12 日将传音控股调出股票池（见图 5-3），在池期间共盈利 39.1%。

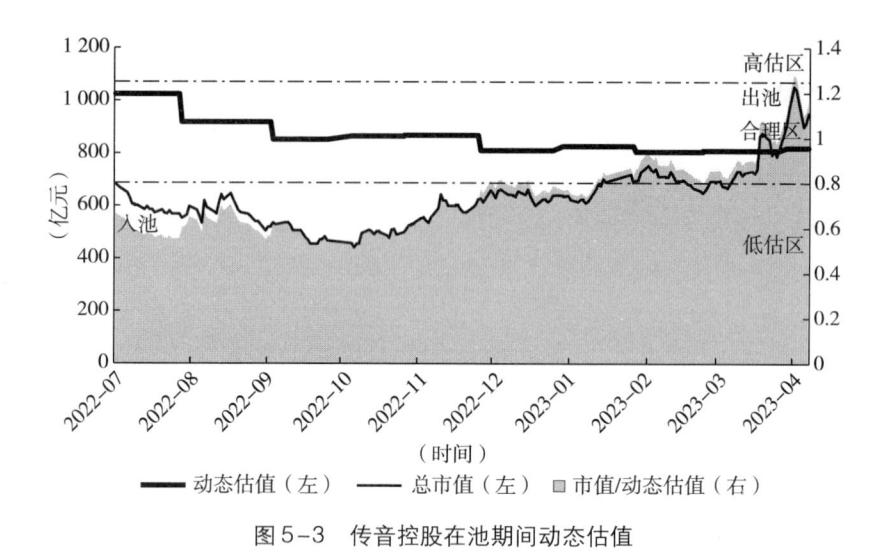

图 5-3 传音控股在池期间动态估值

基于动态估值做投资的优势和挑战

动态估值作为确定股票内在价值的一种工具，为我们提供了一个模糊正确的内在价值锚，帮助我们克服贪婪和恐惧的心理。在运用动态估值法算出股票的内在价值后，我们要做的就是与股价对比：当市场价格低于动态估值时，便是买入的机会；当市场价格高于动态估值时，卖出的机会便出现了。

但是市场价格回归内在价值需要时间，因此，动态估值法不可避免地会面临一些问题：有时候较早买入低估值股票（买入之后迟迟不涨），有时候较早卖出高估值股票（卖出之后仍在上涨），虽然收益稳健可复制，但动态估值也可能会损失泡沫化的收益，牺牲资金效率。

1. 动态估值的优势

（1）有一个模糊正确的内在价值锚

　　许多投资者都知道投资要做资产组合，不能把鸡蛋放在一个篮子里，但是鲜有投资者知道组合的具体做法。所谓投资组合，并不是简单的持股数量的分配，而是要认真研究个股的质地和性价比，只有将质地好、性价比高的股票选入你的股池，你的组合和配置才可能是有效的。而动态估值的作用之一就是，能够提供一个模糊正确的内在价值锚，帮助投资者选择性价比高的股票。

　　动态估值锚定的是公司的赢利能力、增长潜力、护城河、竞争格局等基本面因素，其结果取决于公司质地本身，而不是市场情绪和阶段性波动等因素。因此，相较于 PE、PB 等市面上流行的相对估值法而言，动态估值具备本质上的正确性和可靠性，可以为投资者选股提供很好的参考价值：如果公司当前市值低于动态估值，则投资该公司是性价比较高；如果公司当前市值高于动态估值，那么至少从价值投资的角度看，投资该公司是不划算的。

（2）帮助投资者克服恐惧和贪婪

　　利用动态估值做组合的第二个优势是，帮助自己克服贪婪和恐惧。投资者在投资股票时往往有过这样的经历：明明之前是看好这只股票的，结果买入之后它一直不涨，一问市场大部分人都看空或不感兴趣；或者明明认为一家公司已经估值过高了，但其依然受到市场的热捧，屡创新高。这时会不会怀疑自己：是我看错了吗，我要不要跟随市场去操作？如果心中没有一个内在价值锚，那么A股这种大起大落的市场将使你频繁陷入这样的自我怀疑中，你会在大家都卖出时跟着去恐惧，在泡沫的高点继续去贪婪，你的逻辑和理性将被心理因素彻底掩埋。

2013—2014年的茅台就是很好的例子。那时茅台的基本面没有任何问题，商业模式也依旧很好，但股价就是不涨，在一年多的时间里都处于低潮期，反而是一些垃圾股开始乱涨。当时为了解释茅台股价不涨，很多人说是因为年轻人都不爱喝白酒了，白酒以后会越来越没有市场。而在茅台股价不涨的过程中，很多人也听信了这种理由，抛售茅台转而去投垃圾股。这就是理性被恐惧和贪婪左右的结果，它让你错过了一个20年年均复合回报率高达35%的大牛股（见图5-4）。

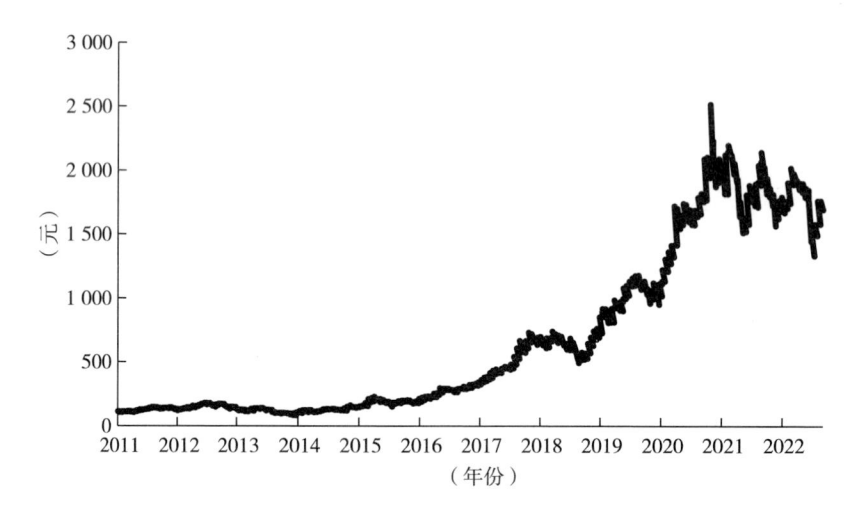

图5-4 贵州茅台股价走势

资料来源：市场公开信息。

那么我们怎样才能在这样动荡的市场中做到克服贪婪和恐惧呢？其实动态估值就提供了一个很好的工具。图 5-5 是我们针对贵州茅台做的动态估值，可以看到 2019 年年初公司还处在低估区，这个时候茅台的股价不到 600 元，而到 2020 年年底公司的股价达到 1950 元，两年时间股价涨幅 200% 多，其市值也来到了动态估值衡量的高估区。如果没有类似动态估值这样的工具作为价值锚，那么在这个时点，你极有可能选择贪婪，因为当时市场对茅台的追捧无比火热。如果这样做的话，接下来可能继续获得高收益，因为茅台在 2021 年 2 月涨到了 2 500 元的高点，不过更有可能的情况是，你会错误地买在高位，然后亏损在优质股票上（见图 5-5）。

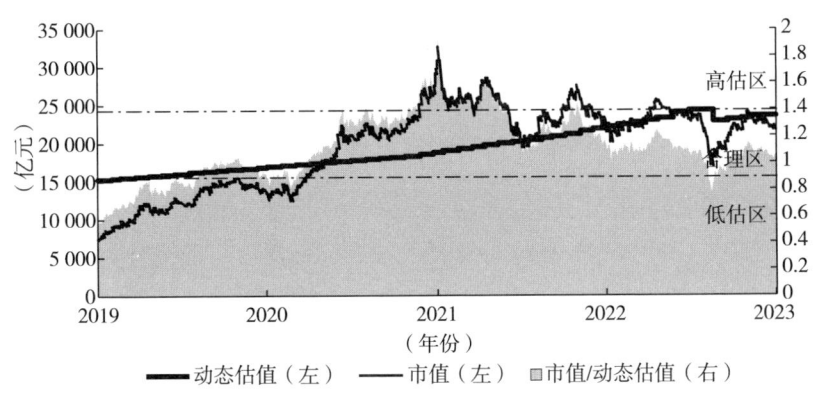

图 5-5 贵州茅台动态估值

资料来源：益研究。

很多人觉得价值投资拼的就是研究能力和逻辑，其实不然，投资在很大程度上其实是心理的游戏，如果你能保持绝对理性，坚持你在研究和估值上的判断，那么你大概率会获得不菲的收益。但遗憾的是，人永远没有办法不被情绪左右，在这个市场上，因为情绪产生的亏损，往往比因为逻辑和判断错误产生的亏损要多很多。这就是我们推出动态估值这一工具的原因,虽然只是模糊的正确,但动态估值确实提供了一个相对理性和客观的公司价值标准,来帮助你克服贪婪和恐惧。

2. 动态估值的挑战

(1) 较早买入低估值股票

在弱有效市场上,短期来看,价格经常偏离价值;长期来看,价格朝价值回归是基本的客观规律,在这个规律的作用下,股价最终能反映公司的内在价值。价值投资的核心思想就是,在市场上找到价格低于价值的好公司并且买入,等待均值回归,赚取定价错误被修复的超额收益。

然而,均值回归需要一个过程,这个过程可能很短暂,也可能会异常漫长,在很长一段时间里价格一直低于价值。我们通过动态估值法找到低估值股票并买入,却遗憾地发现很长时间过去了,仍然没有等来均值回归,虽然不一定亏钱,但确实影响了资金效率。

我们来看一只很典型的股票——桐昆股份。它是国内涤纶长丝龙头,连续21年在我国涤纶长丝行业中销量名列第一,国内市占率为20%,国际市占率超13%,具有较大的市场话语权。而且公司产业链一体化布局在行业内领先,具备一定的成本优势。我们对这家公司进行了深入研究,从2019年跟踪到现在,并且基于基本面分析对公司进行了细致的动态估值。

我们可以看看结果如何。从动态估值和股价走势图上看(见图5-6),如果我们的规则定为高估25%卖出,那么从2019年1月到2022年10月,公司股价一直处于低估区,短暂地进入过合理区,从未进入高估区。这意味着我们如果从2019年1月买入拿到现在,并未触发卖出机制获得超额收益。

这就是市场的魅力所在，难以预测，也不以任何人的意志为转移。较早买入低估值股票是动态估值法会遇到的问题，也是所有基于均值回归的价值投资方法普遍会遇到的问题。至于应该如何看待，又该如何应对，我们将在下一部分"动态估值的实战问题"中进行讨论。

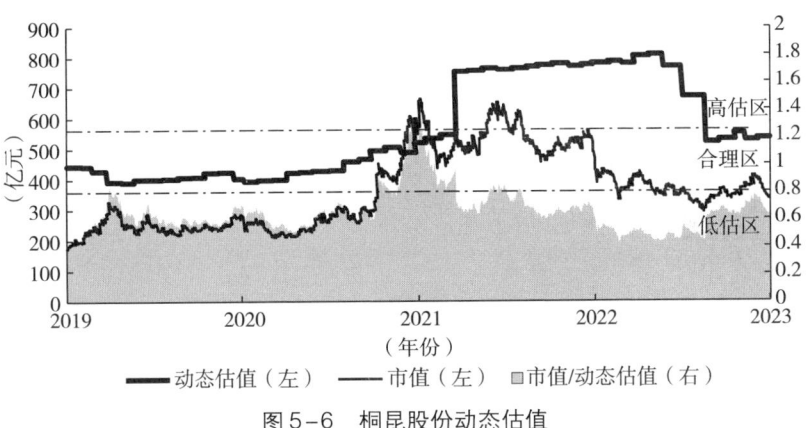

图 5-6 桐昆股份动态估值

（2）较早卖出高估值股票

定价错误在市场上很常见，但长期来看价格总会趋于价值，正是定价错误给我们带来了超额收益的可能。然而，在市场情绪的助推下，定价错误有时候会错得匪夷所思。前面所说的低估值股票长期处于低估是极端定价错误的一种，还有一种是高估值股票的股价节节攀升屡创新高，令人大跌眼镜。

历史上有很多高估值泡沫的例子，比较典型的有美股 20 世纪 70 年代的"漂亮 50"，还有 A 股 2020 年年底到 2021 年年初以茅台为代表的基金抱团重仓的"核心资产"。在这种泡沫化的行情中，我们常常看到一些股票的股价早已偏离了公司基本面，估值被推升到 80 多倍、90 多倍甚至 100 倍以上。而在估值泡沫破灭之时，很多股票出现大幅度下跌,市盈率"腰斩"都不止,身在泡沫之中的投资人会遭受巨大的损失。

按照动态估值法,当股价低于动态估值时买入,而当股价达到高估状态时(高估25%),应该进行卖出操作,前后逻辑自洽。可是在泡沫化行情中,很容易就过早卖出高估值股票,不能充分享受"泡沫化"红利。

以恒瑞医药为例。恒瑞医药作为中国医药企业的龙头,一直是资本市场的宠儿,估值也没有便宜过。2019年下半年,动态估值就发出估值偏贵的信号,如果那时候卖出,股价在50多元(除权价格)。但在此之后的核心资产泡沫化浪潮中,恒瑞医药的股价一度接近100元(除权价格),过早卖出恒瑞医药,"损失"了接近翻番的收益(见图5-7)!

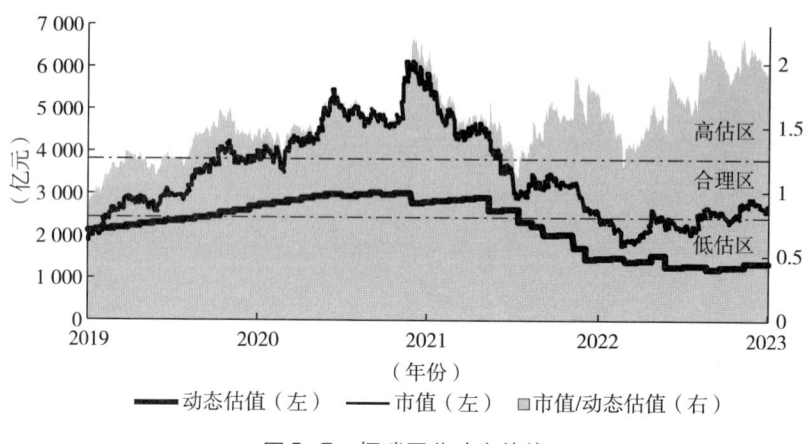

图5-7 恒瑞医药动态估值

站在当下这个时间点,我们会觉得很可惜,较早卖出高估值股票导致错过了牛股。但是站在2020年那个时点,又有多少人能预判出后面会有这么大的涨幅呢?对于这个问题,我的看法是指标只能帮助衡量泡沫的程度,并不能预测未来会不会继续上涨。在投资中并不存在既可以享受泡沫又能全身而退的方法。

这么多年以来,股市吹起的泡沫最终无一例外都会破裂,那些动辄百倍PE的泡沫很难不崩盘,只不过泡沫吹到多大才破、什么时候破、以什么方式破是很难判断的。以恒瑞医药为例,在核心资产泡沫破灭之后,其股价跌幅一度接近70%!动态估值法的确存在较早卖出高估值股票的问题,但也让我们避开了泡沫破灭的危急时刻。用自己构建的投资体系赚到能力圈范围以内的钱,也不失为一种好的投资之道。

当然,还有一种可能性,就是动态估值可能低估了企业的成长性。以宁德时代为例,宁德时代是全球领先的动力电池生产商。按照我们的动态估值,2020年2月股价就偏贵了,但如果这时候卖出,将损失2020年2月到2021年12月将近300%的股价涨幅。究其原因,主要是因为2021年以后,电动车的渗透率提升幅度远超预期,从4%~5%快速提升到30%以上(见表5-3)。

表5-3 电动车销量及渗透率

年份	电动车销量(万辆)	同比增速(%)	渗透率(%)
2022	688.7	93.4	31.33
2021	352.1	157.5	14.99
2020	136.7	10.9	5.56
2019	120.6	-4	4.3
2018	125.6	61.7	4.35
2017	77.7	53.3	2.77
2016	50.7	53	1.97
2015	33.1	342.9	1.31
2014	7.5	323.8	0.29
2013	1.8	35.2	0.07

资料来源:市场公开信息。

渗透率远超预期导致宁德时代的业绩也远超市场预期，动态估值本身也在不断抬升。但在2020年年初，我们可能已经按照动态估值早早卖出了，这说明前瞻性的判断太重要了，而这恰恰也是价值投资的难点（见图5-8）！

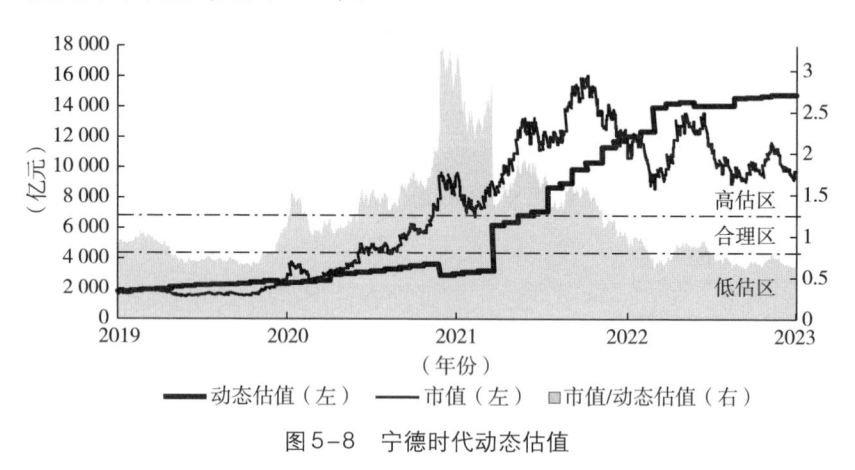

图5-8 宁德时代动态估值

（3）不能结合轮动，提高资金效率

传统的价值投资强调长期投资，重仓持有后等待"时间的玫瑰"慢慢绽放，但问题是我们在等待玫瑰绽放的时间里，桃花、菊花可能早已经热烈绽放，而玫瑰永远是花骨朵状态，甚至连花骨朵的影子也看不见。就像我们前面提到的，在2013—2014年茅台股价低迷的时候，垃圾股的价格已经被炒上了天。

在这个市场中，想要完全抓住每一轮行情是很困难的，因为我们很难去判断低估值股票什么时候会涨起来，也很难判断高估值的泡沫什么时候会破灭。现在券商策略团队有一个很流行的做法，就是跟踪景气，最典型的做法是设置一系列中观行业指标，判断这些行业未来是景气上行还是景气下行。这种方法看似逻辑上非常通顺，但其实它隐含了一个假设：市场会跟随基本面即时变化。可问题是市场很多时候不是这么走的，很多时候景气还在往上，但泡沫已经破灭了。我们前面提到的宁德时代就是很好的例子，2021年年底的时候新能源行业渗透率还在提升，锂价甚至在2022年下半年还在创新高，但宁德时代的股价就是开始跌了。想在泡沫破灭前全身而退很困难，但动态估值至少提供了一个标准，它告诉我们超过估值临界点的部分大概率是泡沫，很难持续。

为了尽可能多地抓住市场阶段性的机会，市面上还出现了不少所谓的轮动策略，比如"流动性好、经济差买小盘成长，经济复苏买大盘价值"这样的说法，因为只要流动性好，小盘成长就可以抬估值，而大盘股则更多依靠经济恢复带来的盈利提升。如果你是一个投资新手，可能会觉得这个规律很好用，因为2022年5~7月的市场的确就是这么走的。可一旦你认真复盘过A股历史，就会发现这个规律在历史的某些时期并不适用。2016年就是很好的例子，当时经济增速在换挡后继续下滑，蓝筹白马股却在下半年开始持续性回升，上证50的表现要远好于"中小创"。很多看似逻辑上非常通顺的策略，当你拿历史事实去验证的时候，总会找到例外。

类似试图捕捉市场的策略和方法还有很多，但对"抄底"和"逃顶"的作用都微乎其微。而动态估值看似牺牲了资金效率，牺牲了泡沫化的收益，但实际上它帮助我们获得了持续性的、可复制的稳健收益。

动态估值的实战问题

模糊正确和精确错误

巴菲特喜欢说："模糊的正确胜过精确的错误。"这句话其实源于经济学家凯恩斯。大概没有人会反对这句话，尤其是在投资中。不管是四维评级还是动态估值，虽然都是定量地分析公司的基本面和估值，但其方法论还是比较简单的，不需要复杂的财务建模，总体上还属于"模糊正确"的范畴，远远谈不上精确。

只是，人们往往对看起来精确的东西怀有敬畏感。在《故事与估值》这本书中，达摩达兰教授风趣地写道："如果你是一名分析师、投资顾问或者银行家，并且正面对着一群质疑你的听众，那么使听众安静下来的最简单的方法就是打开一张填满数字的复杂的电子数据表。当你的听众并不善于分析数字的时候，这一招尤其有效，而如果这群听众精于数字，你也不必担心，因为仅依靠人脑，他们一般也无法读完并弄懂页面上的一大堆数字。"

绝对估值法是精确的代表，通过假设一系列变量，推出未来若干年的自由现金流，然后折现得出当下的估值。参数都很精确，过程也很复杂，得出的结果却不见得正确，甚至大多数时候是错误的。只要有一个变量有所改变，结果可能就会谬以千里。这正是现在券商研究所以及机构投资者普遍采用相对估值法而不采用绝对估值法的原因。特别是很多复杂精美的财务模型，刚打开的时候，确实让人觉得很专业，但当你认真检查模型的各种假设和参数的时候，会发现它们和公司基本面脱节——例如公司在 5 年以后的 ROIC 等指标显著高于同行业公司或者社会平均水平，公司却没有明显的竞争壁垒和护城河，这就属于精确的错误。

投资是认知的变现，考验着一个人的思维方式和投资框架。模糊正确和精确错误所代表的就是思维方式的不同。与其通过细致入微的分析和计算产生错误的投资决策，倒不如换个思考方式，锚定最本质最主要的东西，得出大概率正确的投资结论。

动态估值法锚定公司最本质的东西——成长空间、护城河和竞争格局，代表的是一种模糊正确的思维方式。当然，模糊正确有个前提，进行动态估值之前我们必须深度研究公司基本面，也就是四维评级。只有研究好公司基本面，我们才能对行业、对公司有清晰的认知，对成长空间、护城河和竞争格局产生大概率正确的判断，并用动态估值法得出相对符合公司内在价值的估值结果。

谈到模糊正确，还有一件事情万万不能忘记——安全边际决定了我们能承受多少"模糊的正确"。安全边际是重要的投资原则之一，用巴菲特的话说就是"用 4 毛钱的价格去购买价值 1 元钱的股票"。预测未来很难，而安全边际的存在可以帮助我们降低判断错误导致的损失。安全边际越大，决策的容错度越高，投资者的潜在投资回报率也越高。相反，高估值不仅会降低投资者未来的投资回报率，而且还会降低决策的容错能力，一旦判断错误，股价将会迎来戴维斯双杀。

在运用模糊正确的估值方法时，我们一定要留足安全边际，尽可能选出股价与内在价值偏差较大的低估值股票。当你幸运地找到这只股票时，先不要急着高兴，我的建议是从头重新复盘公司的基本面，确保没有遗漏重要负面信息，确定这是市场的错误，而不是自己的判断失误，然后，就可以充分享受未来的戴维斯双击了！

如何预测企业盈利：一致预期是好的参考指标吗？

在用动态估值法进行估值时，需要预测公司未来 3 年的利润，这个利润最好基于自己对公司的研究进行细致的业务拆分和盈利预测，这样得出的业绩预测比较契合公司基本面。但是很多普通投资者没有自己做盈利预测的能力，券商的一致预期就成为一项重要参考。券商的一致预期是多家券商对公司盈利预测的均值，被认为是市场中比较准确的预测。但一致预期真的是好的参考指标吗？能不能直接拿来用呢？

我们对2017—2022年券商一致预期进行了深入研究，得出的结论可以帮助投资者客观看待和合理利用券商一致预期。

第一，券商对上市公司的盈利预测与上市公司实际业绩之间存在很大的偏差。这一点很容易理解：券商和普通投资者一样，并没有"上帝视角"。未来宏观经济的发展、行业竞争格局的变化等非常难以预测，上市公司自己做的全年预算尚且要进行滚动调整，绝大部分上市公司高管都很难预测公司几年后的业绩，更何况公司外部的券商分析师。一致预期本身是多家券商所做的盈利预测的平均值，一般来说，进行预测的券商数量越多越好，可以缩小单个券商的盈利预测偏差。如果一段时间内与某家上市公司有关的研报数量很少，一致预期与公司未来实际盈利的偏差往往会扩大，反之，偏差往往会缩小。

第二，券商的盈利预测很容易高估公司未来业绩。作为上市公司与机构投资者之间的沟通桥梁，券商分析师一边通过调研从上市公司高管处获得公司最新信息，一边向买方（一般是大型公募、私募基金公司）提供研究服务获得派点和"新财富分析师"评选投票。这种业务模式决定了卖方研究无法公开唱空上市公司，因为一份唱空研报很可能会得罪上市公司从而影响后续调研，还会给持仓的机构带来损失从而影响后续合作。所以市场上的券商研报客观性不足，往往只说多不说空，他们所做的盈利预测也就容易高估公司未来业绩。

第三，随着时间的推移，券商的一致预期与公司未来实际业绩的偏差会收窄，准确度提升。比如，N-1年7月券商的一致预期要比N-1年3月券商的一致预期更接近上市公司未来的业绩。这一点很容易理解，随着时间的推移，信息披露越来越多，事件发生也越来越充分，不确定性也会降低，同时券商过于离谱的预测也越难以解释，所以偏差会收窄，准确度会提升。

第四，业绩变动越大的公司，券商一致预期准确性越低。简单来说，就是增速越高的公司业绩越容易被低估，负增长越大的公司业绩越容易被高估。这意味着券商的预测会比实际情况更偏向于稳定，难以预测到较大程度的变化。

第五，大型公司的盈利预测一致预期要比小型公司的准确度更高。市值超过1 000亿元的公司，大幅高估的概率明显较低；而小市值公司中，被高估的概率较高。这主要是因为那些"大白马"公司历史沿革比较久，对外披露的信息更加充分，信息透明度高，自然预测准确度也越高。

第六，不同行业一致预期的准确度存在差异。像数字新媒体这种高成长性、高不确定性的创新型行业，偏高估现象较为严重，一致预期的变动也更加剧烈；食品饮料等消费品行业即便在早期也能有相对准确的预测；化工等周期性行业可能会既有大幅高估又有大幅低估的情况。

这些结论告诉我们，券商一致预期可以作为我们进行盈利预测的一个参考，但完全信任券商的一致预期并非明智之举。如果我们自己有能力做盈利预测，可以将自己所做的盈利预测与券商一致预期进行比较，差异如果特别大就需要找找原因，尤其是如果自己所做的盈利预测比券商的还要乐观就更要提高警惕了。如果自己没有能力做盈利预测，也只能以券商一致预期作为动态估值的输入参数，但在这个过程中，要注意不同市值、不同行业、不同时期的一致预期的准确率是不同的，我们需要结合以上的规律，在使用的时候保持一定的怀疑和警惕。

如何给出合理倍数：估值是艺术还是科学？

实践中，对动态估值结果产生较大影响的主要是两个因素：盈利预测和估值倍数。盈利预测尚有一致预期作为参考，估值倍数的确定则比较困难，但仍至关重要。

第三章中讲过，动态估值法的合理估值倍数表由蒂姆·科勒的价值驱动因素公式，结合我们的投研经验推导而来，锚定于公司成长空间、护城河和竞争格局。基于这三个维度给出的估值倍数，具有很强的逻辑合理性。

买股票就是买公司，价值投资者赚的是公司成长所带来的利润增长，即公司内在价值增长。投资成长性高、想象空间大的公司，投资者能够分享公司未来高速成长带来的收益。复合增长拥有强大的魔力，让人们的财富如同滚雪球般越滚越大，爱因斯坦就曾将复利描述成"有史以来最伟大的数学发现"。一只股票的股利增长率和盈利增长率越高，理性投资者应愿意为其支付越高的价格，给予越高的估值。事实确实是这样，我们能够看到，对于高增长的成长股，市场愿意给的估值倍数更高，像比亚迪、宁德时代等新能源股票，估值倍数都很高。所以，在给估值倍数时，如果增长潜力越低，给的估值倍数就应该越低；增长潜力越高，给的估值倍数就应该越高。

给估值倍数时，竞争格局和护城河也是不容忽视的重要因素，在稳健型投资者眼中，竞争格局和护城河往往比成长性更重要。企业的护城河指的是企业在相当长的一段时间内无法被模仿和替代的竞争优势，如品牌、专利、垄断性牌照、规模优势等。牛股往往是那些拥有很深护城河、行业竞争格局比较好的公司，只有这样，公司才能够在未来持续不断地产生稳定的超额利润。如果一个公司没有护城河，行业竞争格局又很差，即使在一个高速增长的行业里，也很容易被淘汰；如果一个公司有很深的护城河、行业竞争格局不错，那么即使在一个稳定或缓慢增长的行业里，也能拥有很强的赢利能力。这样的例子不胜枚举，比如海螺水泥、贵州茅台，都拥有很深的护城河，行业竞争格局也比较好，即便在传统行业里，也能凭借自身竞争优势挤压竞争对手的市场份额，享受行业集中度提升所带来的收益。所以，在增长潜力差不多的情况下，公司的护城河越深、行业竞争格局越好，应该给的估值就越高。

预测可能会有风险，不同行业、不同特质的公司经营确定性和预测的准确性存在差别。消费行业的公司盈利增长的确定性比较好，可预测性也更强。一些新兴行业的公司经营确定性和可预测性就比较差，业绩很容易发生出人意料的波动。所以在给估值倍数时，还应考虑公司经营的确定性和业绩可预测性。确定性和可预测性比较好的公司，应该按照实际情况给估值倍数。确定性和可预测性比较差，容易发生"黑天鹅"事件的公司，给的估值倍数应该适当调低一些，从而给自己的投资决策留有足够的安全边际。

简单总结一下，估值倍数和成长性正相关，和护城河、竞争格局正相关，和经营确定性（可预测性）正相关，这种相关性符合经济学理论以及市场规律，表明给估值倍数并非毫无章法，而是有内在逻辑的科学。

尽管我们知晓了这些给估值倍数的重要规则，具体到应用时却还是挑战重重。第一个挑战是动态估值法的估值倍数表中的估值倍数基于经验，尽管现金流贴现模型经过一定验证，但在逻辑上不如绝对估值完美，估值倍数的高低对最终结果的影响非常显著。第二个挑战是对公司成长空间的预测带有极强的主观性，易受到个人情绪的影响，从而对公司未来成长空间的判断出现偏差。第三个挑战则是对护城河和竞争格局的判断存在难度，特别是跨全行业的分析和评级。

所以，估值并非完美的科学，如何给出合理倍数其实是科学和艺术的结合，既有经济和市场底层规律在里面，又离不开个人的主观判断，而这也正是投资的魅力所在。

遭遇"黑天鹅"，如何调整动态估值？

我们在股票投资时经常会遭遇"黑天鹅"。这些年，股票市场的系统性"黑天鹅"很多，中美贸易冲突、新冠肺炎疫情、俄乌冲突等；个股的"黑天鹅"更是数不胜数，很多传统白马股也纷纷出现"爆雷"。对于投资者来说，要学会正确应对"黑天鹅"事件，按照一定的框架，系统性地思考和判断。正确应对"黑天鹅"的方法如图5-9所示。

首先，我们要判断这件事情到底是不是关键驱动因素（信号还是噪声），然后判断股价是不是已经反映了。

根据不同的情况，我们要做出不同的决策：可能不用理会（噪声+股价未反映），可能加仓（噪声+股价下跌），可能赶紧清仓离场（信号+股价尚未反映）。当然最有可能的是重新做基本面判断和重新估值（信号+股价已经反映）。

遭遇"黑天鹅"，应该如何用动态估值法进行重新估值呢？

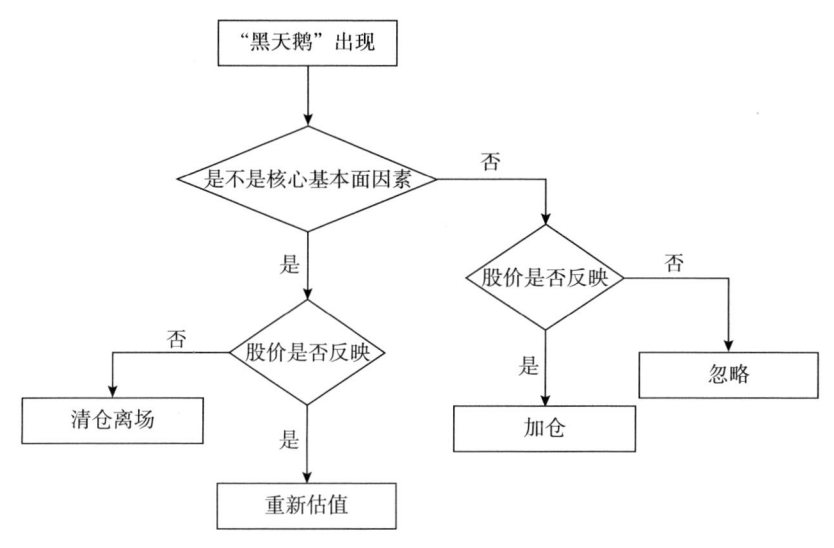

图5-9　正确应对"黑天鹅"的方法

根据图5-9，重新估值的前提是这个"黑天鹅"事件涉及核心基本面因素的变化，比如医疗行业的"集采"政策影响公司未来的销量和销售价格，又比如苹果产业链的公司失去大客户苹果的订单甚至被踢出供应链，再比如科技行业的公司受到美国制裁无法采购芯片或无法向海外销售商品等。

当这类"黑天鹅"事件发生时，我们应该按照下面的步骤调整动态估值。

第一步，重新进行未来3年的盈利预测。重新进行盈利预测涉及重新梳理公司逻辑，这是重新估值的起点，也是最重要的一步。通过深入分析"黑天鹅"事件，可以大致判断出该事件对公司未来营收影响的幅度，以及是否涉及大额的折旧摊销等，进而预测出未来几年的业绩。

第二步，重新确定估值倍数。这一步需要重新判断公司的增长潜力、护城河和行业竞争格局。在增长潜力方面，要预测未来4~10年公司的增长空间或复合增长率，有的"黑天鹅"事件可能导致公司彻底剥离某部分业务，那么公司未来的增长空间将大打折扣。护城河的重新判断同样十分必要，高估一家公司的护城河是常有的事情，在"黑天鹅"事件发生之前，或许你认为公司的护城河很深，但当"黑天鹅"事件发生后，有可能彻底颠覆你对这家公司护城河的认知。行业竞争格局有时也有重新评估的必要，比如新能源汽车涌现出实力厂商、特斯拉发动行业内的价格战等，都会对行业竞争格局产生较大的负面影响，需要根据行业动态重新评估竞争格局。"吃一堑，长一智"，在重新判断公司增长潜力、护城河和行业竞争格局时，要尽量避免受情绪的干扰，尽可能客观地做出理性判断。

第三步，重新确定贴现率。贴现率背后代表着风险或者说不确定性的大小，公司的不确定性越大，贴现率相应地也应该越大。"黑天鹅"事件的发生极可能会让你对公司的不确定性产生改观，进而需要提高贴现率。具体来说，应当对技术或商业模式变革及颠覆的可能性、行业周期波动（可预测性）、政策抑制或打压的可能性（例如集采、反垄断等）做出重新判断，修正之前的看法。

调整动态估值后，我们需要把新的估值与当前已反映的股价进行比较。大众误读常常会发生：虽然有的"黑天鹅"事件只会对公司基本面产生短暂或者微弱的影响，但市场放大了这种影响，市场情绪使得股价大幅下跌，从而可能造就买入良机。这种情况表现为股票市值大幅低于动态估值，此时可以考虑买入，抓住进场的良好时机。

巴菲特就有此类经典投资案例。1963年，美国运通遭遇"黑天鹅"事件，陷入丑闻，整个华尔街都在疯狂抛售运通的股票，短短几天时间，运通股价从65美元暴跌到35美元，几乎被腰斩。然而，巴菲特经过缜密分析后，认为市场夸大了丑闻的影响，并在市场最为恐慌的时刻以最快的速度买入运通股票。最终，这笔投资也给巴菲特带来了巨大的回报。

另一种情况是，调整动态估值后，如果股价高于动态估值所反映的内在价值，也就是说股价尚未完全反映公司基本面的恶化，此时应该当机立断选择卖出，避免进一步发生亏损的可能性。

因此，碰到"黑天鹅"的时候，我们要用系统性的、逻辑性的思考方式来应对，判断是否涉及关键驱动因素的变化，重新调整动态估值，然后结合股价变化，理性做出决策，这样就不会盲目止损离场或者盲目加仓。

如何看待有些公司股价长期低于或高于动态估值？

在做动态估值的过程中，可能会遇到一个问题：有些公司股价长期在动态估值以下，这些公司往往是价值股，比如图 5-10 中的中国平安；还有些公司股价却长期在动态估值以上，这些公司往往以成长股居多，比如斯达半导（见图 5-11）。

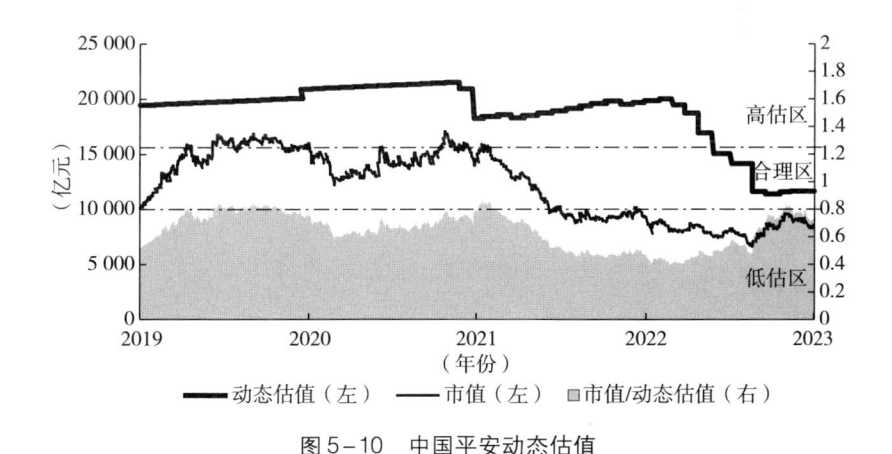

图 5-10　中国平安动态估值

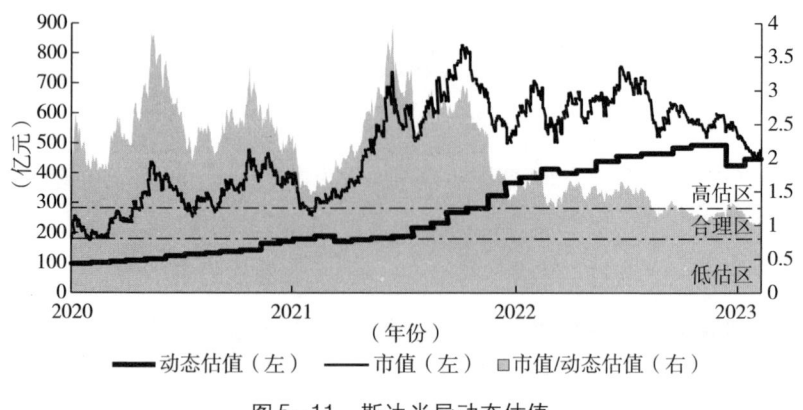

图 5-11 斯达半导动态估值

1. 应对策略

这里存在两个方面的可能性：

- 市场是对的，是我们对公司成长空间、护城河、竞争格局的预估错误导致动态估值错了。
- 动态估值是对的，是市场发生了阶段性的定价错误，市场定价错误的原因往往来自过度乐观、歧视偏见等非基本面因素。

如果是第一种情况，即市场是对的，我们对公司的判断错了，那么我们要做的就是纠正自己的偏见，以更加客观合理的态度对公司成长空间、护城河和竞争格局进行评估。

由于估值结果来自研究人员对公司基本面的判断，而"一千个人眼里有一千个哈姆雷特"，即便面对同样的信息和数字，不同人对同一家公司价值的判断也不尽相同。其中，有一些偏差是合理的，这些偏差可能和宏观经济背景、信息披露的公开性和真实性相关；而有一些偏差则属于"偏见"的范畴，比如对信息的过滤性解读，包括只选择自己愿意相信的信息，只愿意和自己观点一致的人交流等。在研究中，这种心理认知范畴的偏见是最容易出现的。但如果你的研究对象是个股，那么这些问题可以通过深刻地研究、反复地推敲和验证等过程得到很好的解决。

如果是第二种情况，即我们是对的，市场错了，那么我们要做的就是耐心等待，给价值回归更多的时间。

巴菲特所在的伯克希尔-哈撒韦公司曾以 8 港元/股的价格买入比亚迪，站在现在的时点来看，这是一笔非常成功的投资，14 年时间其收益达到 20 多倍。但我们回过头去看其股价上涨的过程，就会发现在这期间能坚持持有，其实是非常不容易的。2009 年，比亚迪股价涨到了 80 港元，1 年时间就涨了 10 倍，但在 2010 年后又迅速跌回 13 港元左右的位置，如果你缺少等待其价值回归的耐心，可能就在这一年的暴跌中恐慌性抛售了，更别说等它涨到 300 多港元的高价了。

霍华德·马克斯在《投资最重要的事》中说过："在投资领域里，正确并不等于正确性能够被立即证实……即使判断是正确的，但最终使之实现所需要的时长对许多投资新手来说也是不小的打击。"但无论怎样，在所有可能的投资获利途径中，低价买进都是最可靠的一种，因为市场总有一天会正常运转并恢复正确。

2. 如何判断是我们错了还是市场错了？

那么怎样判断是我们错了还是市场错了呢？这里提供 3 个思路。

(1) 摘掉有色眼镜

估值的过程看似客观，其实很多时候也是受非理性因素影响的。而其中我们最常犯的一个错误就是会标签化地看待公司，在真正开始做估值之前就在心里给它贴上了"好公司"或"坏公司"的标签。比如现在很多人认为和科技、高端制造相关的公司大概率是好公司，而传统的制造业公司大概率是坏公司，但其实回过头去看看，很多传统制造业公司，比如海螺水泥、太阳纸业等，反而能够为长期持有其股票的投资者带来不错的收益。

在我们发现公司价值长期偏离动态估值的时候，首先要审视的就是自己有没有对公司存在一些选择性的认知，如果我们作为评估公司价值的研究员，却对公司带有有色眼镜，那给出错误的估值也就不稀奇了。

(2) 寻根问底

当你确定自己摘掉有色眼镜后，建议紧接着问自己 3 个问题：

- 真的是这样吗？
- 为什么会是这样？
- 未来还会是这样吗？

这 3 个问题非常重要，我们称之为"灵魂三问"。

这 3 句话是一种思维模式，如果它们变成了你的"肌肉记忆"，会显著增强你的判断能力。记得我们的一个新人研究员曾经判断，优质的服务是海大集团的核心竞争力之一，而以服务作为优势的公司，通常都会有高于同行的定价和毛利，但我们通过财务报表发现，海大集团的毛利率并没有显著高于同行，因此对于这个结论我们暂且画了一个问号。如果在每一次下结论前，多问自己"灵魂三问"，确信自己的判断在当下可验证，原因可追溯，未来又有支撑，那么犯错误的概率将大大降低。

（3）保持平和心态

当你确信自己做出的估值没有问题，而股价就是不涨时，你要做的就只有一件事——保持平和的心态，耐心等待市场先生回归正确。

霍华德·马克斯曾在《投资最重要的事》中否定过有效市场假说，的确，市场在大部分时间里都是非理性的，它在悲观的时候往往会严重低估企业的价值，而这个低估过程可能需要好多年，长到让你怀疑自己的判断。但是，市场先生又总会在某些时候变得聪明起来，他终究会在某些时候发现企业的价值，然后逐渐乐观，最终回归企业价值本身。

很多投资者认为，买股票可以做到在任何时候都赚钱，因为任何时期，哪怕是大盘整体表现差的时期，也总会有上涨的股票。我们确实在任何时期都可以找到在这个市场上赢利的人，但他们大多数不会是同一个人或机构，如果你不相信的话，可以看看各个投资流派的知名人物，比如价值投资大师巴菲特、宏观对冲大师索罗斯、量化投资大师西蒙斯等，他们也不是在任何时间都能赚钱的。在这个市场上，能够在每个阶段都选对上涨的股票几乎是不可能的事情，如果你一心想在每个阶段都抓住牛股，反而可能失去很多本该握在手中的收益。

张居营在《慢慢变富》中说道："耐心，是别人大赚特赚之时，你仍然能够不为所动，坚信价值不会缺席。"时间会让优秀的企业变得伟大，我们要做的就是保持平和的心态，耐心等待市场的价值回归。

动态估值是决定买卖的唯一指标吗？

动态估值之所以能够实现可复制的盈利，根本原因就在于其内在逻辑性完备、简单，你只需要计算出企业盈利，给出估值倍数，就可以按照动态估值进行投资。但是，我们是否要将动态估值作为自己买卖股票的唯一指标呢？也就是说，仅根据估值买入并持有低估的公司，对于我们投资者是不是一个好的策略呢？

在回答这个问题之前，我们首先需要考虑以下几个问题。

1. 我们投资的是不是优秀公司

巴菲特的搭档芒格曾说："我们宁愿以一个比较贵的价格买一个伟大的公司，也不愿以便宜的价格买一个一般的公司。"因为伟大的公司会通过长期的业绩增长给你带来更高的价值，差的公司则很容易爆雷，很容易给人带来惊吓。当然，动态估值在为企业给定估值倍数的过程中已经考虑了公司的质地因素。

2. 是不是你能力圈范围内的公司

对价值投资来说，买股票就是投资公司未来，需要我们对公司基本面有判断和预测的能力。但历史经验表明，预测未来是一件非常困难的事情，因此投资者需要坚守能力圈，选择自己能力圈范围内的公司。

具体而言，首先，你需要弄明白公司的产品和服务，理解公司的商业模式、竞争格局和护城河，知道公司是靠什么赚钱的；其次，你需要合理预测公司未来的成长空间，大致清楚公司未来的赢利能力和盈利量级；最后，你需要有跟踪公司基本面变化的能力和途径，以便更新你对公司的预测。只有做到可理解、可预测、可跟踪，这家公司才是你的"菜"。过去我很少碰军工股，就是因为觉得军工股适合做主题投资，而不适合做价值投资，原因在于军工企业运作不市场化，信息披露不透明，普通投资者很难对其做到预测和跟踪。

如果你确信自己对一家公司具备理解、预测和跟踪的能力，那么就可以大胆地用动态估值对其进行估价和买卖了，因为这个时候你对公司价值的判断大概率就是正确的，买入你认为低估的公司大概率可以赚到钱。

3. 资金性质是长线还是短线

价值投资的本质是获得价值的增长，但价值的增长可能在短期内完成，也可能在长时间内完成，比如你以 10 元的价格买入一只股票，并预计按照公司价值其股价可能达到 20 元左右，如果你投资这家公司时恰好赶上市场风口，那么可能 3 个月就兑现了你预期的价值，但如果赶上市场低迷的时候，这个过程则可能需要 3～5 年。

因此，想做价值投资，短线资金是行不通的，因为价值实现的时间是不确定的，如果你期望在一两个月，甚至一两天内实现收益，那么技术分析或者基本面博弈的方法可能更加适合你。

4. 对亏损或者业绩落后的耐受力

彼得·林奇告诫投资者："除非你确信，不管短期是涨是跌，你都会耐心地长期持有好几年，否则你就不要投资股票基金。"对价值投资者而言，能否忍受亏损或者业绩落后至关重要，因为价值投资没有告诉你市场回归理性和正确需要多久。

所以从这个角度而言，相对机构来说，个人投资者做价值投资是更有优势的。个人投资者没有资金期限的限制和业绩排名的压力，对于未来看好的股票，只要耐心地持有，一两年之内不涨也没有关系。相比之下，出于业绩排名的压力，大多数机构都无法做到纯粹的价值投资，对于一些股票，如果他们认为在今后一年上涨的概率不大，那么即使知道未来一定会涨，他们也会选择放弃这只股票。这也解释了为什么过去 10 年美国很少有机构能够战胜市场（近 10 年美国只有 11% 的大型主动型基金收益跑赢了标普 500 指数）——大多数机构都会迫不及待地提高当前业绩，会更多地投资顺应短期趋势的个股，而避免那些近期不受追捧的公司，尽管它们可能质地优良且长期市场表现不错。

5. 有没有择时和轮动的能力

所谓择时，就是选择买入和卖出股票的时机，并且从中获利。而轮动实际上提供了一种择时的方法，即根据宏观景气周期、行业盈利周期、股票市场变动趋势等因素轮流选择不同板块、不同行业、不同风格的股票进行投资。虽然在择时和轮动策略下，资金效率将大大增强，但这些方法中影响投资决策的因素特别多，且都是重要又难以预测的因素，比如宏观经济、大宗商品价格、汇率、世界经济趋势、资金流向等，投资者考虑这些因素的难度非常大，即使经过系统的学习，大部分人也不具备靠择时和轮动赚钱的能力。依靠这种投资方法取得的成功大多数都是靠运气，而不是靠体系，其盈利往往是一次性的，难以复制。

相比之下，价值投资需要考虑的变量相对较少，且变量相对稳定，容易把控和预测，经过系统的学习，大部分人都能具备以好价格买入好公司的能力。

因此，如果你的耐受力强、资金是长期资金、没有择时和轮动的能力，且投资的公司在你的能力圈范围内，那么动态估值就可以成为你买卖的唯一指标。当然，你还需要依靠动态估值建立投资组合，不能押注单一股票，尽量控制风险，毕竟没人能保证自己的判断100%正确，也没人能完全避免持有过程中"黑天鹅"事件的发生。

动态估值能和技术分析结合吗？

"基本面选股，技术面择时"是否可行？

在实践中，经常听到这样的问题：我能不能用"基本面选股，技术面择时"呢？

我是坚定的基本面派，所以对这个问题向来给予"否定"的答案。在现实投资中，基本面和技术面经常水火不相容，根本原因在于当基本面和技术指标结论一致的时候，要做出决策是很容易的，但大部分时间里，技术指标发出的买入或卖出信号，和你依据基本面做出的判断是不一致的。你如果要将二者结合，应该听哪一个？特别是对一些长线好公司，你如果看着技术指标做波段交易，明明已经骑上千里马却很可能半途就下马，只赚了一点点，甚至可能还会亏钱。就像我们经历过的很多超级成长股，你若听从技术分析的信号卖出了，很可能会错失一只长线大牛股。

但我还想谈谈基本面和技术分析结合的可能性。技术分析在信息传播机制上有一定的合理性：少部分人先了解到某些好消息，率先开始交易，这些交易会反映在量价等技术指标上，由于股价尚未完全反映好消息，后面的投资者不需要知道好消息（或者坏消息）具体是什么，看见前面的技术指标，就能跟着操作获利。但我觉得两者结合的方式不是"基本面选股，技术面择时"，而是"基本面帮助技术分析剔除高危股票，技术分析提示基本面可能有预期差"。

对于技术分析来说，买卖逻辑应该自洽，按照技术指标买，也要按照技术指标卖。但在现实投资中，如果没有基本面研究加以甄别，单纯依靠技术分析的结论来操作，非常容易掉进垃圾公司、题材股的陷阱。所以，用技术指标来发现交易信号，用基本面研究来甄别信号（剔除风险极大的垃圾股），可能是一种很好地结合。假设我们通过技术指标发现某股票持续获得大单资金买入，然后通过基本面分析发现公司的基本面不算很差甚至很不错，那么按照这个技术指标来做交易，风险就会小很多。所以我更倾向于"技术指标发现交易信号，基本面分析剔除高危垃圾股"，因为技术分析本身是偏短线的，在短线交易决策中起主要作用的是技术指标，基本面分析只能起到"剔除高危股票"的辅助作用（见图5-12）。

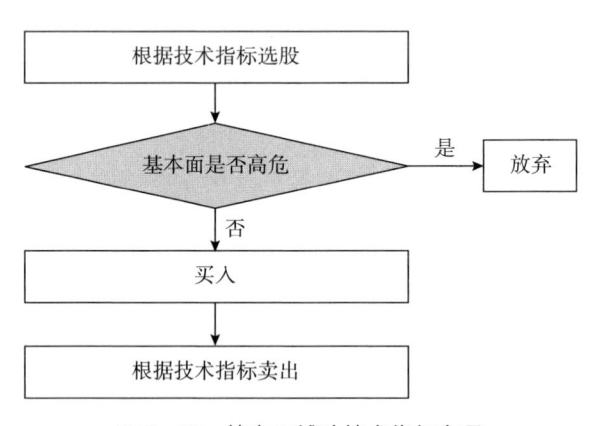

图5-12 基本面辅助技术指标交易

对于基本面投资来说，买卖逻辑同样应该自洽，按照基本面逻辑买，也要按照基本面逻辑卖。但技术分析可能会有提示预期差的作用，因为市场上永远存在信息不对称，少数拥有信息优势的投资者的交易行为可能会反映在技术指标上，这时候，很可能意味着市场存在预期差。比如你从基本面角度看好某公司，并且已经买入，但假设你通过技术指标发现有持续的大单资金卖出，这时候你就要分析是不是这家公司的基本面发生了你不知道但其他投资者知道的变化（预期差）。所以，对于基本面投资者来说，技术指标发出一些重要信号的时候，不是马上跟着技术指标做交易，而是去分析是否存在预期差，并跟着对预期差的分析结果来做决策（见图 5-13）。

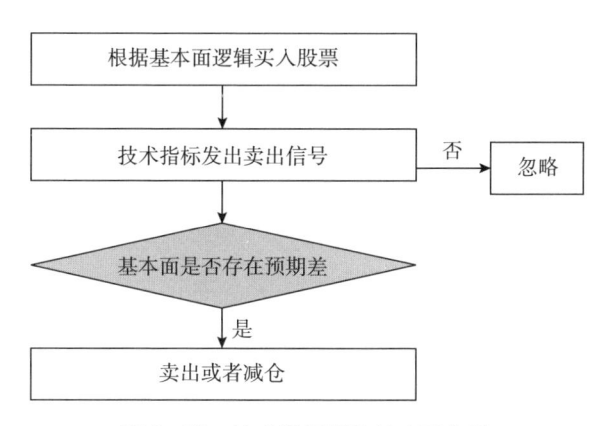

图 5-13　技术指标辅助基本面交易

能否避免"坐电梯"？

还有一个问题，跟上一个问题相关，也是普通投资者最为关心的问题之一：价值投资方法论确实很好，按照四维评级和动态估值买入低估的好公司，这个道理我们都懂。但这些公司的股价大幅度下跌的时候我受不了，老是经历坐电梯般的"上上下下"的折磨。

我们能不能结合其他方法论，如技术形态等，在股票大幅下跌的时候先出来，等股价止跌了再买回来，这样是不是就可以避免坐电梯？

对于这个问题，我们用图 5-14 来帮助大家思考和理解。

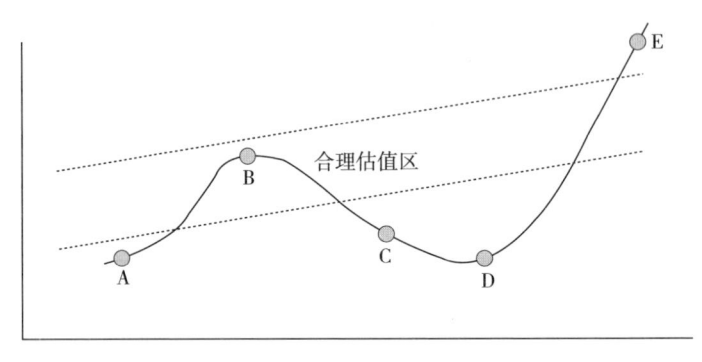

图 5-14　能否避免"坐电梯"

A 点是我们的买入点，这时候股价处于低估区。买完之后股价表现很好，一路涨到 B 点。这时投资者很开心，会称赞"动态估值就是好，让我以好价格买到了好股票，享受稳稳的盈利"。

但天有不测风云，公司基本面和动态估值没有变化（注意，这是个重要前提），股价从 B 点开始掉头向下，因为按照动态估值，股价还处在合理估值区间，我们并没有获利了结。股价刚刚开始下跌的时候，因为投资者之前有较多的盈利，所以心情总体上还是不错的。但当股价越来越接近 C 点时，投资者的情绪会变得越来越焦躁不安，特别是当到了 C 点时，股价跌破投资者成本价出现了亏损，这时候投资者会变得非常郁闷。一旦股价继续下跌，出现较大亏损，这时候投资者会对动态估值甚至价值投资产生怀疑和动摇，就会把股价从 A 到 B 再到 C 甚至继续下跌的过程称为"坐电梯"。投资者迫切希望，在股价从 B 到 C 的过程中，能够有一种方法论，让他们及时卖出从而回避继续的下跌，而且能够在 D 点上涨趋势重新出现之后买回来，这样既能避免"上上下下"的煎熬，也能增加投资收益。

如果我们有穿透时光、预测未来的能力，那么我们就能知道股价会跌到 D 附近并在之后开始反弹，那么我们就能在 B 和 C 之间找到一个合适的时机卖出，并且在 D 点买回来。但毫无疑问，我们没有这种能力。

如果我们对公司的估值是合理的，那么股价到达 C 点的时候，事实上有三种可能性（见图 5-15）：

- 情形 1，股价继续下跌到 D 再反弹。
- 情形 2，股价不再继续下跌，走稳一段时间之后反弹。
- 情形 3，股价已经触底，立即反弹。

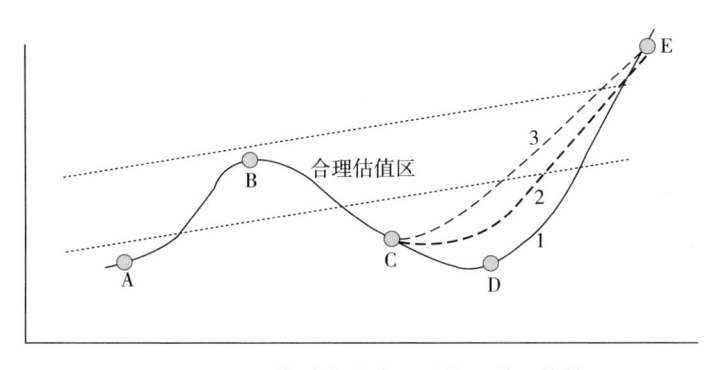

图 5-15　股价到达 C 点之后的 3 种可能性

事后，我们看到第一种情形发生了，所以我们很懊恼没有在高点抛掉并在低点买回来。但站在那时那刻，我们其实面临 3 种可能性，假设这 3 种可能性都有 1/3 的概率发生，那么我们就有 2/3 的概率会在低点卖掉股票，而且对大部分人来说，一旦卖出股票，股价稍微一上涨，超过自己的卖出价格，就很难愿意"追"回来，这样就错失了一个巨大的涨到 E 点的机会。

我们可以比较一下两种决策的预期收益率。以下是假设：

- 3 种情形的概率都是 1/3，而且我们假设在情形 1 下，投资者可以在 C 点卖掉股票之后，在 D 点买回来。
- C 到 D 的下跌幅度是 20%。
- C 到 E 的上涨幅度是 100%，D 到 E 的上涨幅度是 150%。
- 情形 2 发生后，投资者平价买回股票的概率是 75%。
- 情形 3 发生之后，投资者以 10% 的更高价格"追回"股票的概率是 50%。

那么站在 C 点，投资者卖出股票等待更低点买回来的预期收益是：

$$150\% \times \frac{1}{3} + 75\% \times 100\% \times \frac{1}{3} + 50\% \times 90\% \times \frac{1}{3} = 90\%$$

投资者如果在 C 点持股不动，那么他的预期收益是 100%。

所以，即便是在很乐观的假设下，持股不动的预期收益率也是大于"波段"操作的。

当然，上面的计算只是一种模拟，对于 3 种情形各自的概率，以及在各自情形下投资者正确操作的概率，其实没有任何一种方法论可以准确预判。那么对于真正的价值投资者来说，在 C 点的时候，他会去判断：

- 股价跌到 C，是因为基本面原因导致的内在价值降低了，还是因为市场情绪等因素，导致股价的非理性波动？
- 如果公司的基本没有太大变化，公司的内在价值基本没有变化，那么 C 点是不是更好的买入时机？或者在 C 点至少不应该恐慌，而是坚定持股，等待价值回归。

本章小结

1. 动态估值能够在实践中帮助我们取得超额收益。
2. 动态估值的优点是，让我们有一个模糊正确的内在价值锚，帮助我们克服恐惧和贪婪。
3. 动态估值的缺点在于，较早买入低估值股票，付出较高的时间成本；较早卖出高估值股票，不能充分享受泡沫；不能结合轮动，提高"资金效率"。
4. 不管是"四维评级"还是"动态估值"，虽然都是定量地分析公司的基本面和估值，但方法论还是比较简单的，不需要复杂的财务建模，总体上还属于"模糊正确"的范畴。
5. 在做动态估值过程中，可以使用券商一致预期作为我们进行盈利预测的一个参考，但完全信任券商的一致预期并非明智之举。
6. 估值并非完美的科学，如何给合理倍数其实是科学和艺术的结合，既有经济和市场底层规律在里面，又离不开个人的主观判断，但这正是投资的魅力所在。
7. 碰到"黑天鹅"的时候，我们要用系统性的、逻辑性的思考方式来应对，判断是否涉及关键驱动因素的变化，重新调整动态估值，然后结合股价变化理性做出决策，这样就不会盲目止损离场或者盲目加仓。
8. 投资过程中，我们经常需要判断是我们错了还是市场错了。我们需要：（1）摘掉有色眼镜，不要标签式地看待公司；（2）寻根问底，"灵魂3问"：真的是这样吗？为什么会是这样？未来还会是这样吗？（3）保持平和的心态，不和别人比业绩。

9. 如果你的耐受力强、资金是长期资金、没有择时和轮动的能力，且投资的公司在你的能力圈范围内，那么动态估值就可以成为你买卖的唯一指标。当然，你还需要建立投资组合，不能押注单一股票。

第六章 从讲故事到讲估值

本书的核心内容是如何给好公司准确估值，而与估值对应的是故事。在资本市场，我们经常听到各种投资故事。有些故事是宏大叙事，如大国崛起、大国重器；有些故事是细小叙事，如宠物经济、消费降级；有些故事持续多年热度不减，如城镇化、国产替代；有些故事则昙花一现，如互联网金融、元宇宙。

在投资中故事重要吗？当然重要！诺贝尔经济学奖获得者罗伯特·席勒教授写过一本《叙事经济学》，专门讲了流行故事和经济事件、经济行为之间的关系，其核心思想是流行故事会影响经济生活和社会生活。这个观点非常重要，传统经济学假设人是理性的，人的经济决策都基于理性判断，但事实上，人的决策行为会受流行故事的影响。

举个例子，有关房地产市场。在传统经济学的理论中，人们会比较买房子和租房子的成本，通过比较做出理性决策。我国大城市的房子，租金回报率只有可怜的1%~2%，而无风险利率则是3%以上，因此买房子不如租房子，或者说房价是有显著泡沫的。可如果你相信了这个判断，会眼睁睁地看着核心城市的房价在过去20

年涨了 20 倍。如果用"叙事经济学"的视角去理解这件事情，你会发现中国房地产的"黄金 20 年"，是被"政府不可能让房价下降"以及"房子是老百姓最保值增值的资产"这样的流行叙事所推动的，直到这个叙事被"房住不炒"的新叙事所替代，我国房地产才开始进入白银时代甚至黑铁时代。日本房地产最繁荣的 20 世纪 80 年代，用任何经济指标都能判断出已经出现了房地产泡沫，但当时的日本国民被"日本正在超越美国成为世界上最强大的国家"以及"土地和房子是不可能跌价的"这样的叙事所主宰，导致泡沫不断膨胀，最终酿成大祸。

在资本市场，故事更是会显著影响资本市场的喜好、风格和定价。比如在 2015 年之前，我们讲"房地产是国民经济支柱"的故事，房地产股票以及房地产产业链股票是那个年代的大白马、大蓝筹；2013—2015 年，我们讲"互联网改变中国"，科技股是当时的投资主线；2018 年以后，"解决卡脖子问题"成为最重要的故事，国产替代成为最亮眼的投资主题。

我们对故事持中性态度，投资故事其实就是投资逻辑。投资中，故事和估值都重要。达摩达兰教授的《故事与估值》一书，提出这样一个观点："没有故事的数字（估值）没有灵魂。"也就是说，没有故事加持，从数字到数字，其估值结果是没有意义的。但我想补充一句："没有数字（估值）的故事是断线的风筝。"也就是说，如果故事不能转化为数字和估值，只纯粹讲故事，就是忽悠，会害人不浅。

投资中故事的重要性

投资中故事为什么重要？这一点身在 A 股市场的我们应该很容

易体会。我们就以最近这 10 年为例。在市场层面我们经历过"互联网+"这样的宏大故事,"互联网+"一度炙手可热,比如"互联网+金融""互联网+教育""互联网+零售"……总之这个故事是 2015 年左右市场最热捧的主题。在个股层面,我们经历过乐视网"生态反化"的故事,乐视也一度成为资本市场的焦点,但最终泡沫破灭。

当然,资本市场的故事并非都是泡沫,有些故事是有实实在在的业绩来支撑,比如"国产替代"这个大故事,确实诞生了很多业绩持续增长的优秀公司。这点我印象非常深刻,这些年我们内部研究过的数百家优秀公司中,有相当一部分公司就是"国产替代"的典范,它们不断抢占原来属于外资企业的市场份额,甚至不光在中国市场占据了主导地位,更是走向了全球市场,在世界舞台上站稳脚跟。

接下来我们重点讲述投资中故事的重要性,让大家明白故事的威力为什么如此之大,以及资本市场为什么需要故事。

故事的威力

故事的历史可谓源远流长。最早的故事可以追溯到距今 4.5 万年前,那时人类还没有语言和文字,却能够通过壁画的形式讲故事。再往后,随着语言和文字的出现,不少类似《山海经》的古老故事也就流传了下来,成为人类文明的印记。到现在,我们的工作、生活依然被故事包围。故事具备强大的威力,它让人身临其境、印象深刻,并且还可能引导你的思维和行动。

1. 故事让人身临其境

我们在听故事的时候,往往会产生代入感,比如故事的主角历险时，我们也会跟着提心吊胆，故事的主角获得成功时，我们也会跟着心生喜悦。为什么明明是别人的故事，我们却能够如此身临其境呢？

研究发现，这和人脑的活动息息相关。当我们听到类似功能介绍、知识科普等较为枯燥的语言或文字内容时，大脑中负责语言处理的布罗卡区和韦尼克区被激活，我们便能够理解这些文字的含义。而一旦这些语言或文字变为故事，事情就发生了戏剧性的变化：不仅语言功能区，大脑中与故事内容有关的部分也可能被激活。举个例子，如果一个故事中描述了食物有多么美味，那么你的大脑感觉皮层就会被激活；同样，如果一个故事涉及对运动的描述，那么相应的，你大脑的运动皮层也会被激活。也就是说，故事可以激活我们的整个大脑。

人的大脑可以在故事讲述者和听众间实现同步，这一现象被称为"神经耦合"效应。当一个人在讲述故事的时候，听众大脑同样的区域也被激活调动起来，讲述者的思想、观念、感受就很容易植入听众的大脑。可以说，故事通过其特有的方式构建了人与人、人与故事的连接，可能正因如此，《人类简史》的作者尤瓦尔·赫拉利在书中分享道："人类得以站在生物界的顶端，是因为人类具备了讲故事的能力，让大脑不断进化，从而可以重新去构建社会。"

2. 故事让人印象深刻

相信大家都有过这样的感受：当听完一个故事时，我们很容易便记得故事的情节，甚至能够对其一一复述，却难以完整背下哪怕一个句子，也很难记住故事中提及的一些数据。

为什么相较于别的信息，我们对故事的记忆会如此深刻呢？这里给出的答案是，相比别的内容，故事是最符合人脑思考方式的。知名故事写作教练莉萨·克龙在《写作脑科学》一书中提及大脑记忆的方式："我们的大脑不会按照先到先得的模式记录下每一条信息，而是会把我们自己设计成故事的'主人公'，然后以影片剪辑师的精准手法编辑我们的过往经验，建立逻辑关系，澄清记忆、想法、事件的联系，供将来参考。"

事实上，我们每天都在以故事的方式思考，无论思考的内容是工作还是生活中的小事。在我们的脑海中，一个个事件被编织成有因果关系的故事，形成所谓的"经验"。当我们遇到类似事件的时候，相关的经验就会被调动起来，大脑中的岛叶皮质被激活，帮助我们连接类似经验下的痛苦、快乐、恐惧、兴奋等情绪，从而进一步加深我们的记忆。

至于为什么我们对一些故事的记忆能够比另一些更清楚，研究人员认为，让人印象更为深刻的是故事中的因果关系，特别是当这种因果关系需要你花时间去思考和推断的时候。当一个人阅读同一个故事的不同版本时，如果因果关系强，但又不是很明显，读者则需要花很多时间去思考，思考的过程就会导致更容易记住这个故事。而如果一个故事的因果关系太弱或太过一目了然，那么其被记住的可能性也会削弱。

3. 故事引导人的行动

相比枯燥的道理，故事似乎更能够引导人的行动。好的营销家、企业家都是讲故事的好手，他们通过讲述优质产品的故事、公司宏大前景的故事，吸引你购买产品、投入资金。比如乔布斯通常会在苹果的发布会上讲述自己的产品多么伟大的故事，在听到激动人心的时刻，听众的催产素及多巴胺更多地分泌出来，从而更易被带入故事中的场景，在这个场景中，他们购买苹果的产品，和乔布斯共同见证伟大产品的诞生和发展。

在中国，飞鹤奶粉可谓讲故事的高手。2008年，由于"三聚氰胺"事件，国产奶粉几乎面临灭顶之灾。在这危急时刻，飞鹤奶粉却能转危为机，靠着过硬的产品质量，同时也靠着"更适合中国宝宝体质"这个故事，实现了国产奶粉对进口奶粉的逆袭。下面这些内容，就是飞鹤奶粉"更适合中国宝宝体质"故事的一部分。

> 从2009年开始，飞鹤加入国家863计划，承担黑龙江、北京两地母乳的采集和检测任务，并以此为契机，从零开始搭建中国母乳数据库。截至目前，母乳数据库覆盖了全国27个省份，样本量接近2万个。
>
> 2014年，在一次长达3个月的消费者调研中，飞鹤发现，很多妈妈都说喝飞鹤奶粉的宝宝长得壮、不哭闹、便便成形。临床喂养试验也显示，喝飞鹤的宝宝与母乳喂养的宝宝在哭闹次数、排便等方面很接近。

这样的故事，对于高度关注宝宝健康、愿意为宝宝健康花钱的妈妈来说，无疑增加了她们对飞鹤奶粉的信任，并成功转化为购买行为。飞鹤奶粉也成功摆脱"三聚氰胺"事件的影响，在中国市场打败了一众洋奶粉，成为中国市场的领导品牌，获得巨大成功。

资本市场需要故事

1. 故事对融资方（上市公司）非常重要

故事对融资方非常重要，可以说，要想获得融资或者好的价格，必须有一个精彩的故事。

首先，故事有助于解决投资方和融资方的信息不对称问题。在资本市场，融资方和投资方天然存在信息不对称，而一个好的故事可以解决这种信息不对称。一个好的公司故事可以帮助投资方了解这家公司的历史、背景、现状及已经取得的成果等信息，帮助投资方分析这家公司的商业模式、创新能力、技术水平等，从而为其投资决策提供更多的信息。

其次，好的故事可以让投资方产生"共情"。除了提供决策信息外，一个好的故事还可以让投资方和融资方共情，从而更有利于拉到融资或者提升估值。在讲述公司故事时，融资方不仅要描述公司当前的情况，也要对公司的愿景进行讲述，同时讲述的过程要尽可能生动，让投资方感受到公司的活力和魅力，让他们认为，投资这家公司是不错的决定。

最后，会讲故事的融资人更容易获得信任。研究人员发现，人们会对讲故事的人产生同理心，而同理心越多，大脑中分泌的催产素也就越多，催产素越多，就越会觉得讲述者值得信任。这也是为什么讲故事是融资方的一项非常关键的技能——会讲故事这件事本身就会让别人更加信任你。

2. 投资方需要具备理解和鉴别故事的能力

达摩达兰在《故事与估值》中说："你投资的不是数字，而是数字背后的故事。"对于投资方而言，理解和鉴别故事的能力是非常重要的。和融资方不同，作为故事的倾听者，投资方需要为自身资金投入的回报和风险负责，并对是否投入资金形成自己的判断。因此，他们不但需要理解融资人所讲述的故事，还要有鉴别故事可信度的能力。

当故事振奋人心时，投资方要有质疑故事的能力。融资方喜欢讲述振奋人心的故事，因为这样更符合他们的利益，但是对于投资方而言，盲目地沉浸在振奋人心的公司故事中是危险的，他们需要验证故事的可信度，比如验证这个故事是否存在一些不符合常识或者前后矛盾的情形，并在倾听的过程中找到故事中较为薄弱的环节，权衡这些薄弱环节对潜在收益的影响。

在"互联网+"的大故事浪潮中，安硕信息讲了一个"互联网金融"的绚丽故事。安硕信息的主业是给银行定制开发软件，在《常识的力量》中我曾经讨论过这种"赚人头差价"的商业模式，其实是一个很辛苦、很难赚大钱的商业模式。安硕信息也不例外，公司一直维持着2亿~3亿元的收入规模、3 000万元左右的利润水平。就是这样一家收入和利润都不高、商业模式又非常一般的公司，在2015年1月1日~5月13日，凭借着"互联网金融"的故事，其股价大幅上涨，其间累计涨幅高达703%，股价最高超过230元/股（前复权），成为当年的"妖股"。每经网直言：这背后是公司与券商研究员"编故事、讲故事"，"让投资者信故事、炒故事"的过程。

安硕信息的"互联网金融"讲述的故事是：公司凭借给金融机构开发软件，将切入互联网金融业务。

其一是小贷云服务业务。我国有小贷公司 8 000 多家，加起来的注册资本有 1 万亿元，贷款 1.1 万亿元左右。小贷公司员工少，IT 投入少，大多数公司没有专业的 IT 人员。安硕信息自称自己的小贷云服务年费很低，且可以提供多种增值服务。

其二是国内信贷风险管理解决方案供应商。安硕信息自称拥有较多的银行类及非银行类金融客户，故在开拓征信业务上具有一定的用户优势，公司在企业信用评级、个人信用评级的建模和软件开发上积累了丰富的经验和人才队伍，具有相应的人才和技术基础，可以为金融机构提供风险管理解决方案。

其三是普惠金融业务。安硕信息在西昌成立了西昌安硕易民互联网金融服务股份有限公司，并准备成立织信公司，均从事互联网金融业务，其中织信主业做自助式普惠金融。

以上的每一个故事都很吸引人，事实上安硕的小贷云业务虽然有 717 万元投入，但小贷云业务的实质为在其软件开发基础上的延伸服务，和资本市场认为的 SaaS（软件运营服务）相差较远。安硕信息的征信业务公司成立一年时间没有任何进展，仅投入了 50 万元和 3 名工作人员；数据业务也仅为其软件提供配套的房地产数据和收集到的公开的工商、法院等数据，并未开展实质性业务。西昌互联网金融公司仅为空壳公司，其普惠金融业务仅为其开发的一款 App 软件，且为试用软件，未能投入商业运营，因违反相关政策已经停止运行。总之，安硕信息业务收入均为传统的软件外包开发收入，互联网金融相关业务收入极小，不足主营业务收入的 1%。但是，安硕信息却持续宣称已经开展征信、数据、小贷云、互联网金融等相关业务，讲了一个巨大的"互联网金融"故事。

事实上，如果投资者稍微有点专业知识，就会识别出故事的真伪。首先，在中国，给金融机构做软件外包开发的企业千千万万，安硕信息仅是其中的小玩家，这样的小玩家如何能支撑它的宏大故事？其次，不管是信贷风险管理服务还是普惠金融，都需要海量数据建模、海量流量，安硕信息就是一个外包公司，不可能接触金融机构的数据，更没有能力和资源做流量，那么这些故事又如何会兑现呢？

总之，随着证监会对安硕信息立案调查，公司马上原形毕露，股价从200多元（前复权）一路暴跌，跌幅超90%（见图6-1）。

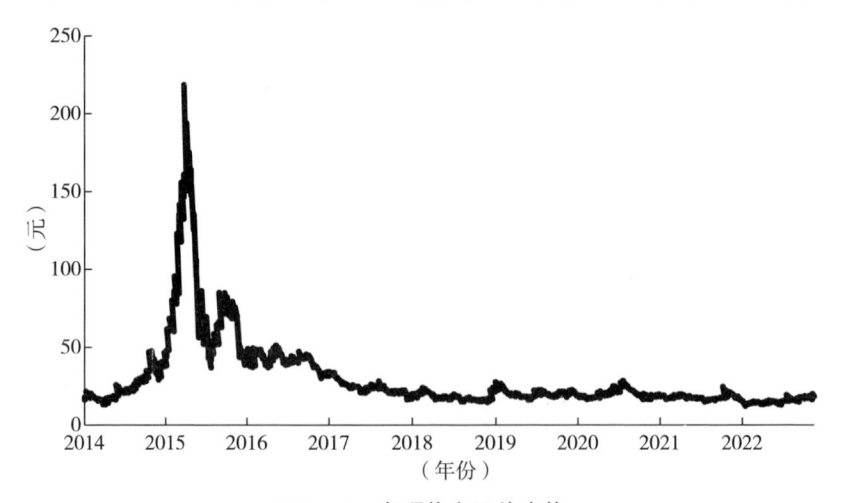

图6-1　安硕信息股价走势

资料来源：市场公开信息。

反过来，当故事导向悲观时，投资者也要想想事实是否真的如此。2012年年底，白酒行业受到严重的冲击，中高端白酒销售遇挫，市场上也开始流传"年轻人不爱喝白酒，白酒将逐渐失去市场"的故事。但现在回过头看，这样的故事并没有发生，白酒近

10年依然保持每年10%以上的增长速度，其主要消费场景也转变为如今的商务和个人消费，龙头公司茅台的股票价格更是比2012年涨了近5倍。悲观导向的故事往往会伴随市场行情的恶化而诞生，这个时候我们就要想想事实是否真的如此悲观。

常见的投资故事类型

引人入胜的故事的基本要素

既然故事的威力如此之大，那么讲好一个引人入胜的故事需要具备哪些要素呢？达摩达兰在《故事与估值》一书中给出了答案：一个成功的商业故事应当具备以下4个要素。

简单。一个简单且言之有理的故事，比一个复杂而杂乱无章的故事更加让人难忘。

可信。商业故事必须可信，这样投资者才能据其采取相应的行动。如果你是一个经验足够丰富的故事讲述者，对于故事中有待澄清的地方，你也许能用语言掩盖它，但是这些有待澄清的内容最终会损害你的故事并且可能会危及你的公司。

鼓舞人心。讲述商业故事并非为了获得最佳创意演说奖，而是为了鼓舞听众（包括员工、客户以及潜在的投资者），让他们认可你的故事。

促使听众采取行动。一旦听众认可你的故事，你就会希望他们能够采取行动。对于员工，你希望他们能够为你效力；对于客户，你希望他们能够购买你的产品和服务；对于投资者，你希望他们能够为你的公司投资。

永远记住，一个好的故事是要站在听众的角度去考虑的。要想讲出一个引人入胜的故事，必须简单、可信、鼓舞人心且能够促使听众采取行动——简单且结构清晰的故事更便于听众理解，可信是促使听众采取行动的前提，鼓舞人心是促使听众采取行动的催化剂，最后，促使听众采取行动是故事的最终目的。

投资故事的常见类型

我们现在已经知道了故事的重要性，以及讲好一个引人入胜的故事需要具备的要素。接下来，我们将介绍10种常见的投资故事类型，迄今为止我们听到的大多数投资故事基本囊括在这10种类型之中。

1. 龙头老大强者恒强

第一类是龙头老大强者恒强的故事。这类故事的主角通常在自身行业拥有相当大的市场占有率，是行业的领军者。在故事中，它们通常能够在渠道、技术、成本控制、品牌影响力等方面领先同行，从而维持收入和利润的持续增长。在2019—2021年，这类故事在资本市场十分盛行，比如我们熟知的海天味业、宁德时代等，就是这类故事的典型代表。

2. 老二老三逆袭

第二类是老二老三逆袭的故事。这类故事的主角通常属于行业的第二梯队，市场份额与行业龙头有一定的差距，但是其产品具备较高的性价比，或是在某个细分领域具备一定的优势，因此也能在行业中分到一杯羹。

老二老三逆袭的故事通常会发生在技术更新迭代快的行业。在这类故事中，公司往往踩中了下一阶段的新技术路线，并通过优先布局，在产能、渠道等方面建立了优势，从而逆袭成为行业老大。隆基股份的逆袭讲述的就是这样一个故事。在 2015 年之前，光伏领域的老大一直都是保利协鑫，而当时光伏行业的技术路线也是以多晶硅为主。直至 2014 年，隆基股份率先研发和产业化应用了一系列单晶硅技术，实现了光伏成本的快速下降，公司依托前期在单晶硅领域的大量布局，迅速打败众多竞争对手，逆袭成为光伏行业的龙头企业。

3. 时间的朋友

第三类故事是"时间的朋友"，这也是价值投资者最喜欢的故事。公司的价值随着时间而增长，越久越有价值。茅台就是这类故事的典型。作为 A 股价值投资的标杆，茅台自 2001 年上市以来，给投资者带来了不菲的收益，其品牌价值随着时间的增长不断增厚，最终形成深厚的护城河。上市 23 年，茅台的营收由 2001 年的 16 亿元增长到 2022 年的 1 276 亿元，归母净利润由 2001 年的 3 亿元增长为 2022 年的 627 亿元，而其市值也从 2001 年上市时的 89 亿元增长到 2023 年 3 月底的 2.3 万亿元，市值增长超过 250 倍。

4. 时代浪潮

第四类故事是"时代浪潮"，和"时间的朋友"相反，这类公司的崛起往往伴随着特定的时代背景，并且在当时有较多的支持性政策出现。而当时代的浪潮过去，它们的"高光时刻"也会随之结束。

房地产就是"时代浪潮"的典型案例。过去，我国的主要目标是发展经济，而房地产及其上下游产业链大致能占到 GDP 的 20%。同时，当时我国城镇化率低，人均住房面积较发达国家仍有较大差距，居民也具备较大的加杠杆空间，权衡下来，发展房地产是当时的最优选择。2000 年，全国新建住宅商品房平均销售价格为 1 900 元/米^2，而到 2020 年，这个数字接近 10 000 元/米^2。在 20 年间，全国新建住宅商品房平均销售价格大约上涨了 4 倍，远远超过了通货膨胀的水平。过去 20 年，房地产在时代浪潮的推动下迅速发展。

而现在，面对外国对中国在技术上的"卡脖子"，经济增速已不是我们的第一要务，国产替代、自主可控取代房地产，成为新的"时代浪潮"，半导体、信创领域的龙头公司取代万科、保利，成为新的时代宠儿。

5. 发现未被满足的需求

第五类故事是公司发现未被满足的需求的故事。在这类故事中，公司发现了市场中尚未被满足的需求，并且想出了满足这种需求的方法，从而获得成功。扰动酒店行业的爱彼迎（Airbnb）就是通过发现未被满足的需求取得成功的公司。2007 年年底，公司创始人布莱恩·切斯基和乔·吉比亚为解决房租问题，将自己房间的剩余空间租给了 3 位客人，自此，市场中未被满足的需求被发现了——对于旅行者，他们不想支付高昂的酒店费用，而房主则希望从自己的闲置住房中赚取外快。于是，两人抓住商机，创建了爱彼迎，一个优秀的公司自此诞生了。

6. 创造新需求

第六类故事是创造新需求。在这类故事中，需求不是被发现的，而是由产品本身创造出来的。能够讲述这种故事的公司相对较少，苹果算是其中的一个例子。在以苹果为代表的智能手机出现之前，手机仅仅是一台用于通信的无线设备，用户使用的场景主要是打电话、发短信等，然而，在苹果智能手机出现之后，一切都改变了。手机不仅仅是一台通信设备，更是一个集娱乐、交友、工作、消费、理财等于一体的"日常生活用品"。苹果通过产品的创新创造出了新的需求，同时带动了移动互联网产业的快速发展。

乔布斯曾说："人们不知道想要什么，直到你把它摆在他们面前。"通过创造新产品或改造旧产品创造新的需求，的确也是公司取得成功的路径之一。

7. 商业模式的颠覆式创新

第七类故事是来自商业模式的颠覆式创新。这类公司没有改变产品的形态，却改变了行业原来提供产品或服务的方式，转而用一种更高效或更新颖的方式取代它。过去十多年基于互联网的各种创新就是这类故事的典型代表，比如阿里巴巴通过互联网＋零售，节省了零售中间环节的成本，对传统的线下购物模式造成冲击；优步利用互联网＋出行，构建了基于大数据的订单派单系统，让出行更高效、更便宜，对传统的出租车行业造成冲击。

8. 技术突破的颠覆式创新

第八类故事是来自技术突破的颠覆式创新。这类公司通过在某个领域实现关键技术的突破，颠覆了原本的产品形态，甚至创造出全新的领域。特斯拉就是一个讲述这种故事的公司。2015 年，特斯拉用出色的电池包和安全管理系统突破了三元锂电池在安全性方面的瓶颈，解决了电动车在充电、续航、动力方面的问题，让电动车从"概念"变为"现实"，引领锂电池及其下游的新能源汽车行业开始爆发式的增长。

类似地，人工智能、自动驾驶、人形机器人、新能源等众多新兴制造业的故事，都是从来自技术突破的颠覆式创新开始的。

9. 中国复制

第九类故事是中国复制，英文为"Copy To China"，即通过复制国外成功公司的商业模式实现成功，甚至在国内市场上击败被其复制的公司。很多中国科技企业，尤其是互联网企业都通过这种方式取得了成功。比如腾讯最早的 OICQ 复制的就是国外的 ICQ，人人网复制的是国外的脸书（Facebook），微博复制国外的推特等。这些公司在复制海外公司的基础上将其进行"本土化改造"，让其更加适应本土市场的特征，从而使其产品和服务在国内市场得到广泛的应用。

10. 乌鸡变凤凰

最后一个类型是"乌鸡变凤凰"的故事。这类故事在过去壳价值虚高、ST（退市风险警示）炒作盛行的时代非常流行，故事的主角往往都是一些经营不善、财务风险较大的公司，但在"乌鸡变凤凰"的故事中，它们通过向投资者讲述"壳资源"价值、资产注入的价值，以及传递"摘帽"的可能性，促使投资者对其进行炒作。不过在现在的资本市场，我们几乎听不到这样的故事了。

故事的3P原则

与娱乐性的故事不同,投资故事必须依托事实。也就是说,一个企业故事必须至少是有可能发生的,才能够称为合格的投资故事。如果一个企业故事听起来非常精彩,但仔细斟酌却漏洞百出、前后矛盾、不符合常识,那么它充其量也只是一个"投资童话"。在可能的基础上,合格的投资故事还要考虑概率问题。按照发生概率的大小,《故事与估值》一书把投资故事分为3种类型:有可能的故事(possible)、很有可能的故事(plausible)、极有可能的故事(probable),并称之为故事的3P原则。

这三类故事的关系如图6-2所示。

有可能的故事
只能判断其发生的可能性,但是无法判断其发生的概率

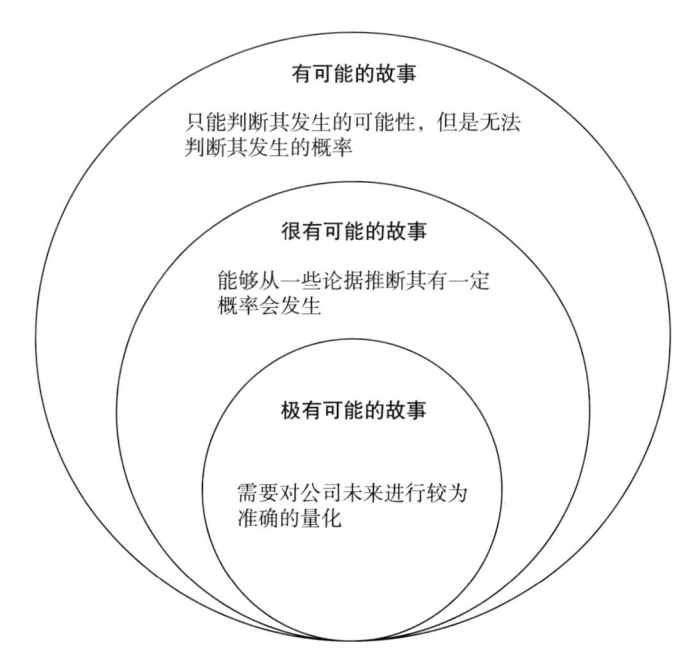

很有可能的故事
能够从一些论据推断其有一定概率会发生

极有可能的故事
需要对公司未来进行较为准确的量化

图6-2 故事的3P原则

1. 有可能的故事

如果你判断一个故事有可能发生，但是无法确定它会在什么时间、什么情况下发生，也无法判断这个故事最后的走向如何，那么这个故事可能只能被称为"有可能的故事"。对于"有可能的故事"，我们只能判断其发生的可能性，但是无法判断其发生的概率。这类故事通常为天使投资或风险投资等偏早期的投资方所青睐，他们能够判断公司故事有一定的可能发生，但也有很大概率无法实现，因此，早期的投资多为资金量小、范围分散的投资，这样一来，尽管发生的概率可能很低，可一旦故事的一部分演变为"很有可能"或"极有可能"，也能为他们带来不菲的收益。

对于"有可能的故事"，这里必须提到一个问题：到底什么样的故事可以称为"有可能的"？很多人可能觉得这是一个很好判断的问题：只要这个故事因果关系合理，逻辑顺畅，不至于太天马行空，不都是"有可能"的吗？如果这么想，那你就大错特错了。

我们来看一个例子。已知公司 A 过去 3 年的复合增速为 20%，近期已跻身某高成长行业龙头，且市占率持续提升，前景比过去 3 年还要好，因此，判断公司 A 长期维持至少 20% 的增长率并不困难。

乍一看这个判断似乎没有什么不妥，公司 A 可能确实是一家能够长期维持 20% 高增长的公司，这是一个"有可能的故事"。

接下来我们再看一个例子，你可能就发现问题出在哪里了。小明过去 3 年平均每年长高 5 厘米，且他今后的营养条件比过去 3 年还好，因此，判断小明以后每年都能长高至少 5 厘米。这下，你是不是就觉得有些不对劲了？因为你知道，人到了一定年龄之后，身高增速是会递减的，并最终维持在某一特定水平，不会一直长下去。

同样，公司的规模也是有限制的，在到达一定程度以后，其增速也会逐渐递减，而公司规模的极限就是其所在市场的规模。现在，你可以肯定地判断，公司 A 的故事其实是一个"不可能的故事"了。

判断一个故事是否有可能发生，从其反面去思考可能更为容易。达摩达兰在《故事与估值》中列出了一些让故事变得绝无可能的情形：公司规模超过经济体、公司规模超过市场规模、利润率超过 100%、资本无成本。还有不太可能的故事，如我们前面说的安硕信息的"互联网金融"故事，就可以归为不太可能的故事，因为这个故事显然超出了安硕信息的资源禀赋和能力范围。我们在听故事时，不妨多看看故事中是否存在这些违背常识的情况，对故事做一个"可能性测试"，当这个测试通过后，再将其列入"有可能"的行列。

2. 很有可能的故事

在判断一个故事是有可能发生的之后，我们可以进一步判断促使其发生的依据是否充分，如果我们能够找到足够多的证据证明故事发生的合理性，那么我们可以称这类故事为"很有可能的故事"。对于"很有可能的故事"，我们已经能够从一些论据推断其有一定概率会发生，但这个概率可能并不是非常大。

在资本市场上，"很有可能的故事"通常是成长型投资者以及后期风险投资者的最爱，他们钟爱想象空间，钟爱增长率，因此能在一定程度上放弃确定性。对于他们来说，一旦高增长成为现实，也能获得相当可观的收益，未来有可能的高增长可以弥补公司在确定性上的不足。

这里也有一些方法可以帮助我们判断故事是否可以成为一个"很有可能的故事"。

- 从公司已有的故事中推断。对于一些偏成熟的公司，由于公司本身经历较长时间的发展历程，我们可能会从公司已经发生的故事中找到合适的参考，看看新的故事和公司以往故事的相似程度如何，借鉴公司自身的历史来推断未来。
- 以其他公司已经发生的故事作为依据。对于一些新兴产业，我们可能难以从公司的历史推断其未来发展情况，这时，我们就可以其他行业公司的故事作为依据，看看目标公司处于参照公司的哪个阶段，未来是否会按照参照公司的方向发展。

3. 极有可能的故事

"很有可能的故事"只需要定性的判断，而"极有可能的故事"则需要落实到定量的层面。具体而言，"极有可能的故事"需要我们在推断公司未来的基础上，对这个未来进行量化。比如，对于一个公司精简业务以实现高效发展的故事，我们需要预测公司精简业务能够节省多少成本，为公司增加多少收益和现金流。如果我们无法对公司的故事进行准确的量化，那么这个故事可能只停留在"很有可能"的水平。

价值型投资者喜欢投资"极有可能的故事"，相比有可能会实现的高增长，价值型投资者更希望能够拿到确定的收益，他们侧重内在价值和安全边际，喜欢投资确定性强的公司。对价值投资者而言，能够胜出的把握比胜出后获得的收益大小更为重要。

"极有可能的故事"对于投资者而言是至关重要的，因为传统的估值方法基本建立在"极有可能的故事"之上。在用传统方法进行估值时，我们的最终预测结果是以数字的形式呈现的，这就要求我们在估值的过程中，必须把公司的故事进行量化，并且这个量化的过程要尽可能准确。最终，我们通过把故事转化为盈利预测、预期增长率、估值倍数等数据，得到公司的估值，并据此判断公司当前是否值得投资。

故事必须落地为估值

单纯讲故事的危险

资本市场从不缺少故事，过去不缺，现在不缺，将来也不会缺。一个引人入胜的故事具有强大的魔力，能够让投资者心甘情愿地拿出真金白银，能够诱发客户的购买行为，还能够让员工斗志满满地卖力工作。故事能够驱动人的行动，这也使得一个又一个吸引人的故事被创造出来。

作为上市公司的潜在投资者，其实与故事的关系非常密切，处境也非常复杂，因为投资者兼饰听众和讲述者两种角色。一方面，投资者被动地接收着别人（公司创始人、媒体等）创造的关于公司的故事；另一方面，投资者在投资时主动构建着一个能为公司价值背书的故事。

正是由于故事能与人的情感发生联系，使人印象深刻，并引发人们采取行动的特性，加之故事在投资中无处不在，从而使得故事极具危险性。无论作为听众还是讲述者，单纯基于故事做出投资决策所冒的风险将大大增加。

"行为经济学之父"丹尼尔·卡尼曼在《思考，快与慢》中提出大脑中有两套系统，即系统1和系统2。系统1的运行是无意识且快速的，不怎么费脑力，没有感觉，完全处于自主控制状态。系统2则将注意力转移到需要费脑力的大脑活动上来，例如复杂的运算。

回忆一下在看《西游记》《阿凡达》时的你是什么样子，是不是感觉轻松自在、毫不费力，被故事深深吸引，身心感到愉悦。再想想学数学、看财报时的你是什么样子，是不是需要注意力高度集中，大脑飞速运转才能完成任务。不难发现，作为受众，故事调动的往往是本能的系统1，理性的系统2则很少参与，这就导致我们容易对故事缺乏思考、质疑，可能会被故事加以利用，越来越深地沉浸在故事之中，听从于故事讲述者的安排而交出"学费"。

作为上市公司的潜在投资者，往往在投资一家公司之前都会自觉或不自觉构建一个为公司价值背书的故事。在这个故事中，你可能会概述公司广阔的发展愿景，产品如何受欢迎，业务覆盖到哪些地区、哪些客户，能够击败哪些竞争对手，公司将长时间保持较高的赢利能力，最终成为行业翘楚获利颇丰。

我想这是很多投资者在投资时构建故事的"套路"，除了那些随机买入股票的投资者，其他投资者应该都是根据自己给公司构建的故事去投资的。有的人可能认为，自己讲的故事加入了自己的思考，与公司、券商、媒体所讲的故事不同，其危险性将大大降低。

实际上恰恰相反，自己讲的故事，其危险性并不会因为加入了自己的思考而降低，甚至有可能会提高。这是因为自己讲的故事在情感上会让我们觉得更加可信，更可怕的是这种情感有延续效应，我们会越来越相信自己的故事，并据此采取行动。

总之，宏大的故事确实能够给人带来兴奋感，但单纯讲故事容易让人从现实迈入幻想，并不断地强化这种错误倾向。商业故事理应受到现实的约束，受到系统 2 的分析和质疑。如果在系统 1 的支配下为富有创造性的故事进行投资，大概率会被故事的危险性吞噬，导致投资血本无归，历史上也不乏这样的例子。

中外荒唐故事的案例

案例一："滴血验癌"的完美故事

2022 年 11 月 18 日，美国血液检测公司 Theranos 创始人、38 岁的伊丽莎白·霍姆斯因欺诈投资者罪名获刑 11 年零 3 个月。伊丽莎白·霍姆斯被称为"女版乔布斯"，她和她创办的公司给公众提供了一个完美故事的范本。

霍姆斯非常崇拜乔布斯，效仿他的穿衣、饮食和演讲风格，并立志像乔布斯一样做出划时代的产品。霍姆斯 2003 年从斯坦福大学辍学并创立血液检测公司 Theranos，想要实现用很少的几滴血，最好是一滴血，就能检测出癌症等疑难杂症。经过十多年时间的打磨，该公司在 2013 年左右向市场推出一款叫作 Edison 的血液检测产品。这款产品直面血液检测市场痛点，号称只要在指尖抽取一滴血，就可以检测 240 种医学指标，从胆固醇到癌症几乎都能检测，且最低收费只要几美元，将彻底颠覆美国医疗系统昂贵复杂的血液检查化验手段。霍姆斯更是喊出"告别可怕的针头和采血试管"的口号，从心理层面俘获怕痛的民众，一时间风光无两。

如此前景广阔的产品吸引了不少知名投资人和政府高层人士，传媒大亨默多克、软件巨头埃里森等亿万富翁，以及沃尔玛的沃尔顿家族和安利背后的德沃斯家族等投资人，一共为 Theranos 投资了超过 9 亿美元。两名美国前国务卿亨利·基辛格和乔治·舒尔茨、两名美国前国防部长詹姆斯·马蒂斯和威廉·佩里，以及前参议员萨姆·纳恩都曾为霍姆斯站台，甚至在 2015 年，时任美国副总统拜登还参观了 Theranos 的一个实验室，并热情地赞扬了霍姆斯。

2015 年，霍姆斯和她创立的 Theranos 达到辉煌的巅峰，这一年 Theranos 的估值达到 90 亿美元，被视为仅次于特斯拉的"改变世界的创业公司"，她也凭借 45 亿美元的身家被福布斯评为全球最年轻女性亿万富翁。

斯坦福"学霸"、硅谷"白富美"、天才创业者，政商两界大佬站台，极具吸引力的产品，Theranos 公司的故事堪称完美。然而，辉煌并没能持续多久，2015 年 10 月 15 日，《华尔街日报》一篇题为《一家明星创业公司的挣扎》的头条文章，矛头直指 Theranos。文章爆料，Edison 仅能检测 15 种指标，却宣称可以检测 240 种指标；Edison 检测的精确度存在重大问题，可能违反了联邦政府关于实验室的规定；Theranos 大量的测试都是在从西门子等公司购买来的传统设备上进行的，这意味着 Edison 这项"天才"发明从一开始便是假的。

丑闻迅速在全球发酵，美国食品药品监督管理局（FDA）正式启动针对 Theranos 的调查，最终证实了媒体的说法。霍姆斯苦心经营十多年的形象一夜之间崩塌，投资人的巨额投资也打了水漂，霍姆斯自己也因诈骗罪而陷入牢狱之灾。

或许对于年轻的霍姆斯来说，她可能确实抱着"改变世界"的志向投身创业，她也真心相信这个愿景，并愿意为之投入一切。但对投资人来说，单纯为故事而投资确实有些草率。霍姆斯为什么拒绝向外界透露Theranos的血液检测技术究竟是如何工作的？一个大二辍学生如何在高深的生物医学领域发明出开创性的检测技术？一滴血如何能满足240种指标的检测需求量？本应在人们脑海中涌现的太多疑问消失在完美故事的"魔力"之中。

案例二：暴风集团的"虚拟现实"故事

纵观A股市场讲故事的能手，暴风集团无疑能名列前茅。2015年3月24日暴风集团登陆创业板，从7.14元的发行价，收获30个涨停，股价一路飙升至327元，最高峰时市值突破408亿元。完成4 480%的上涨，暴风集团仅用了两个月，成为一代"妖股"。

暴风集团受到资本热捧，有当时创业板科技股标的较为稀缺的原因，也离不开暴风集团高超的讲故事能力。

当时，虚拟现实正值风口，投资并购不胜枚举，尽管这些设备尚未进入大众市场，但其概念在资本市场已炒得火热。上市前的2014年7月，暴风影音启动虚拟现实计划。2014年9月，首代暴风魔镜发布，售价99元。用户可以借助暴风魔镜并通过App，实现对手机上视频内容的3D效果观看。仅仅3个月后，暴风魔镜就推出了第二代，新增了瞳距调整及物距调节功能，并采用了树脂镜片和类皮质眼罩，同时，针对散热问题，其还将前盖更改为镂空设计，增大了散热孔，仍售99元。

作为A股市场上的虚拟现实稀缺标的，暴风公司的VR业务受到了市场的极大关注。在上市后的首次发布会上，暴风提出"全球DT大娱乐"战略，将从一家网络视频企业转型成为DT时代的互联网娱乐平台，暴风魔镜便是重要的入口。暴风希望凭借自己积累的用户、内容和视频技术资源，站在比创业者更高的角度来打造一个VR平台。

与此同时，暴风集团除了播放器（暴风影音）、VR（暴风魔镜）外，还涉足了互联网电视（暴风TV）、体育（暴风体育）等多个领域，一路跑马圈地，概念越来越新，盘子越来越大，用故事吹起了巨大的股市泡沫。

实际上，暴风魔镜产品本身还没有达到用户要求的"沉浸感"，只是一款看3D大片的工具而已，不是虚拟现实头盔。业内人士直言："在这种产品里不需要什么光学算法，App则是讲故事，用移动互联网的思路来做。"

VR热潮来得快去得也快，产品屡遭质疑、销量遇阻之后，暴风集团的VR业务很快面临收缩。2017年，暴风魔镜滞销，售价急剧降到50元，集团虚拟现实部门也大量裁员。忙着给投资人画饼、追求过度包装和轰动效应却忘了提升产品质量的暴风最终深陷经营困境，股价从2015年的最高点327元一路向下跌到2020年11月的0.28元，最终谢幕创业板。暴风集团的"故事会"让高位追涨的投资者损失惨重。

故事转化为估值，才能护航投资

故事本身的危险性显而易见，而社交媒体的快速发展和资本市场的推波助澜更提升了故事造成危害的可能性。一拨又一拨的人前仆后继地为故事买单，从国内外知名投资人到普通投资者，因为单纯讲故事而亏损的人数不胜数。既然资本市场上从来就不缺故事，我们做投资也需要构建为公司价值背书的故事，那么应该如何避免落入故事的陷阱呢？这就需要用数字调动我们的系统2，将故事转化为可靠的估值。

一句话可以形象地表达故事与估值之间的关系——没有故事的估值没有灵魂，没有估值的故事是断线的风筝。

我们在做估值时，无论用的是相对估值法、绝对估值法，还是本书所介绍的动态估值法，其实都是从讲故事出发的。一家上市公司进入我们的视野，引起我们的投资兴趣，背后必然有故事可讲，比如处于高速成长的赛道，比如受益于行业集中度提升带来赢利能力的提升等。讲故事的过程不仅有助于投资者搞懂一门生意的来龙去脉，也能昭示出激动人心的未来，帮助投资者有逻辑、有方向地进行投资分析。如果没有故事，我们恐怕很难理解数字的意义，由数字推导出的估值也就失去了投资决策的参考价值。因而，估值离不开故事，没有故事的估值没有灵魂。

不过，有的故事符合商业现实，而有的故事最终被证明是谎言。投资中的商业故事与用于娱乐的故事或者创始人欺骗投资人的谎言不同，我们所构建的商业故事应该受到现实的约束，符合现实发展路径，经受得住查验，不能越界从现实迈入幻想，这个观点再怎么强调也不为过。数字是约束故事最好的武器。将故事表达为数字，再由数字推导估值的过程中，异常的数字能够让我们产生怀疑，帮助我们发现看似完美的故事中不太可能实现或不可信的部分。所以，将故事表达为数字进行估值的过程必不可少，发现异常后不断纠正故事才能让故事回归现实，否则，故事会很容易变成一个幻想，天马行空，脱离现实，就像是断了线的风筝。

可以看到，故事和估值都很重要，故事是估值的灵魂，估值的过程又可以纠正故事。但从投资的角度来说，古今中外无数案例启示我们投资投的不是故事，而是公司的价值，讲故事最终要落到讲估值上来。只有将故事转化为可靠的估值，才能为我们的投资保驾护航。Theranos 的故事很完美，最终却被证明是谎言；暴风集团的故事很丰满，却短短几年就走向覆灭。如果只去投故事，最终的结局可能很惨。而当我们从讲故事进一步延伸到讲估值时，我们在投资决策时就会更加理性，也能避开很多投资陷阱。一方面，为了推导出公司可靠的估值，我们必须将数字引入故事之中，数字能在我们越界迈入美好幻想时发出警告，将我们拉回现实；另一方面，估值的结果能让我们对于公司的价值有更为清晰的认识，不至于淹没在泡沫之中。

比如，如果我们稍微注意一下 2015 年的暴风集团的数字就能产生很多疑问（见表 6-1）。2014 年公司营业总收入 3.86 亿元，净利润只有 0.42 亿元，作为一个不算一流的互联网公司，其造血能力如何支撑公司跑马圈地涉足那么多业务，怎样发展投入巨大的虚拟现实产品？公司强推的互联网电视业务，竞争对手可不止小米电视这些互联网新兴硬件企业，传统电视企业实力依旧强劲，暴风 TV 不得不卖一台亏一台，严重拖累公司业绩。无论发展哪个业务板块，暴风的现金流压力都不是一般的大，公司资金链断裂只是时间的问题。站在 2015 年，不管用哪种估值方法，都给不出 400 亿元的估值，而 2015 年之后就更不值这么多钱了。

表6-1 暴风集团财务数据

	2014年	2015年	2016年	2017年	2018年	2019年三季报
营业总收入（亿元）	3.86	6.52	16.47	19.15	11.27	0.94
同比增长（%）	18.92	68.85	152.62	16.25	-1.15	-90.95
净利润（亿元）	0.42	1.58	-2.42	-1.75	-20.23	-7.18
归属母公司股东的净利润（亿元）	0.42	1.73	0.53	0.55	-10.90	-6.50
同比增长（%）	8.83	313.23	-69.53	4.41	-2 077.65	-184.50

资料来源：市场公开信息。

如何把故事转化为估值

达摩达兰的流程

估值这件事情无论对专业投资者还是普通投资者来说都是一项基本功，但说实话，它也是投资中难度最大的一个环节。美国纽约大学金融学教授达摩达兰是全球广受推崇的估值和财务专家，被誉为"估值教父"，他写过很多估值方面的书，《故事与估值》是他的著作中最通俗易懂、最精彩的一本。我们不妨先学习一下达摩达兰的估值思想。

达摩达兰认为，每个估值都是以故事开始，然后从故事中引出数字，好的估值 = 故事 + 数字。将故事转化为估值的过程大致按照以下五个步骤进行。

第一步，了解待估值的公司，了解其历史、经营业务和所面临的竞争形势（包括当前的和潜在的竞争），并且为待估值公司构建故事,在故事中讲述该公司是如何随时间逐步发展的。

第二步,为了让故事更加严谨,必须检测故事是否有可能、很有可能、极有可能。很多故事都是有可能的,但并非所有这些故事都是很有可能的,而其中仅有少数的故事是极有可能的。至此,才站到了故事讲述的基点上。

第三步,将故事转化为价值驱动力,在经过验证的故事和决定价值的数字(估值输入)之间建立明确的联系,作为公司的价值驱动力。在这个步骤中,需要分解故事,考虑如何将其转化为价值驱动力,从评估潜在的市场规模着手,进而拓展到估计现金流和风险。完成该转化后,每个故事情节都应该有对应的数据,同时每个数据都有对应的故事情节作为支撑。

第四步,连接价值驱动因素和估值。创建价值评估模型,将估值输入和公司价值关联起来。

第五步,保持开放的反馈环路。听取并采纳专业人士的建议,优化甚至更改故事,评估变更后的公司故事对公司价值产生的影响。

以上五个步骤是达摩达兰由故事到数字再到估值的结构化流程,就具体的估值模型而言,他采用的仍是复杂的绝对估值法,对于普通投资者而言存在较高的使用门槛,此处不再赘述。但《故事与估值》这本书提供了很多底层的思维框架,对于我们理解估值、把握故事与数字的转化特别有帮助,推荐感兴趣的读者可以读一读。书中的很多思想与动态估值法不谋而合,如果能将达摩达兰的故事转化为数字的思想精髓充分应用到动态估值法中,双剑合璧,效果会更好。

我们的流程：从故事到动态估值

动态估值的整个流程其实也是故事—数字—估值的逻辑。在动态估值法体系中，将故事转化为估值的流程如图6-3所示。

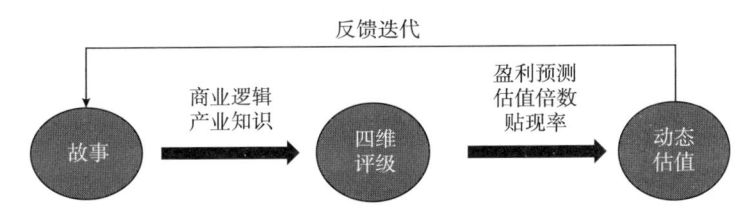

图6-3　将故事转化为动态估值的流程

估值从故事出发。在社交媒体和通信软件如此发达的今天，信息量呈爆炸式增长。新的创业项目层出不穷，我们几乎每天都能听到崭新的商业故事。不仅是创业公司在向外界讲故事，上市公司也在不停地讲着老公司的新故事。作为二级市场投资者，上市公司的故事与我们息息相关。我们需要保持开放的心态，做好上市公司各种精彩故事的听众；但与此同时，我们也不能过度沉浸于外界所讲的故事之中，要学会质疑，有鉴别地接受故事所传达的观点。乐视"开放的闭环生态战略"和暴风集团的"虚拟现实故事"就是典型的例子，一旦被上市公司所讲的故事彻底吸引并全盘接受，你的财富就会处于危险之中。

当我们听到一个精彩故事之后，应该怎么做呢？

首先要借助商业逻辑和产业知识两大武器，来鉴别我们听到的故事。

每一家公司都有自己的商业模式，制造业和服务业的商业模式就很不一样。但尽管大家的商业模式各不相同，却都受类似的商业逻辑所支配。

我们常见的商业逻辑分析框架有波特五力模型、护城河分析等。

我们经常将五力模型运用于行业竞争格局分析，通过行业内现有竞争者的竞争能力、供应商的讨价还价能力、购买者的讨价还价能力、潜在进入者的威胁以及替代品的威胁这五个维度的分析，基本上就能够判断出这个行业的竞争格局好不好，一个公司在这个行业所处的地位是否能够持续下去。

护城河是把竞争对手挡在外面的东西，主要包括品牌、专利、垄断性牌照、规模优势等。当你看到一家公司赢利能力很强的时候，一定要问两个问题：它凭什么能做得这么好？未来它是否能持续做好？这两个问题都是关于公司护城河的。

你对一家公司用了五力模型和护城河分析之后，基本上就能得出比较全面、客观的判断。当然，常见的分析框架还有很多，比如SWOT分析等。

产业知识在故事鉴别的过程中也是必不可少的，有些精彩故事在行业"老法师"面前很容易原形毕露。例如我们前面提到的安硕信息"互联网金融"故事，如果你有一定的产业知识，就会知道一个软件外包公司在一个流量为王、数据为王的互联网世界中，想要获取竞争优势非常难。如果你有一定的产业知识，就会知道在我国几乎所有面向小企业收费的商业模式都是非常艰难的，也就会知道其所讲的给1万家小贷公司提供SaaS服务的故事是如何不靠谱。产业知识的积累需要时间的沉淀，投资就是一个不断积累各种产业知识的过程。如果你对某些行业有了深刻的洞察力，同时掌握了基本的投资方法（如四维评级和动态估值），你完全可以成为这些行业的投资专家。

鉴别故事的过程，也就是四维评级的过程。将经过鉴别的故事输入四维评级模型，有助于发现遗漏的故事细节并进行完善，最后得出的四维评级结果有助于对比评价不同商业故事的好坏。

四维评级再经过估值参数输入，我们就可以得到企业的动态估值。通过前面两步（鉴别故事和四维评级），与公司未来发展有关的基本面信息已基本呈现在我们面前，为盈利预测打好坚实的基础。再根据成长空间、护城河和竞争格局相关信息，我们能够选出与该公司相对应的较为合理的估值倍数。此外，风险作为商业故事的重要组成部分可以帮助我们判断公司技术或商业模式变革或颠覆的可能性、行业周期波动和可预测性、政策抑制或打压的可能性，进而推导出公司风险对应的贴现率。输入这些估值参数，公司的动态估值也就很容易得出。

从故事到估值，需要不断反馈迭代

对于自己验证过的故事，每个人几乎都信心满满，像保护自己的孩子一样捍卫自己的故事，将别人对故事的质疑视作冒犯。能够坚持自己的故事是一件好事，这至少说明你为构建这个故事做出了很大的努力，从公司成立到现在的每一步你都了如指掌，甚至成为行业的半个专家，能够直面各种质疑。但是，在投资中保持开放的反馈环路同样重要。如果能够多和其他人聊一聊，尤其多听听反对者的观点，对你将大有裨益，听取意见、质疑和批评可以让你发现此前遗漏的关键信息，或是察觉到自己故事中的薄弱环节，并据此完善和修改故事，最终使你的故事更加有说服力，据此做的估值也就更加客观有效。

变化是不可避免的，有些变化是宏观经济的变化，比如新冠肺炎疫情、美国通胀、俄乌冲突等对经济发展造成影响，并且在很大程度上影响了公司的发展节奏；有些变化则是由于行业竞争而发生的变化，比如新的竞争对手进入市场、老的竞争对手改变策略或部分竞争对手退出目标市场、行业内出现新的革命性技术等；还有的变化则是来自公司本身，比如重大人事变动、公司丑闻、业绩变脸、并购重组等，都会改变包括你在内的投资者对公司的看法。削弱你所构建的故事情节的可信度或使其彻底失效的变化随时都在发生，需要你对公司保持紧密的后续跟踪，随时修正你所构建的故事情节，并计算出新的估值结果。

因此，在投资中，没有完全正确的故事，也没有一成不变的公司，更不存在一劳永逸的估值。认为你所构建的故事完全符合未来发展路径或是一成不变的想法绝对不可取，就像迷恋外界故事很危险一样，迷恋你自己构建的故事同样是一件危险的事情。从故事到估值，需要不断反馈迭代，听取质疑、关注变化、迭代更新，并根据调整后的估值做出投资决策，才能带来可观的投资回报。

▶ 本章小结

1. 故事具备强大的威力，它让人身临其境、印象深刻，并且还可能引导你的行动。
2. 在资本市场，故事非常重要。对融资方来说，要想获得融资或者好的价格，必须有一个精彩的故事；对投资方来说，"你投资的不是数字，而是数字背后的故事"，因此理解和鉴别故事的能力非常重要。
3. 我们迄今为止听到的大多数投资故事基本都能囊括在这10种类型之中：龙头老大强者恒强；老二老三逆袭；时间的朋友；时代浪潮；发现未被满足的需求；创造新需求；商业模式的颠覆式创新；技术突破的颠覆式创新；中国复制；乌鸡变凤凰。
4. 投资故事分为3种类型：有可能的故事、很有可能的故事、极有可能的故事，被称为故事的3P原则。
5. 宏大的故事确实能够给人带来兴奋感，但单纯讲故事、信故事容易让人脱离现实，导致投资血本无归，古今中外的历史上不乏这样的例子。
6. 资本市场上从来就不缺故事，我们做投资也需要构建为公司价值背书的故事，但我们更需要将故事转化为可靠的估值。
7. 没有故事的估值没有灵魂，没有估值的故事是断线的风筝。
8. 在将故事转化为估值的过程中，需要商业逻辑，需要产业知识，需要四维评级和动态估值。
9. 投资中没有完全正确的故事，也没有一成不变的公司，更不存在一劳永逸的估值。从故事到估值，需要不断反馈迭代。

后记

从 2019 年开始，我和我的团队每两年写一本书，都在中信出版社出版，它们分别是《长期的力量》《常识的力量》，和这本《估值的力量》。写完《估值的力量》，我的"力量"书系估计要暂时告一段落了，因为我把自己过去 20 多年的积累做了系统的总结和输出，已感到有些江郎才尽，需要再好好积累一段时间，才可能有新的沉淀和输出。

这三本书都是关于价值投资的，我把"传播价值投资，服务价值投资"作为自己的使命和公司的定位，也希望可以把它做成一种商业模式。但这段时间我一直在思考一个问题：为什么这几年（2021—2023）很多著名的价值投资者的业绩乏善可陈？包括我们自己内部按照价值投资框架和标准选出来的跟踪研究池，这几年的整体表现也不算很理想。我自己总结有以下几个原因——一个"错误"，三个"错失"。

一个"错误"——忽略估值。传统价值投资者所青睐的以消费股和医药股为代表的核心资产股票，经过了 2020 年的核心资产泡沫之后，性价比已经很低了。但很多价值投资者期望以 5 年以上的业绩增长来填充泡沫，以时间换取空间，坚守在看上去还不算贵得离谱的公司股票上。举个例子，某家消费品公司，未来 5 年每年的利润增长在 15% 左右，这是不错的成长性，但目前市盈率已经 40 倍了，估值确实不便宜了。可如果考虑到未来 5 年每年高达 15% 的利润增长，估值也不算贵得离谱，因为如果股价不变化，5 年后市盈率就降到了 20 倍。过去的两年多里，在宏观经济转弱的背景下，即便是那些贵得还不算很离谱的公司,也会杀估值,甚至杀过头。譬如这家消费品公司,股价就跌了40%,市盈率跌到了25倍左右。所以,泡沫的消除,可能是用长时间的业绩增长来填实,但更可能是由阶段性的股价大跌来实现。

"错失"一——由于偏见和歧视,错过很多低估值股票的机会,比如银行股、煤炭股、电信股等,因为这些行业长期不受待见,甚至被贴上"价值陷阱"的标签,基金经理如果大比例配置这些行业的股票,很可能被市场和同行所耻笑,认为其只会买低市盈率股票,一点儿技术含量都没有。

"错失"二——因为能力圈的限制,错失了以新能源为代表的巨大新产业趋势。毋庸置疑,以宁德时代为代表的这批公司,长期来看最终可能会被技术迭代、供求关系、价格战所拖累,但这些年这些公司的业绩暴增带动了股价的大幅度上涨。而传统的价值投资者对这样的新趋势、新产业,往往持有怀疑的态度,也鲜有参与。

"错失"三——因为覆盖面的问题,错失了很多被主流资金忽略的优秀中小市值公司股票。A股市场现在有5 000多家公司,但其中有一半以上无券商覆盖,更是长期被主流机构忽略。可这并不代表里面没有优秀的公司,而且这些优秀公司因为不是市场的关注焦点,所以估值一般很便宜。

因此,我自己的反思包括以下几个方面:(1)即便是优秀公司,买入的时候也要注重安全边际,芒格说过以合理价格买入伟大公司,但他从没说过以高估的价格买入伟大公司;(2)不要轻易给股票贴上"价值陷阱"的标签,估值便宜才是王道;(3)与时俱进,拓展自己的能力圈,特别是要突破自己的舒适圈,对新产业趋势保持足够的敏感和兴趣;(4)勤翻石头,在无人问津的地方寻找被忽略的投资机会。

前面两点，其实就是《长期的力量》、《常识的力量》和《估值的力量》一再强调的东西。可以这样说，这几年很多著名价值投资者的失利，不是因为价值投资失效了，而恰恰是因为价值规律的回归。

第三点和第四点，如何与时俱进、如何不断拓展自己的能力圈，是我自己以前甚少思考的，我想这恰恰应该是自己未来学习和提升的重点方向。所以，如果将来在经过较长一段时间的沉淀之后还有第四本"力量"系列丛书的话，我想应该是《进化的力量》吧！

梁宇峰

2023 年 7 月